余党绪——著

十讲

思辨读写

SIBIAN DUXIE
SHIJIANG

商务印书馆
创于1897
The Commercial Press

图书在版编目(CIP)数据

思辨读写十讲/余党绪著.—北京:商务印书馆,2024
ISBN 978-7-100-23908-0

Ⅰ.①思⋯ Ⅱ.①余⋯ Ⅲ.①中学语文课—教学研究—高中 Ⅳ.①G633.302

中国国家版本馆 CIP 数据核字(2024)第 087102 号

思辨读写十讲
余党绪 著

商 务 印 书 馆 出 版
(北京王府井大街36号 邮政编码100710)
商 务 印 书 馆 发 行
北京新华印刷有限公司印刷
ISBN 978-7-100-23908-0

2024 年 5 月第 1 版　　　开本 710×1000 1/16
2024 年 5 月北京第 1 次印刷　　印张 18¾
定价:69.00 元

序

王宁

余党绪老师的《思辨读写十讲》在商务印书馆出版，希望我在书前写几句话。我应当是思辨性阅读与表达的积极关注者和学习者。在《思辨读写十讲》之前，我读了余党绪老师关于思辨读写的多本书，并在刊物上找到余老师以及多位老师讨论思辨性阅读与写作的文章，后来，又了解了余老师主持的关于思辨性教学课题的结项总结。我知道，这本《思辨读写十讲》，应当是余党绪老师关于思辨读写的理论和实践概括的总结，他之前所写的书文和所主持的课题中包含的基本原理、观点方法、实践经验和典型案例，在这十讲里都浓缩地集中呈现，有些精彩的讨论也作为附文以飨读者。作为读这本书的受益者，我想说说自己的真实体会。

20、21世纪之交，被称作世界互联网时代的开端，信息时代到来的迅速令人目眩，影响到很多领域，特别是教育。从应试教育转变为素质教育，正是在这个时期提出的，这是一个非常有前瞻性的正确抉择，只是工作在第一线的教师甚至语文教育的研究者，都还没有意识到这个问题与世界风云的关系。在应试教育与文理分科的形势下，语文教育首当其冲，出现了太多的问题——看起来被忽视而实际上又因为影响高考分数而不能放弃，曾经作为中小学第一精神食粮的语文课被学生厌倦，舆论界甚至出现了语文课程"误尽苍生"的指责。究其原因，很重要的一点就是以印欧语为基础建立的语法体系，经几代语言学家的努力，仍然无法有效地应用于语文课程。既然"字词句篇，语修逻文"这一套行不通，语文教育的"感悟"思潮便开始兴盛起来，罔顾语义解释和文意分析的基本原则，泛言感受、体验的语文教学逐渐盛行。但是即便在当时，语文教育究竟要不要理性的问题，也一直被有识之士关注。经过20多年来很多老师的不断实践和深度思考，理解型和思辨性的语文教学逐渐成熟起来，余党绪老师的那些论著，还有与他一起思索讨论、认真实践的很多教师们的课例，冲破了时潮，成为极有说服力的研究成果。也许，回顾这个背景，会对余老师这本书出版的意义有更进一步的了解。

其实，语文课程是否需要走向理性，是不是停留在直觉、顿悟等灵感式的心智活动上可以完成它提高全社会公众语文素养的任务，这个问题从理论上并不难陈说。在信息时代，知识已经通过互联网为大家共有，查找知识的方式也已经非常人性化。但是，自然世界和人文世界的变化纷繁诡谲，能够知道提出问题、解决问题需要什么知识，才是人才的关键，这些都是要凭借语言文字应用的。马克思在《德意志意识形态》里说过"语言是思想的直接现实"，这是真正的经典话语。大家都说语文活动无非是"听说读写"且主要是面对书面语的读和写，其实在更深层的界面上，语文课是要解决"想"的问题。如果读和写的背后没有"想"，也就是不能入脑入心，怎么能产生和发展出体现在一个人精神和行为中无处不起作用的素养？而理性的思维才是自觉的"想"，是解决问题的制高点、发明创造的初始点。为了这个"想"，2017年《普通高中语文课程标准》在原来的"阅读与鉴赏""表达与交流"这两个语文活动的基础上，加上了"梳理与探究"一项，强调了自觉思想的不可缺少；而在阐释那四个语文核心素养的关系图上，一直是把语言和思维直接相连放在中轴线上，而把文化和审美放在它们的两翼。

不过，说来容易，做起来却难。这些道理要体现在语文教学课堂上，产生每一堂成功的、有效的、高质量的教学，其实非常复杂。老师想明白了，又引领学生去得出真实、深刻而有说服力的结论，还要将用语言建构和承载的思想变成师生的共识；在这个过程中让学生学会深度思考后的优质表达，这应当是一种智慧。余党绪老师是这个教学实践的先行者、成功者，又是这种践行理论比较系统的总结者。从这里去体会他这本书的价值，应当有益于我们去读这本书。

这是一本真诚而自信的书。余老师在长期的实践和潜心的思考后，他的书，表现出难得的真诚。面对那些已经被文学史、被历史和现代名人做出过结论的文本，他敢于挑战，自己先用批判性思维对文本做了反思，之后和学生讨论，师生共同得出结论。他善于提出问题，坚信"问题"是教学的灵魂，认为"没有好问题，难有好教学"。这正是很多语文课的短板，不会提问题是因为老师自己没有想到深处。例如，他带着学生读《水浒传》，提出的问题是：一百零八将谁是英雄？他的结论是，自己心目中的英雄唯林冲一人而已。其他的，比如性格豪爽、专事打抱不平的鲁智深，可以称为侠客；施耐庵十分偏爱的武松，应当说还算是好汉；还有一些更不堪的打家劫舍、滥杀无辜的人，甚至是流氓混混。这样看似极端、违逆常说的结论，余老师不怕人说是"偏激"，说了出来，并且，学生经过自己的思考接受了；因为，老师带他们大量阅读了《水浒传》的文本，用事实说话。更重要的是，老师带着他们给"英雄"与"非英雄"做出了内涵清晰而明确的界定。这个界定首先考问了《水浒传》的作者和评论者——是否同意这个界定，同时也考问了阅读者（他的学生）的价值观。这个结论最终告诉学生，即使是传统的名篇，或者也可称为"经典"，也是要用批判的眼光去读的。又如，读《骆驼祥子》，他的问题是：祥子最后的堕落是否应该？他自己有没有责任？从理想主义的社会观来说，任何人在任何情况下，都不允许堕落，堕落会危害社会，也就是危害了组成社会的民众。但是从现实主义来看，祥子本性勤劳、淳朴，但他无法受到良好的教育，良知对他是陌生的，被压榨的他自制力非常脆弱，他确实是无可奈何地堕落了。责任何在？对祥子的堕落，该同情，还是该指责？还是兼而有之？这个两难的推论最终导致的是对老舍创作倾向的考问——作者老舍把矛头指向哪里？学生在讨论这个问题之后对一些社会问题的看法应当有了坚定的原则，又不再是绝对的非黑即白，他们还会更加深刻地去认识文学与现实的关系。与那些死记硬背文艺理论教条的所谓"理论探讨"相比，这，才是语文课程中真正的文学阅读。对那些普通人会觉得"不靠谱"的结论，余老师真诚陈述，坦率维护，是因为，他理由充足，充满自信，也有了思辨的自觉，产生了信念。

这也是一本雄辩而透彻的书。"充足理由律"是形式逻辑最重要也最高端的定律，这本书里的案例，有很多带有一反常论的挑战性讨论，除了前面所举的《水浒传》最为突出外，还有一些很精彩的案例。比如，在教学《完璧归赵》时关于蔺相如的为国义举中是否含着"渴望功名"个人动机的讨论，在教学《红楼梦》时关于钗、黛性格差异的讨论，在教学《鲁滨逊漂流记》时关于鲁滨逊生存条件的讨论，等等，都因为理由的充足具有了很强的说服力。这些，都显示了余老师雄辩的才能。不仅是案例，理论也是一样。为了给批判性思维一个合理的解释，让思辨性阅读与表达这个实践性很强的命题有充分的根据，他引用了不少古今中外的理论和名言来阐释它的内涵和原则。但这与现代流行的"包装"有本质的区别：很多令人厌恶的包装，是引用名人特别是外国名人的长篇大论或只言片语来装潢门面，以掩盖自己说理的苍白、逻辑的混乱和依据的贫乏，但在这本书里，最重要的引用都与作者的立论紧密相扣。比如杜威的"目的、过程与材料"，余老师称为"思维的三要素"，自觉的"目的"既是思维的立足点，又是思维的落脚点，确实是批判性思维的第一要素。"过程"即"连贯有序的逻辑推理"，也就是一种符合事理的思路，思维的动态是连续不断的、因果相依的，合理的有序性就是思路。而"材料"，就是用语言建构出来承载思想的文本。余老师采用三要素理论，正是因为它完全符合思辨性阅读与表达的事实与规律：在明确目的的指引下，用符合规律的思路，发掘出文本的思想，这就是思辨阅读。而建构出符合语理的话语来表达自己的思想，这就是思辨写作。理解文本的思想和表达自己的思想，提高阅读能力和表达能力，这是批判性思维发展的两个侧面，体现了语言和思维的辩证关系——只有符合思路的准确语言，才能够承载理性的思维。语言是思想是否清晰、成熟的试金石。又比如，余老师比较了关于批判性思维的许多说法，认可了罗伯特·恩尼斯的定义，"聚焦于决定信什么或做什么的反省的和合理的思维"；因为他认为这个定义有三个优点：第一是它把批判性思维"严格限定在'知识获取'与'问题解决'上"，避免了在其他方面的滥用，第二是它同时强调了合乎目的与合乎规律，也就是主观要求和现实可能的统一，第三是它不但明确肯定了批判性思维的理性特质，还一直将思想结论置于质疑与批判之中。从他选择这个定义的原因可以看出，余老师是在长期的实践与思考后既有了自己的主见，又有了对可能产生的问题（即他所说的污名化、神秘化和空洞化）的防范。这些地方，都可以看出他立足于自己认识的明确和透彻，又不拘于这种认识，不断地去拓宽视野，学习和吸收，寻求更有力的证据。这就是他自己所说的"从借鉴到创生"。他是自信的，但并不自满。

这还是一本务实而清醒的书。在这本书里，余老师用理性来提倡理性，所以分外清醒。他着重讲批判性思维在语文教学里的作用，用多个教学案例来阐发理念，有极强的针对性而不事空谈。他追求深刻但不忘平易，全书贯穿着一个很重要的思想：理性思维存在于每个人的日常生活与实践之中，是每个人都有的思维与认知活动，教育的作用只是将它们激发出来并促使其自觉化，经过长期而专业的训练，使其"发展与提升"。他认为"每个人的思维中都有批判性思维的因子，即便从未受过教育，批判性思维也会以一种自在的、素朴的方式存在着"。因此"要信任人的日常逻辑和常识"。他的案例，很多都是以生活逻辑也就是平常的事理作为前提提出来的。学生自主学习正是建立在这个认识之上。余老师主张教师的引领作用，但他不断强调要给学生一个自由讨论的环境，反对教师用自己掌握课堂教学的强势，让学生成为"配合对象"而丧失面对文本的自由态度、批判精神与对话能力。这是一种平等观——引领绝不是老师凌驾于学生之上；这也是一种信任——对理论的信心和对学生的信心并存，这是余老师自信的基础。他的清醒还表现在另一方面，那就是在特别强调理性思维的时候，还同时强调了感情、冲动、本能等非理性活动的作用。形象思维和直觉、感受等精神活动，常常是理性思维的起点，虽然是产生思想的"催化剂与助燃剂"，但在语文课程里引领学生走入理性思辨的时候，这种催、助作用往往是很强大的，要很好地运用它，发展它。这些辩证而不绝对的论述，散落在这本书中，应当引起读者的注意。

余老师对思辨性阅读与表达的研究历经多年，有了很多积累，已经比较成熟，这表现在许多深刻的体会和精彩的言语上。有很多话语，是缺乏实际体验、没有深思熟虑的人说不出来的。比如他说"阅读是与作者的较量"，又说"忘我恰是读者的悲哀"，把用批判性思维进行阅读时作者和读者的微妙关系，讲得那样细腻而深刻。本书第三讲谈思辨性阅读的内涵、路径与意义，他用 12 个字来概括——基于文本，立足反思，旨在求真。在这一讲里，他说到文本的"本"与"真"。他说："在阅读教学中，我们一直强调还原与落实。还原，先得承认有个'原'；落实，先得承认有个'实'。原与实，其实就是本与真。"之后，他又说："廓清语言与修辞的迷雾，从语言表象进入义理内蕴，'还原'出文本之'本意'。这是一个文本细读与梳理的过程，也是一个实证与澄清的过程，旨在厘清文本内部的要素、结构与意义的关系，厘清文本中的事实、逻辑与价值的关系。实证，强调尽可能排除自我观念与情感的影响，一切推断都必须基于文本的限制；澄清，强调的是剥离和悬置包括作者在内的所有非文本因素，正本清源，探求本意。"这是一段多么精彩的阐释，将训诂、语义与思想的关系，也就是《文心雕龙》所谓"沿波讨源，虽幽必显"的道理，阐发得淋漓尽致。在第十讲《关于公共说理与批判性思维的对话》中，说到一些不正确的文风。他说："以温济直，'有理不在声高'；以栗（庄敬）济宽，就不会油腔滑调；不要让刚正走向酷虐的极端，动辄喊打喊杀；也不要让简捷明快变成妄自尊大，以一句顶一万句的姿态睥睨天下。其实，说理能力反映了公民的素养。这是社会主义核心价值观中的文明、自由、平等、民主、公正等价值理念的必然要求。"这样锋利的、直指时弊的话语，激浊扬清，铿锵有声，又显露出他深深的忧虑。他在提倡与课堂链接在一起的良好的社会环境，这是所有忧国忧民有责任心的老师对下一代人深切的关爱，我想，也是他研究和践行思辨读写的初衷。

余党绪老师的思辨性读写教学已经产生了较大的影响，有了很多同道与同行者。不少老师参与了关于批判性思维的讨论，也在尝试着引领学生用理性思维深度思考，在文本和人本之间搭起桥梁。在这些深入的探索和有效的实践里，我们看到了希望。当然，任重而道远，余老师这本书所讲的大多是高中语文课，而思维的培养是要从小做起的。老师们不满足语文课只是选一些短文，问题是：短文就一定浅吗？批判性思维是不是只有在整本书阅读里才能体现？语文课不能到了高中才走向理性，而应当在不同的学段里适应学生的年龄特征，为理性思维培养打下基础。初中去为小学补课，高中再去为初中补课，不是长久之计。如果一个高中老师面对的学生从小就善于思考、善于表达，到了高中，老师就用不着停下来去整理语言，学生的思想也会更加自由自在地翱翔在从想象到理智的高空，为他们走向社会后正确思考、明辨是非、快意创造打下更好的基础。所以，余老师的这本书，并不是只与高中语文老师去交流，应当还有更为普遍的阅读价值，让大家从书中看到更多的责任和更清晰的愿景。

目　录

前言

二十年探索：思辨性阅读与表达的探索与思考

一、实践：从兴趣到信念

2014 年 11 月，在我编著的"中学生思辨读本"出版之际，我以"徐汇区名师工作室"的名义，主办了"经典名著的思辨性阅读"教学研讨活动。这就有了那节被黄玉峰老师批评为"血腥味太重"的"生命之殇"的公开课。这是我的教学生涯中遭遇到的最不留情面的评课。十年过去了，现场的火爆情景依然历历在目。黄老师直言不讳，语言犀利，他的褒贬鲜明的评课立刻引爆了参与者的热情。那天的活动，汇聚了上海滩上众多学者与专家，如华东师大的巢宗祺和周宏教授、上海师大的詹丹教授、上海市语文教研员步根海老师，还有来自江南大学的吴格明教授、杂文家狄马先生、《语文学习》主编何勇老师以及一直关注教育的《文汇报》记者王柏玲老师。

这场以"思辨"命名的活动，引发了一场关于批判性思维、思辨性阅读以及经典阅读的大思辨。上海的主要媒体都做了报道，教育电视台邀请我和黄玉峰、鲍鹏山、荣维东等老师做了几次对话节目，继续深化这个讨论。《语文学习》2015 年第 1 期推出了一组争鸣文章，黄玉峰、詹丹、吴格明和我从不同角度表达了对"经典名著的思辨性阅读"的看法。

这场争论激烈而友好，激烈在于对《水浒传》理解上的分歧，而友好则因参与者都秉持着多元对话、理性思辨、求同存异的态度。其实，我和黄玉峰老师都看到了《水浒传》存在的"硬伤"以及它可能给当代青少年带来的伤害，分歧只在于这样的名著该不该进课堂以及怎样进课堂。争论所达成的共识也是有目共睹的，大家都意识到：有了思辨，即国际教育中被称为"核心素养的核心"的批判性思维，才能在经典名著的阅读中取其精华，去其糟粕，抵达理性而清明的阅读佳境。就我自己而言，讨论让我厘清了一些模糊和疑虑的问题，促使我反思自己十多年阅读改进之得失。后来有人让我概括批判性思维的精神实质，我使用了"多元、理性、温和"三个词，即"多元的世界图景、理性的思维方式、温和的处世态度"。必须说，这个理解，除了源自自身的教育背景与生活阅历，与这次论争也不无关系。

2014 年年底的这场活动及论争，是我探索思辨读写的一个重要节点。在此后的几年里，我发表了一系列关于批判性思维与思辨读写的文章，既尝试做理论阐述，也力求有案例支撑。这是我十年积累的一次爆发，也算是厚积薄发了。根据人大书报资料中心提供的数据，2016—2020 年，本人在人大复印报刊资料的全文转载量为 14 篇，居于"来自中小学的作者"之首位；[①] 截至编纂这本书稿，本人的全文转载量已达 30 篇。与此同时，凝结了我十几年心血的"中学生思辨读本"，在何勇主编的帮助和促进下顺利出版，引起了广泛而积极的社会反响，目前发行量已达百万之多。应该说，这些工作有利于批判性思维的传播与影响，也在一定程度上推动了思辨读写的实践与探索。

我的读写改进始于 2000 年，而将思维作为读写改进的关键要素，则有一个逐渐明确和清晰的过程。从兴趣到信念，这是一个艰苦的探索与反思的过程。那一年，我的职业生涯正处在徘徊不定的时节。到任不久的张正之校长真诚挽留，希望我在学校课程改革中有所作为。他提出"创造性地落实国家课程，个性化地建设学校课程"，并委托语文组带头做一个统整性的课程改革方案。彼时我担任语文教研组长，这让我对语文及其教学理解有了一个

---

① 李金云、罗先慧、李胜利：《中小学语文教育教学研究报告（2016—2020 年）——基于人大复印报刊资料的转载数据》，《天津师范大学学报（基础教育版）》2022 年第 1 期。

集中表达与实践的机会。正是在这个方案中，我们提出了万字长文阅读、经典精读等阅读改进措施，也提出了将思维与表达作为写作训练的"两翼"等思路。这个方案后来以"统整课程　统整研训"为题，发表在《上海师范大学学报（基础教育版）》（2006 年第 4 期）上。顺便说，这个改革给我带来的影响是多方面的。2005 年，我被推荐为特级教师候选人，主持答辩的是于漪老师。在自我介绍环节，我阐述的就是这些理念与做法，我明确地感受到了于老师的欣赏。后来我请于老师为"中学生思辨读本"写序以示鼓励，于老师欣然允诺；2016 年，我承担的批判性思维与思辨读写课题开题，当个别专家因"批判性思维"一词而婉拒参会的时候，于老师亲自到场为批判性思维"正名"，她那句"以前我们说知识就是力量，今天我们要说思维才是力量"，给了课题组以极大的鼓励与信心。

　　我的阅读改进最初着眼于阅读的"量"，希望"以量的扩张促进质的飞跃"。古人说"读书破万卷，下笔如有神"，崇尚阅读面，迷信阅读量，这是一种普遍存在的阅读"情结"，似乎有了"量"，阅读素养就会水涨船高。这个观念在很多人心中根深蒂固，那些一味鼓吹海量阅读、"阅读无边"的人，底层逻辑就在于此。但实际上，"量"只是影响阅读素养的众多因素中的一个。事实是，"量的积累"并不必然带来"质的飞跃"；相反，缺乏内涵的量，缺乏结构的量，不仅劳民伤财，还会让人厌倦与嫌弃——学生的阅读兴味往往就是在这种肤浅的闹腾中败坏的。这是思考阅读教学必须澄清的一个观念。

　　这促使我在关注"阅读量"与"阅读面"的同时，更关注读物的内容、质量与结构。比如我探索的"万字长文阅读"，一开始是奔着"量"去的，希望借助"长文"来弥补"量"的缺陷。但在实践过程中，"质"的问题却越来越凸显。后来，我将选文标准归纳为三条：一是思想认知上，要高于学生；二是文化视野上，要宽于学生；三是写作技能上，要优于学生。一句话，让读物始终保持对学生的挑战甚至挑衅的态势，逼迫学生放弃"一眼洞穿""瞬间把握""整体感悟"的妄念，转而求助于理性的思辨与判断。我希望借助读物的"质"的吸引力与挑战性，改变学生"坐不下来，读不下去，读不进去"的阅读窘况以及阅读过程中的浅思维与碎片思维。

阅读的结构也是一个关键因素。现代文与文言文、短文与长文、文学与非文学、篇章与整本书……所有的文本都是学生成长的资源，但在学生发展的不同阶段，其结构与比例应有所侧重。特别是高中阶段，这是价值观、思维方式和人格养成的关键时期，从认知方式和思维特点看，也是逻辑推断、抽象思辨和批判性思维形成的关键时期，我们理应引导他们在相对厚重的阅读中培养深度思考的习惯，建构复杂而系统的思维方式。但问题是，长期以来，我们习惯了读浅文，教短文，甚至沉溺于鸡汤文或小文人语篇（王荣生语），习惯了浮光掠影式的感想与感悟，将阅读素养的发展寄托在学生自身的积累、涵养与转化上，美其名为"静待花开"。吕叔湘先生说"教育的性质类似农业，而绝对不像工业"，这在教育观念的进化史上算是个巨大的发现；但我觉得这样的理解依然不够。因为，传统农业多依赖于自然条件，望天而收，人力作用明显不足。我建议用"现代农业"的眼光来看待语文教学，不仅要尊重自然，尊重环境，更要主动地、合理地、科学地介入学生阅读素养的发育过程。

人生苦短，阅读有边。正是基于这样的认识，我断然放弃了美其名曰"自主阅读""自由阅读"的放羊式阅读，大量引入以思想性见长的鲁迅作品，以思辨性见长的杂文等文体，以学术性与历史内涵见长的学术论文、历史随笔以及人物评传等，以改善学生的阅读结构。这在当时是很超前的。"中学生思辨读本"原本为一套四册，涉及时文、杂文、古典诗词与经典名著。2019 年，在何勇、易英华、陈晓琼等的鼓励和帮助下，我又将多年积攒的学术性文章结集推出，这就是"中学生思辨读本"的第五册：《学术文章的论证魅力》。我将这套书的基本理念概括为"追求有内涵的阅读，追求有结构的阅读"，其中"内涵"偏重读物的"质"，而"结构"指的就是读物在思想、内容、文体、风格等方面的结构。

在阅读改进的过程中，我通过各种教学策略与技术，为学生的思考提供动力、路径与方法，有意无意地涉猎任务与情境、群文与专题等后来备受关注的学习方式。比如《未经省察的人生没有价值》（周国平）讲述苏格拉底的哲学人生以及他的生死选择。有人说苏格拉底的死亡是"人类历史上第一次具有文化意义的死亡事件"，苏格拉底关于死亡的思考与选择让我想到了司马迁。一点不比苏格拉底逊色，司马迁的"苟活"也是独特的，其意义之丰厚绝不亚于苏格拉底的"就死"。顺着这个思路，我找到了骆玉明的《司马迁，关于生与死的话题》。两篇文章，单看都很精彩，而一旦"组群"，文本之间就具有了一种特定的"互文性"，立刻产生了"1+1>2"的效果。当群文阅读"热"起来之后，我发现它原来就在我们身边。这也让我领悟到，语文教育探索永远不会是零起点的。总有一些不甘寂寞的人，在某个时段，在某个领域，在不为人知的某个地方，或者还顶着我们所不知道的压力，默默地探索与耕耘。群文阅读如此，思辨读写如此，整本书阅读也是这样。在批判性思维的探索与推广中，我一直反对将它神秘化，或者人为地设置一些"门槛"。在我看来，在丰富多彩的教学实践中，这些内容一直都存在，遗憾只在于它们是以一种不够自觉和不够明确的方式而存在。如果我们意识到了它们的价值，我们就该自觉地、明确地，当然也就更加合乎规律地去探索。理论是灰色的，生命之树长青，教育改革理应尊重和珍视丰富多彩的教学实践，追求理论与实践的双向互动。当下，某些专家过分强调了理论的引领性与先进性，而忽略了实践的丰富性与具体性，导致了理论与实践的脱节、专家与教师的疏离。所谓雷声大，雨点小，一个重要的原因在于"雷声"只管自己宏大，却接不了地气。

作为从事高考教学多年的一线教师，我一直尝试从思维入手改进议论文写作。我发现，我们的学生经过多年的熏陶与训练，习惯了修辞意义上的渲染与铺陈，却不能展开逻辑意义上的分析与论证。他们习惯于借助简单的事实枚举印证论点，借助粗糙的类比论证比附论点，借用炫目的修辞技巧夸饰论点，借用煽情的情感技巧渲染论点，滔滔不绝却逻辑混乱，言辞丰美而理性稀缺，初看很美，细读不堪。有鉴于此，我力图改变以"三要素"为核心的静态知识教学思路，而以议论文的功能即"说理"为核心，构建指向操作与实践的教学框架。简单地说，议论文是"说理"的文体，说一千道一万，"说理"才是硬道理；要说理，就必须"慎思明辨"，就要辩证思考与理性反思。早期，我看重说理与生命的关系，将说理看作生命的内在冲动与需求，提出"写作即表达，表达即生命"这样的命题；后来，我更看重说理与现实生活的关系，尤其看重公共说理与时事评论的训练，撰文《以公民姿态，就公共事务，做理性表达》来表述自己的主张。以说理介入生活，以思辨省察人生，这是一个现代公民理应具备的意识与能力。应该说，这些主张得到了很多人的理解，引发了共鸣，作家鄢烈山、狄马，新闻评论员曹林等都有相应的唱和与表达。2010 年 11 月 10 日，上海《文汇报》以一个大版的篇幅刊载了我对六篇高考满分作文的评点，编辑加了一个有点"惊悚"的标题：给高考满分作文挑刺。"挑刺"这个词儿很刺眼，但因文章秉持温和的对话态度与理性的思辨精神，文风端正，还是产生了积极的传播效应。

2015 年 6 月 7 日，我的公众号正式上线，第一篇文章就是《我的阅读改进之道：思辨性阅读》。公众号的命名颇费周折，我希望它既要体现传统的语文学习之道，即"读写"，又要凸显思辨在语文学习中不可替代的作用，最后我选择了"思辨读写"四个字。

一直有人问：为什么你会选择思辨作为教学改进的突破口？其实，我自己倒不觉得这是一种选择，我更愿意把它看作一场美丽而奇妙的相遇。多年之后再回看我的人生，才发现，思辨本来就是我生命的一部分。当年我刚入职不久，我的师傅彭世强先生就对我说"你的长项在思考"，这句话始终铭刻在我心中。也许彭先生只是一句不经意的言论，却恰好契合了我对人生价值的理解，契合了我对教学的追求。

二、理论：从借鉴到创生

2007 年，我有幸负责学校的一个国际教育项目，这就是欧盟教育基金会在中国推广的"学生发展技能"（Skills Development Programme，简称 SDP）的课程引进。这是为预备留学的中国中学生设计的，课程由剑桥大学国际考试委员会开发，致力于培养学生的社会交往能力、批判性思维和创新能力。在项目实施过程中，我开始接触当时在国际教育中如火如荼的批判性思维教育，并被他们的理念强烈吸引。其实，课程内容并不复杂，主要是组织学生围绕一些开放性问题进行辩论，议题如"女人该不该回到厨房""基因技术会给人类带来什么"，诸如此类。教学方式也并不新鲜，表面看跟当时备受关注的国际大专辩论赛很近似。但我在仔细研读了他们的课程说明后，还是发现了课程设计的匠心。比如在一轮一轮的辩论中，强制正方与反方互换立场，或者不断提供替代性材料以引发学生进一步的质疑与反思。其实，这些手段我在教学中也用过，但多是一时的机智，瞬间的灵感，偶然的发挥，没有思考过它的思维机制与学理依据。后来我读到思维专家恩尼斯的一段话，一下子就明白了这个设计的奥妙。恩尼斯说，在教学中，倘若一定要他去只挑出一个批判性思维的素质来予以强调的话，他会挑"要时刻注意替代观念"（being alert to alternatives）。[①] 的确，SDP 的教学，主要就是通过提供替代性的立场、观念、论据和论证思路，来激发学生不断地、持续地、深入地反思。

SDP 的课程理念击中了我的教学痛点。从那时起，我对思维的关注变得自觉和明确。这激发了我对思维理论尤其是逻辑、辩证思维与批判性思维的热情，并开始了新的阅读。先前我的阅读主要集中在文学、历史、哲学等领域，此后我的阅读则偏向思维、教育与课程论等。这里要特别提及的是杜威《我们如何思维》。古往今来谈思维的人多，但大都将思维当作一个不言自明、理所当然的东西，似乎没人像杜威那样从思维的 ABC 说起，从思维的要素与机制说起，像启蒙老师那样抽丝剥茧，娓娓道来。《我们如何思维》让我意识到，思维的奥妙远没有被我们发现。顺着这本小册子，我又比较系统地研读了杜威的哲学理论。不能不说，杜威的反思理论与经验哲学对我的影响是深刻的。当然，这里也要说明的是，我也关注了中国古代关于逻辑与思辨的观点及其演化史，比如孔子、孟子和荀子等，受到很多启发。不过我有个感觉，古代关于思维的论述大多抽象和玄虚，不大好把握。学习思维理论，我首推杜威的反思性思维。

---

① R. Ennis, Critical Thinking: A Streamlined Conception, in M. Davies and R. Barnett (Eds.), *The Palgrave Handbook of Critical Thinking in Higher Education*, New York: Palgrave Macmillan, 2015, p.36.

在杜威看来，思维的作用是双重的：它让我们摆脱对于本能、欲望和因循守旧的屈从，却也可能让我们出错失误；它使我们高于禽兽，但也可能让我们干出禽兽由于其本能限制而干不出的蠢事。这话看起来颇"惊悚"，但却浓缩了人类几千年的经验与教训。本能与欲望会遮蔽我们的智慧，而错误的理念与思维却可能导致不可原谅的罪过。杜威主张通过持续不断地"反思"来避免这样的谬误。杜威的反思理论，奠定了现代批判性思维的基础，他因此也被看作批判性思维的"学科之父"。

梳理这十几年的理论学习与探索，我的收获集中在以下五个方面：

1.确认批判性思维就是中国人所推崇的思辨。中国人讲思辨，最有代表性的当数《礼记·中庸》的"博学之，审问之，慎思之，明辨之，笃行之"。心之官则思，思乃本能，故而需将它置于自觉与理性的控制之下，要思之再思，慎之又慎，这就是"慎思明辨"。再看"反思"。杜威说，在宽泛的意义上，人人都有思维，因而思维并非总是可靠；"反思"乃后天训练才能养成的习性，它才能带来尊严、价值与意义。思辨与反思，它们强调的都是由"思"之本能走向"反思"之自觉。可见，思辨即反思，思辨即批判性思维。

之所以特别强调思辨与反思的同质关系，一方面是为了更好地挖掘和利用中国传统的思辨教育资源，同时也希望为借鉴外来经验创造条件。有些人囿于对"批判"这个词的偏见，不能开放地面对国际教育的经验。强调二者的相通性，有利于打消这些顾虑。我将思辨性阅读界定为"以批判性思维的原理、策略与方法所开展的以获取知识与解决问题为目的的阅读"，也有这个考虑。

2.以杜威的思维理论来解释阅读乃至学习中的诸多行为与问题。杜威对思维的论述可以概括为三个方面。一是思维的构成及其运行原理。目的、过程与材料可称为思维的三要素，目的是有待解决的问题（杜威称之为"岔道口"），过程即"连贯有序"的逻辑推理，而材料则是参与到推理中的"经验"与"事实"。三个要素彼此关联，互相影响，牵一发而动全身，而目的则是"整个思维过程中的持续不断和起导向作用的因素"。杜威关于"目的"的这个论断，对于课堂教学改进有着至关重要的作用，它让我更加坚信"问题"是教学的灵魂。没有好问题，难有好教学。在写作教学中，我提出"没有真问题，就没有真思考"，也是基于这个原理。

杜威关于思维的第二个贡献，就是他的"五步思维法"，即情境——问题——假设——推断——检验。这是杜威基于现代科学研究而创建的一个思维模型，其实也是一种问题解决的思路。我研读过理查德·保罗、罗伯特·恩尼斯、董毓等学者的研究，他们的探索都建立在杜威的理念与框架之上。当下盛行的项目式、任务式等学习方式，也都能在这里找到理论根据。

此外，杜威在思维与逻辑、语言、活动等问题上，也多有洞见。比如他讲美国中小学课堂，学生不大使用完整的句子而喜欢用孤零零的几个单词（关键词）来回答问题，而教师也不以为怪，甚至还有意鼓励学生这样做。杜威认为这样的课堂语言不利于思维的训练，因为碎片化语言与碎片化思维之间，存在着互为表征、互为因果的关系。这对我是个警醒。我们启发学生，急不可耐地等着学生的答案，学生的嘴巴一旦进出某个我们期待的关键词，我们就以为大功告成。事实上，这也许只是个错觉，关键词可能恰恰遮蔽了学生认知的误区。后来，我在课堂上尽可能要求学生用完整的、连续的、逻辑清晰的句子或句群来表达自己的理解，甚至不惜耽误教学进度，停下来帮助学生重新组织语言。一个完整的推理与判断过程，需要一个完整的句子或句群来表达。

我相信，这样的"耽误"是有价值的。换个角度看，"耽误"才是真正的学习。

3. 借助批判性思维的原理、策略与方法改进读与教学。20 世纪 70 年代以来，批判性思维算得上国际教育中的显学，相关著述很多。关于批判性思维的定义，我比较了一些阐述，最认可的还是罗伯特·恩尼斯的定义，即"聚焦于决定信什么或做什么的反省的和合理的思维"[①]。"信什么"即知识获取，"做什么"即问题解决，这正是中小学教育所要培养的两种基本能力。恩尼斯的定义至少在三个维度上凸显了批判性思维的特点。

---

① 武宏志、张志敏、武晓蓓：《批判性思维初探》，中国社会科学出版社 2015 年，55 页。

首先，明确了批判性思维的特定功能。批判性思维的乱用和滥用，最终危害的还是批判性思维本身。恩尼斯将批判性思维严格限定在"知识获取"与"问题解决"上，这可以打消很多人的疑虑。比如文学阅读。若是为了消遣或者纯粹的趣味，当然就没必要为阅读设限；但如果是为了获取真知，批判性思维的介入就必不可少。很多人以文学的想象性与情感性为由，或者以"一千个观众就有一千个哈姆雷特"为由，拒绝文学的思辨，这显然是对娱乐与求知不加区分造成的。我有一篇文章《思辨性阅读——走向真知的必由之路》，题目所要昭示的意义也在于此。

其次，恩尼斯强调了批判性思维的理性属性。批判性思维本质上是理性的，是超越感性与情感的。所谓"合理"表现在两方面。一是合目的性，体现的是人类的主体追求。新课标根据阅读的对象与功用，将阅读细分为文学性、思辨性、实用性等不同的样态，尽管这个区分尚有可商榷之处，但这是将阅读教学引向理性的重要举措。二是合规律性，体现的是对客观世界的敬畏。思辨性阅读，强调以事实与逻辑为基础，因为事实与逻辑正是对世界客观性的反映。建立在事实与逻辑基础上的阅读，才能达成合理的认知。

片面强调合目的性，而无视客观世界的事实与规律，或者片面强调合规律性，而无视人的主体意志，都是非理性的。在阅读上，前者表现为随意肢解，强行阐释，后者则表现为无视实践的具体性而追求抽象的逻辑自洽。

最重要的，恩尼斯强调了批判性思维的本质在于"反思"。感性不可靠，并不意味着理性就是可靠的，人的理性同样有限。人类历史一再表明，对理性的迷信甚至更为可怕；而真正的理性，也只存在于对理性的质疑与批判之中。迷信理性所带来的错误，集中体现在经验主义与教条主义，它们的共同缺陷就在于有理性而缺乏对理性的反思。

以批判性思维的内涵来对照我们的阅读教学，可以说痼疾重重，现状堪忧。阅读是学生获取知识、训练能力的重要方式，乃最重要的语文学习方式，但我们却南辕北辙，常常以感觉代替分析、以情感代替推理、以想象代替论证，或者滑行在经验主义与教条主义的轨道上而自以为是。这样的阅读，缺乏反思，因而学习意义有限。我"生造"了"印证性阅读"一词，用以指称这种理性稀缺、反思缺席的阅读。

在印证性阅读中，阅读是一个不断"印证"已有结论的过程，这个结论可能是拜自己的直觉所赐，也可能是前人或他人的结论。这样的阅读方式让我们很难走出自己的视阈，也难以跨越已有的结论、权威与传统，要么不断地重复自己，要么不断地重复他人，知识建构的效能低。这也从特定角度解释了阅读教学效能低下的原因。比如，读《三国演义》，我们看到的是刘备的虚伪，却看不到这位草根政治家的内心真实。在那里，熊熊燃烧的野心与摇摇欲坠的道德信念，互相挑衅，此消彼长。读《红楼梦》，看到的是黛玉的"小性儿"，却看不到她明朗阳光的一面，更看不到她在贾府的真实处境及其悲苦的心理，她的"小性儿"更多地折射了她的微妙而悲苦的处境……一叶障目，不见泰山，这样的阅读，难以抵达文本的核心。不能触及文本核心的阅读，学习价值就会极大贬值，一不小心就沦落为本能的释放或趣味的自我满足。

此外，我对批判性思维与辩证思维、形式逻辑的关系也做过一些思考。在思辨性阅读的探索中，不能将思辨性阅读简单等同于逻辑分析，也不能以宏观的辩证分析替代具体的分析论证（即批判性思维）。逻辑是规则，表达是生活，思辨性阅读不能刻舟求剑。有人指责古代散文如《阿房宫赋》《过秦论》不讲逻辑，应该逐出教材，显然是膨胀了逻辑而忘记了生活。事实上，如果回到具体的表达语境，真切体会作者的动机和目的，很多不合逻辑的地方都能得到合理的解释。即使真的有个别逻辑瑕疵，也不妨碍它作为经典而存在。

在不断的学习与借鉴中，我也尝试重组自己的教学经验，建构新的教学范式。这集中体现在"基于思辨读写的整本书阅读"和文学思辨性阅读的进阶之道。

4.基于思辨读写的整本书阅读。思辨是整本书阅读的内在要求，面对《红楼梦》这样的复杂文本，唯有思辨才能达成合理的理解。因此，教学的主要任务就是为学生的思辨提供必要的资源与支持。基于文学阅读的基本原理与批判性思维的基本策略，我提出以"文学母题"确立文本切入的角度，以"结构性议题"确立学习内容，以"关键性问题"确立教学的重点，旨在引导与激励学生在读写活动中深度思考，可称之为"三题定位，思辨读写"。母题引导下的阅读，要在共性中发现个性，在历史中理解现实，在母题中探求主题，这是一个不断追问与探索的过程。[①]

5. 文学作品的思辨性阅读。从小学到大学，语文老师都在问三个问题：文章写了什么？作者要表达什么？你从中得到什么？那么，为什么要这样问？怎样解决这三个问题？批判性思维的实证、探究与反思的思维框架给了我启发。我将这个阅读框架概括为"文本实证——作者探究——自我反思"，这既是三位一体的阅读范式，也是一个从文本到人本的进阶之道。这在文学阅读中最为典型。因为文学重在寄寓，阅读不能停留在语言的表层，而应借助语言抵达作者隐秘的内心。这就是一个不断地实证、探究与自我反思的过程。

文本是思辨的前提与根基。文本隐含着作者对这个世界独特的理解与解释，隐含了他特定的视角、立场与视野，当然也隐含了他特有的价值倾向与思维特性。没有文本，就没有阅读，更没有阅读教学。通过文本实证，发现文本的事实与逻辑，"还原"文本的真相，这是阅读的第一要务。

其次，阅读也是一个向作者的精神世界深度掘进的过程，近乎古人所说的"知人论世"。若干年来，受西方"作者死了"的文论观的影响，我们往往忽略了创造文本的那个作者，这个思潮是值得反思的。尤其在经典文本的阅读教学中，更值得警惕。必须承认，作者身上隐含了一部经典的密码，甚至隐藏着一个时代的密码。追问作者的创作动机与意图，这是文学阅读的必不可少的环节。

当然，教育意义上的阅读与思考，最终的指向应该还是读者自身。文本挖掘中的偏差，作者探究中的失误，本质上都源于读者自身的价值理念、思维方式与知识结构的缺陷。文本实证与作者探究，最终的目的是促成读者的自我反思，这恰恰是阅读教育的旨归。

基于文本，立足思辨，旨在求真，这是文学教育应该追求的境界；从文

---

① 参见：余党绪《走向理性与清明——整本书阅读之思辨读写》，上海教育出版社 2019 年。

本实证到作者探究，最终归结为读者的自我反思，这是文学思辨的进阶之道。

三、推广：从独行到奔赴

2015 年，随着"中学生思辨读本"的出版，我的研究与探索引起了多方关注，也引起一些异议。有老师批评说，批判性思维只是解救语文教学痼疾的一种路径，不能夸大其作用，把它说得像"救世主"一样，药到病除。虽然我并无此意，但也得承认，论述中难免会因自己的偏好而有夸大之语。这样的批评对我是一个及时的提醒。我们可能被自己的愚蠢和虚弱所愚弄，也可能被自己的志趣与心血所蛊惑。事实上，每个人、每种探索，都只是语文园地里的一朵小花，一棵小草，即使拼着性命去发光，也不过像萤火虫那样一闪而过。语文教育的探索注定是艰苦的，没有人可以提供一个包打天下的方案，我们应该学会敬畏和谦卑。而且，批判性思维本身就是一种"理智美德"，开放、谦逊、自省、对话，都是题中应有之义。瞬间的妄念与膨胀，都是对思辨教育的亵渎。

更多的还是同道者的支持与帮助。本以为自己是个独行者，放眼一看，才发现天涯何处无芳草——原来有那么多人，在不同的地方，进行着相似的跋涉。像姜恒权、陈兴才、凌宗伟、任富强、欧阳林、王召强……大家起点不同，路径不同，方式不同，但都在奔赴同一个方向……

2015 年 8 月，第五届全国批判性思维与创新教育研讨会在汕头大学举行，大会邀请我作为中学老师参加，并提供了一个相对宽裕的演讲时间。我做了题为"批判性思维，解救语文痼疾的有效良方"的发言，引发了高校专家们的兴趣。在这个会议上，我结识了董毓教授以及刘玉、谢小庆、吴格明、武宏志等研究与推动者，后来我们一直保持密切的沟通与合作。这个经历让我坚信，学术研究能给中小学教学实践插上飞翔的翅膀。这个理念也体现在我的《红楼梦》教学探索中。我认为，只有站在红学研究的学术平台上，中学的整本书阅读教学才能将学生领进这部伟大经典的大门。

我的研究也得到人民教育出版社相关领导的关注。2016 年，时任中学语文编辑室主任的王本华老师邀请我参加在吉林延边举行的教材工作会议，并上了一节"'完璧归赵'辨"的研究课。公开课的教学效果并不理想，但在这个会议上，批判性思维还是引起了不少人的关注。后来一直支持我探索的四川省教科院高中语文教研员段增勇老师，就是在那里结识的。这以后，我与人教社的联系更加紧密。从 2016 年开始，我先后参与了人教社高中语文教材的修订工作，参与了教育部统编本初中、高中语文教材的编写或修订工作。而我承担的工作，大部分也与批判性思维和思辨读写相关。

2015 年，在孙绍振、董毓、谢小庆、彭正梅、詹丹、吴格明等专家的指导与支持下，我与何勇等几位老师一起申报了中国教师发展基金会的重点课题"中学生批判性思维培养与思辨读写教学实践研究"。于漪老师、时任上海市教委副主任尹后庆老师等给予大力支持。7 年的研究过程中，我们吸纳了近 200 个子课题，举办了 4 次全国性课题活动，评选出种子教师 60 名。尤其值得骄傲的，是这 60 位种子教师。经过几年的磨砺，他们多数都已成为思辨读写教学的行家里手。我相信，在思辨读写的教学领域，他们一定还会有更大作为。

2017 年，《普通高中语文课程标准》推出了"思辨性阅读与表达"学习任务群；2022 年，《义务教育语文课程标准》也推出了"思辨性阅读与表达"学习任务群。批判性思维与思辨教育受到了空前的关注。若干年前，我们还在为批判性思维这个词语的命运忧心忡忡，而今天，它已堂堂正正地进入教材。这也从一个侧面说明了时代的进步，观念的进步。

近几年，我将更多精力用在"基于思辨读写的整本书阅读"的教学探索上。我有一个信念，批判性思维是个好东西，它能擦亮我们的眼光，明净我们的心灵，让我们拥有洞察世界的智慧，洞穿文本的力量。批判性思维一旦与不朽的经典名著相结合，它所能产生的能量将是不可估量的。

二十多年转瞬即逝，前路注定漫长，我们的宿命只能是前行。

第一讲

作为理智美德的批判性思维及其育人价值

　　批判性思维在分析论证、问题解决、决策及创新方面的价值渐渐为人所知，但它的德育价值却常被忽视。事实上，从批判性思维的鼻祖苏格拉底到现代批判性思维的学科创始人杜威，都无一例外地强调这种以"理性的反思"为主要特征的思维方式的道德价值与精神意义。苏格拉底的"产婆术"，归根到底是要引导人们理解知识与道德的关系，过上有尊严和价值的生活。在苏格拉底看来，未经省察的人生没有价值，唯有自我的反思才能赋予生活与生命以意义。在杜威那里，培养学生的反省思维是培养"反省性道德"的必由之路。杜威将道德分为礼俗性道德与反省性道德，前者靠社会习俗与传统势力来规范自我的行为，后者则求诸主体的理性、反思与自律。只有经过自我反思与论证的道德规范，才能内化为主体的信念和自律意识。现代批判性思维专家格拉泽认为，一个具有批判性思维的人应该具有三个属性：一是倾向于以深思的方式考虑一个人经验范围内的难题和主题的态度，二是拥有逻辑探究和推理方法的知识，三是应用那些方法的某种技能。① 显然，态度与知识、技能一样，都是批判性思维的应有内涵。

　　习惯上，人们将这种具有道德与人格意义的属性称为"习性"或"气质"（我倾向于使用"习性"一词），理查德·保罗将这种习性称为"心灵特

---

① 参见武宏志、张志敏、武晓蓓《批判性思维初探》第二章"批判性思维多视角定义及其共识"的相关内容。

质"。他说，当我们习惯性地在强意义上进行批判性思维时，我们就养成了一种特殊的心灵特质（traits of mind）：理智的谦逊、理智的勇气、理智的毅力、理智的诚实和理智的信任，而诡辩的或弱意义的批判性思维者仅仅以一种与自我中心和社群中心的承诺相一致的有局限的方式养成这些特质。① 保罗反复强调"理智"一词，以凸显这种习性的理性基础。据此，我们可将批判性思维的这种习性称为"理智美德"。

那么，"理智美德"究竟包括哪些内容呢？除了保罗的观点，其他专家也在不同的维度上有所阐发，比如董毓教授就以"求真、公正、反思和开放"来表达他对"理智美德"的理解。② 上世纪 90 年代，美国哲学学会发布过一份关于批判性思维的"德尔菲报告"，反映了当时很多批判性思维专家的共识。此报告强调批判性思维的能力和习性两方面，能力包括解释、分析、评估、推论、说明和自校准等，而习性则包括了求真、思想开放、分析性、系统性、自信、好奇心和明智等品质。③ 此报告汇聚了众多批判性思维研究与教学专家的意见，比较准确和全面地表述了批判性思维的内涵，其中关于"习性"的表述也得到了广泛的传播。

习性，习得之性也。耳濡目染，潜移默化，渐成习气与性情。知识教学与思维训练一定会作用于学习者的心理结构与思维方式，最终凝结成为他的精神、气质与人格。批判性思维之所以被称为"21 世纪技能"的核心，被看作是核心素养的基础，不仅因其在智能开发上显而易见的价值，也在于这种思维训练所包含的德育意义——它呼应了开放社会对人才的价值诉求，也在很大程度上满足了公民教育的内在需要。

尽管人们对理智美德的理解还存有分歧，但其内核还是趋同和相对明晰的。考虑到当代学生成长的环境特征和社会对人的期许，在开展批判性思维教育的过程中，我们应该重点关注求真的意志、理性的精神与开放的态度等

---

① 参见武宏志、张志敏、武晓蓓《批判性思维初探》第二章"批判性思维多视角定义及其共识"的相关内容。

② 董毓、余党绪：《批判性思维与思辨读写对谈》，《语文教学通讯》2017 年第 1 期。

③ 参见武宏志、张志敏、武晓蓓《批判性思维初探》第二章"批判性思维多视角定义及其共识"的相关内容。

习性的培养。这三个习性互相关联，构成了理智美德的骨架，是当代学生迫切需要的理性美德。

一、求真的意志

批判性思维是一种理性的、反思性的思维，用来决定我们的信念和行动。总体来看，批判性思维的策略与技能，旨在祛除各种魅惑和遮蔽，消除各种愚昧与谬误，以获取关于世界与生活的真相与真知。自然科学自不待言，在社会与道德领域，批判性思维的运用也主要在于寻求真实的理解及其合理的解释。求真，这是批判性思维的基本价值取向。

在知识论的意义上谈论"真"，不大会有人否定；但问题在于，因为功利的考量或者认知的偏差而无视"真"的意义，甚至有意助长"伪"的习气，在现实教学中却屡见不鲜。中小学写作教学就是"假冒伪劣"的重灾区：自编自创的名人名言，伪造的事实，编造的论据，不合逻辑的论证，空洞的议论，虚假的抒情，充斥在学生的作文中。可怕的不是这些"水货"作文，而是我们对假冒伪劣的无视和纵容。我们不大能容忍一个孩子在现实生活中说假话，做伪证，但对于发生在写作与表达中的虚假和欺骗，却常常视而不见，甚至还加以赞赏和鼓励，称之为有创意，有想象力，有文采。如此分裂的行径，堂而皇之地发生在课堂上、考场上，岂非咄咄怪事？这样的写作，无视教学的伦理意义与道德内涵，割裂了为文与为人的关系，割裂了自我表达与价值判断的关系，割裂了技能训练与德行养成的关系，恰恰构成了教育的反动。

我们需要反思知识与道德的关系。在教育活动中，任何脱离了知识建构与思维发展的所谓道德教育，都存在着极大的道德风险。建立在无知与谬误之上的所谓德行，无论看起来多么光鲜亮丽，都是靠不住的。语文学科具有德育的天然优势，古今中外的各种文本蕴含着丰厚的德育资源，而阅读中的价值判断与道德推理就是"最语文"的德育。但是，这笔资源在实践中究竟发挥了怎样的作用，现状并不乐观。在阅读教学中，我们习惯于以"善"的高调宣示来替代对"真"的不懈追问，不管是否合乎事实与逻辑，只要"结论"合乎道德规范（也就是泛义上的"善"），似乎就尽到了"立德树人"的责任。殊不知，如果作为前提的理由和作为证据的事实是错误的，那么，我们振振有词而为之辩护的结论就是值得怀疑的，是脆弱的。学生今天貌似接受了它，明天或许就会怀疑它。而且，一旦怀疑，可能就是釜底抽薪式的颠覆——敷衍和蒙蔽必然要付出成倍的代价。在德育上，偷工减料，急于求成……一切违背"真"的说教，都隐藏着被颠覆的风险。在这个意义上，文本解读就是一场"求真"的冒险旅行，解读中的某个纰漏或谬误，播下的可能就是一颗错误的种子。因此，阅读教学需要"求真"的执着精神，真知才能通向信念。理查德·保罗说："我不会随意认同任何信念的内容，我只认同自己形成这些信念的过程。我是一个批判性思维者，而且，正因为如此，我随时准备摒弃那些不能为证据或者理性思考所支持的信念。我已经准备好了紧紧跟随证据和推理，任凭它们把我引领至何方。"[①] 这段话强调的正是"求真"之于信念的意义。"紧紧跟随证据和推理"，在我看来，就是一种"求真的意志"。

　　阅读就是一个"跟随证据和推理的脚步"的过程，那种先入为主式的贴标签或者自以为是的强行阐释，本质上构成了对阅读的否定，也从根子上消解了阅读的德育意义。《廉颇蔺相如列传》是一篇人物传记，司马迁的本意，是塑造一位侠肝义胆、智勇忠信的战国士人。与他笔下的廉颇、屈原、荆轲、毛遂一样，蔺相如也具有司马迁式的传奇色彩。在千百年的阅读与接受史上，蔺相如被赋予了各种色彩和意义，层层叠加与累积，远远溢出了《史记》固有的文本框架。在现代语文教学中，蔺相如和屈原一样，又被赋予了近代民族国家才有的爱国主义的色彩。这当然无可厚非，历史本来就是由历史的解释所构成的，正所谓"一切历史都是当代史"。不过，是否以事实与逻辑为基础，则是历史与戏说的分野之所在；历史之所以拥有不可辩驳的精神价值与文化意义，也正在于历史总是根基于铁的事实与不可违忤的逻辑。

---

① 理查德·保罗、琳达·埃尔德：《批判性思维：思维、写作、沟通、应变、解决问题的根本技巧》，乔苜、徐笑春译，新星出版社 2006 年，17 页。

根据冯友兰先生"抽象继承法"的理论，蔺相如身上的忠信持守与道义担当，是当代人进行爱国教育的宝贵资源，但前提是蔺相如的忠信与道义能够得到事实上与逻辑上的支撑。如果蔺相如仅仅是个传说或者假象，那么，所谓的德育就是荒谬的。正是在这个问题上，我的教学遇到了来自学生的挑战与质疑。学生说，蔺相如处处挑衅秦王，不像个谋求和平的使者，倒像个逞强使气的莽汉，这样的人怎能消弭战端，带来和平？其实，这样的质疑并非我的学生所独有，明人王世贞，宋人杨时、司马光等也都有类似的指责。不仅如此，他们还斥责蔺相如轻重不分，为了一块无足轻重的和氏璧，竟然反复挑衅和激怒秦王，将赵国推到了战争的边缘。王世贞说，蔺相如完璧归赵，无关智谋与忠勇，天意也。

如何面对这样的质疑？最愚蠢的做法，就是对学生的质疑置若罔闻，继续进行高调的灌输与宣教；而明智的选择，则是在文本分析的基础上，还原一个真实的蔺相如，即"求真"。如果确证蔺相如就是一个图口舌之快、逞匹夫之勇的莽夫，"完璧归赵"的成功就像王世贞说的那样纯属偶然，蔺相如就失去了德育的价值。相反，如果蔺相如确像司马迁所颂赞的那样智勇双全，公忠体国，那么，哪怕他忠诚的仅仅只是战国时代的一个诸侯国，他依然可以作为爱国教育的一个典范。我们知道，蔺相如对于赵国的爱，不同于今天的我们对于祖国的爱，但渗透在这两种感情之中的忠信与道义，则有着内在的关联和融通，这正是抽象继承法的精义。

与其不加分析地将蔺相如"封"为爱国英雄加以膜拜，倒不如静下心来，还原一个真实、有血有肉的蔺相如。在我看来，这个求真与还原的过程，其本身所拥有的德育意义就是不可替代的。鲁迅先生说，瞒和骗与奴隶道德是相辅相成、相得益彰的；而一个真正的猛士，敢于直面惨淡的人生，敢于正视淋漓的鲜血。

求真，才能养德。

二、理性的精神

求真是批判性思维的价值取向。那么，怎样才能走向真相与真知呢？在批判性思维看来，真理不在灵悟与冥想之中，而在理性的追问和合理的求证之中。

理性是批判性思维的基石。

感性与理性都是人性的内容，并无好坏优劣之分；但不同的存在机理与作用机制，决定了他们不同的功能。譬如，在涉及生命安危、利益得失和尊严损益等问题时，人们都会自觉地动用自己所掌握的信息、知识和逻辑，进行充分的理性分析与判断，少有人跟着感觉走或者由着性子来。同样，在涉及"信念"或"行动"等需要知识与逻辑参与的事务时，健全的人都会保持理智的支配地位，不会让情绪和感情扰乱自己的心智。培根说，人的感觉不可靠，不光身体感觉不可靠，心灵感觉也不可靠，这个所谓的"不可靠"并非贬低人的感性和直觉，只是说，对于知识建构而言，感觉会带来更多的假象和谬误。在《我们如何思维》中，杜威也专门探讨了想象与虚构等感性的思维活动。他说，想象与虚构能够产生好的故事，但它并不致力于知识的发展与建构。想象与虚构的本质，依然是感觉的"绽放"，归根到底属于情感的活动，它们是知识生产的催化剂与助燃剂，但本身不能直接产生知识。杜威之所以做这样的比较，是为了凸显批判性思维在知识生产中的独特作用。令人深思的是，我们也在关注想象力的培养，并且将想象力的威力鼓吹到无以复加的高度，甚至将诺贝尔奖的稀缺归结于想象力的匮乏，但对想象力在知识发生与发展中的作用机理，似乎还缺乏杜威那样的清晰界定。

理性是通向真相与真知的必由之路。理性精神的集中表现，就是对事实与逻辑的信任。在日常语汇里，"理性精神"常常与"盲从""盲信""人云亦云""只唯书""只唯上"等相对立。基于事实与逻辑进行论证，不乞灵于任何权威，这就是理性精神。

培养理性精神，关键是培养论证意识与论证能力。在阅读教学中，我们当然也要借助感受、想象、虚构、移情等非理性的方式，以求得与作品的共情体验，但要达成对作品清晰的理解与准确的评价，则必须通过具体的分析与论证。像蔺相如，基于迷信的辩护固然是非理性的，基于情绪的否定同样是非理性的。在关于蔺相如的解读中，徐江先生的论断算是很引人注目的，他毫不客气地斥责蔺相如是"小丑跳梁"，说蔺相如轻率、无理、无礼。这个看似新锐的论断并未超出王世贞等人的逻辑，只是不像前人那样温良恭俭让而已。但是，这个断言未必经得起文本事实的辩驳。如果说蔺相如真的如此不堪，他在"渑池会"与"将相和"中的大义凛然与高风亮节又该作何解释呢？难以想象，这样一个野蛮、粗鄙和自私的人，竟然能够为了赵国的利益而对廉颇的挑衅视而不见，委曲求全。显然，这不符合文本的内在统一性，司马迁这样的史学家，断不会犯如此低级的错误。而且，将完璧归赵归结为纯粹的运气，也很难让人信服。即使归结为运气，我们也不妨问问：为什么运气会如此垂青蔺相如呢？这都需要论者提供足够的理由。

在充分考察了战国时代的国际形势、秦赵两国的战略路线、赵王与秦王的性格对比、蔺相如的出身与背景等一系列因素之后，我和我的学生论证了蔺相如的智与勇，论证了他的信与义。蔺相如不走寻常路，看起来像个莽夫，实则有着缜密和周全的考虑，他进退有据，张弛有度，展示出一个政治家超群的胆识与出类拔萃的谋略。对于学生来说，这是一个挖掘事实与厘清逻辑的论证过程，也是一个道德推理与精神反思的内省过程。一句话，既是一个智育的过程，也是一个德育的过程。

对蔺相如的很多误解源于我们自身。围绕蔺相如展开的论证，就是对自我价值判断的一次检阅与反思。很多人习惯于概念化地理解人物，无视人物的具体处境，也无视人物的生命状态。"完璧归赵"是蔺相如的政治处女秀，初登政治舞台的蔺相如，只是一个出身卑微、渴求功业的战国士子，荣登高位那是后来的事情。徐江文章反复提及的一个论证逻辑就是，秦国拿十五座城池交换和氏璧，明显就是试探与讹诈，如果赵国足够明智，就该断然拒绝。可赵国非要派蔺相如出使，结果受够了秦王的戏弄与羞辱（比如在章台宫这样一个听歌赏舞之地见面等）。由此他得出结论：蔺相如出使就是自取其辱，可见蔺相如是"轻率、无理"和"损害赵国的国格"的。① 这算不算对蔺相如的苛责呢？此刻的蔺相如，只是宦官的门客，拜主子缪贤推荐而出使赵国，哪有资格左右赵王的决策呢？何况，对于一个渴望功名的士子来说，这一次在国际政治舞台上亮相的机会，恐怕也是蔺相如求之不得的吧？

我在教学中特地强调了蔺相如出使的个人动机。有老师担忧：强调蔺相如的个人动机，会不会损害他的光彩形象？他的逻辑是，一个爱国志士，不应怀有个人的动机。在我看来，这恰恰是某些陈旧与迂腐的观念在作祟。为国家谋福利，为自己谋功名，两者之间是有你无我的关系吗？为什么一定要把民族英雄、爱国志士、模范人物塑造成不食人间烟火的圣人？为什么一定要把爱国理解得如此狭隘与极端？显然，是我们头脑中错误的观念妨碍了对蔺相如的接纳与理解。更何况，尽管"完璧归赵"像走钢丝一样惊险，但蔺相如凭借智慧与勇气，成功地避免了一触即发的战争，挫败了秦国的阴谋，维护了赵国的国格，而他自己，也完成了从草根到士大夫的华丽转身。个体与国家荣辱与共，这不是对爱国最人性化的诠释吗？

为什么我深深地爱着这个国家？因为她深深地爱着我们。这样的思辨过程，有助于学生更准确、更全面地理解个人与国家的关系，也更深刻地理解爱国主义的内涵。我坚信，只有深刻地理解了爱国主义内涵的人，才会用最深沉、最合理的方式爱自己的国家。

论证就是我们常说的"讲理"。对于一个公民来说，还有什么素质比讲理更重要的呢？我相信，一个人只要肯讲理，美德就会自然地生长。

三、开放的态度

与感性思维的自发性、发散性、混沌性不同，理性总会本能地追求结构化、体系化，寻求可理解性与可推理性。在这个内在动力的驱使下，理性思维必然走向准确、清晰与一致的标准。"启蒙的信念在于，通过理性的运用，

---

① 徐江：《教学生认识蔺相如是冒险主义者——〈廉颇蔺相如列传〉解读》，《语文建设》2013 年第 22 期。

人们可以在人类生活的诸多方面达成共识和一致，而且这种共识和一致乃是收敛于真理的结果。"① 因此，理性容易走向保守，走向狂妄，走向僵化。20世纪人类经历了一个长时段的反理性思潮，就是因为理性的僭妄与膨胀给人类带来了许多困扰甚至是灾难，比如社会过度的技术化、人性的片面化与人的单向度化。在培养学生求真与理性的精神时，也要培养学生自我反思、多元竞争的意识，我谓之"开放的态度"。

开放意味着反思。人是有限的，理性也是有限的。人人都渴望通过理性的力量来获取安全、利益和尊严，获得知识与技能，但并不是每个人都能保证理性在正确的轨道上运行。理性总会受到各种力量的束缚与干扰。洛克说有三样东西会妨碍我们的判断，即对权威的依赖、自我中心以及低劣的思维方式，而培根则以种族、洞穴、市场、剧场四个幻象来概括理性的蒙蔽。理查德·保罗反复强调"自我中心"与"群体中心"这两个根深蒂固的本能所带来的思维局限。他用四个推理陋习来表达这种局限：

因为我（们）相信它，所以它是真的。

因为我（们）想相信它，所以它是真的。

因为它符合我（们）的利益，所以它是真的。

因为我（们）一直相信它，所以它是真的。

这四句话准确地概括了自以为是、主观臆断、利益诱惑以及习以为常的思维惰性，与孔子的"毋意，毋必，毋固，毋我"的告诫有异曲同工之妙。

理性是有限的，但要克服理性的局限，我们没有其他选择，只能通过理性的反思与批判来达成。反思是批判性思维的核心要素，通过反思来改变惯性的、惰性的思维方式。如果说理性是人类优于动物的特质，那么，反思则显示了人类的伟大。对理性的自我质疑与批判，才是理性的保证。公共领域的质疑与反思促成"公共理性"的发育与成长，自我的反思与批判则促成个人理性的发展与完善。

开放也意味着多元对话与思想竞争。世界是多元的，这是一个客观事实，

---

① 谭安奎：《公共理性与民主理想》，生活·读书·新知三联书店 2016 年，2 页。

但客观事实并不会自动地带来多元的观念。欣赏多元对话的张力，享受思想竞争的乐趣，需要培养与训练。比如在阅读教学中，有意引导学生找替代、找例外、找对立面，就是培养多元思考、思想竞争的有效途径。再如，培养审慎断言的习惯，不是要学生优柔寡断，左右摇摆，而是训练他们"大胆假设，小心求证"的习性，长此以往，他们的思维就会走向严谨、清晰、精确，这正是批判性思维的重要品质。

当然，世界上没有抽象的开放，开放必须与理性相关联。理性是开放性的基础，开放性是理性的保证。没有对合理性的追求，开放性是没有意义的；而没有开放性的保证，理性就会走向封闭与保守。在阅读教学上，合理性与开放性同等重要。追求合理性而忽略开放性，则个性化的解读就被压制，解读就会僵化死板，千篇一律，万众一腔；若追求开放性而忽视了合理性，则文本解读将陷入众说纷纭、莫衷一是的境地。在追求合理性的基础上，保持开放性，这是阅读的基本原则，其实也是现代人应有的思维方式。

求真的意志、理性的精神与开放的态度，这是理智美德最重要的三个习性。在我看来，批判性思维的教学与训练，是养成这些理智美德的最佳途径。

附教学随笔一

关于批判性思维的三个误解

这几年，批判性思维与思辨读写逐渐成为语文教育的热词，感兴趣的和热心探索的人逐渐增多。但从一线情况看，批判性思维的探索与实践还面临着很多问题和障碍。除了某些现实因素的掣肘，观念上的偏差或误解或许更值得关注。其中，对批判性思维的"污名化"以及"神秘化""空洞化"，尤有辨析与澄清的必要。

一、污名化

对批判性思维的曲解以及由此而产生的"污名化"，毫无疑问与"批判"二字相关。在很长的一个历史时段，"批判"一词与政治上的否定、道德上的羞辱关联在一起，时至今日，其阴影依然弥散在我们的文化记忆中。有人对批判性思维怀有恶感或存有疑议，将其等同于挑刺与贬损，与此不无关系。也有学者为了避免此等误会，刻意另作他译，虽不失为一种传播与推进的有效策略，但也可能会在不知不觉中稀释或者扭曲批判性思维的内涵。因此，回到"批判性思维"的原初内涵也许是最好的办法。一般认为，批判性思维的源头在古希腊的苏格拉底，而现代批判性思维则肇始于杜威的"反省性思维"。批判性思维是一种建构性的思维，一种实践取向的思维，当然，也是一种具有质疑与反驳倾向的思维。但是，这种质疑与反驳首先是"理性"的，它不以肯定或否定为目的，而以合理的判断为宗旨，以建构与发展为方向。因此，它的质疑与反驳是基于实证与逻辑的，是基于自我反思与理性自治的。正如批判性思维专家董毓所说："批判性思维的质疑与反驳是在公正性、开放性和全面性的原则之内运行，从而成为认识和发展的一个有力工具。"[①]

除了"批判"这个词所带来的望文生义式的歧解，批判性思维对日常思维的警惕、对惯性思维的挑战，也会让习惯于安逸与敷衍的人们感到不适与不安。苏格拉底之所以被雅典社会所鸩杀，一个不能忽略的因素，就是他始终在挑战人们沉溺于现状的生活习性、臣服于权威的思维惰性以及满足于自欺的精神弱点。现代人普遍认识到自由精神与独立思考的意义，却也常常羁绊于人性的弱点而止步不前，固步自封。正如理查德·保罗所说，"他们的个人信念往往基于先入之见。他们的思维很大程度上由陈规、夸张、过分简单化、粗率的概括、错觉、妄想、合理化、虚假二难和乞题构成。他们的动机往往可追溯到非理性的害怕和依附、个人的自负和嫉妒、理智的傲慢和头脑简单"。[②] 可以想象，一个人的思维若停滞于这个境界，他对批判性思维的

---

① 董毓、余党绪：《批判性思维与思辨读写对谈》，《语文教学通讯》2017 年第 1 期。
② 武宏志、张志敏、武晓蓓：《批判性思维初探》，中国社会科学出版社 2015 年，22 页。

抗拒几乎是本能的；而一个民族如果停滞于这个愚昧和麻木的思维境界，对理性而开放的批判性思维的恐惧也几乎是必然的。唯有理性的反思与批判才能破除思想上的迷信与愚昧，让我们走向自信，走向文明。

二、神秘化

另一个观念上的偏差则是对批判性思维的神秘化与空洞化。有意思的是，神秘化与空洞化在很多时候又是互为因果的。从定义看，批判性思维并不神秘，并不遥远。面对残酷的生存考验与现实的生活压力，人都会自主地动用自己的知识、理性与智慧，来决定自己"信什么"与"做什么"，不这样就无法生存，无法前进。因此，"理性的反思"实际上是每个人都有的思维与认知活动，它就在我们的日常生活与实践之中，区别只在于个人的判断与选择是否合理，能否解决实际问题。在这个意义上，每个人的思维中都有批判性思维的因子，即便从未受过教育，批判性思维也会以一种自在的、素朴的方式存在着。在这个问题上，杂文家鄢烈山的理解颇为辩证。他看到批判性思维这种"理性的、自觉的、科学的思维方式"是需要长期而专业的训练的，但同时他也强调，"一个正常人，即便没接受多少教育，读多少书，他也能理性地看待和解决日常的生活问题。……要信任人的日常逻辑和常识。"有人为了某些企图，刻意割裂批判性思维与生活实践的关联，故意夸大批判性思维与日常思维的鸿沟，借此抬高身价，角逐市场，这是需要澄清和警惕的，因为这样的企图反而会妨害人们对批判性思维的理性认知与坦然接纳。前人的教学实践也一再证实了这个道理。很多并未关注或者用心于批判性思维的人，其课堂的思维训练也很实在，很到位，像老一代语文教育家陈钟梁等人的经典课例中，经常能看到理性思辨的光芒。我想，这其中一个很关键的原因，就在于他们实事求是的实证精神与具体分析的思辨意识，切中了批判性思维的内在本质。因此，将批判性思维引入语文课堂教学，并非要刻意引入一个新名词，推举一种新做法，而只是希望我们能够总结已有的成功经验，自觉地、明确地和合乎规律地开展批判性思维教学。

三、空洞化

但是，或许语文教育的痼疾实在太多太重，批判性思维致力于理性对话与温和改良的实践初心，往往让急于求成的人陡兴寂寞难耐、时不我待之感。主张激进改革的人们，需要的是起死回生的灵丹妙药。显然，批判性思维并不具有这等神功。因此，很多人在一番兴致盎然的"浅尝"之后，便是兴味索然的"辄止"。从理念上看，批判性思维并没什么惊听回视之处，甚至想找几个时髦的学术词语都很难；国际教育所提供的所谓的成功案例与经验也似曾相识，而且还显得繁琐与细碎。希望毕其功于一役的人，显然也没多少兴趣去下如此繁琐与细碎的功夫。但如果我们在理念上确认思维是一个合理而有效的教育切入方式，在实践上又能够持之以恒地聚焦思维的训练与改善，那么，我们有理由相信和期待，它给语文教学带来的改进将是实实在在的，它是革除语文痼疾的有效良方。

将批判性思维"空洞化"的另一个原因，则在于我们的文化消化能力远远强过我们的对话能力。对于异质的文化，我们往往在缺乏深度分析与深入论证的情况下，就大而化之地纳为己有，甚至鼓吹我们"先前阔多了"。看到披萨，有人说，我们早就有了，这不就是我们的大饼吗？于是披萨就成了大饼，而披萨与大饼承载的不同的饮食习惯与文化理念，就在不经意间被忽略了。在批判性思维的传播中，有多少披萨被当成了大饼？有人说，孔子不是强调质疑吗？孟子不也讲究思辨吗？墨子不也推崇逻辑吗？经过这样一番列举与渲染，批判性思维的意义终于黯淡下来了。于是，批判性思维从"神秘"走向了"空洞"。

很多人忽略了一个基本事实：作为思维方式的批判性思维与作为学科的批判性思维是不同的。中国传统的思辨传统与苏格拉底开创的批判性思维在理念上是高度一致的，体现了人类质疑问难、追求合理、探索真理的相同诉求；但作为思维教育的专业学科，批判性思维不仅梳理和继承了这些伟大的理念，更重要的是，经过从杜威到现代批判性思维运动的探索与积累，国际教育在具体的分析与论证、评估与判断方面，已经形成了一套行之有效的方法与技能，而这些才是我们所缺乏的。

批判性思维的价值，正在于它试图——我说的是试图——将人类公认的那些美德，譬如实事求是，理论联系实际，具体问题具体分析，转化成一种可以显性化、程序化的思维方式，训练成一种可以解释与评估、传达与训练的思维习性，使之成为人的基本素养。这样，就可以在最低限度上，保证我们少说错话，少做错事，让我们说话做事有根据，有逻辑，更合理。我们欠缺的，恰恰就是那一套可以显性化、程序化、技术化的教学方法与训练技能。

附教学随笔二

阅读与教学的边界
——《愚公移山》的课例批判及启示

《愚公移山》是初中语文传统篇目，教学案例成百上千。影响较大的，一是1981年钱梦龙老师发表在《语文战线》上的教学实录，另一个则是2005年郭初阳老师发表在《教师之友》上的教学实录。在我看来，钱老师这节课前无古人，至今后无来者，鲜明地体现了他"教师为主导，学生为主体"的教学思想。在这节课里，我见识了一位天才教师游刃有余的优雅和举重若轻的智慧。郭老师是一位有个性、有锐气、有思想的教师，他对《愚公移山》一改传统的文本理解，课堂教学也呈现出另一番面貌，让人耳目一新，却也给人以强烈的陌生感、颠覆感和尖锐感。在这节课里，我不仅看到了郭老师试图摆脱传统课堂的匠心，而且还看到了他挑战权威与传统的野心。

两节课内容有别，风格迥异，比较这两个课例，有助于我们更清晰地认识批判性思维在文本解读和课堂教学中的内涵、价值与意义。

一、文本阐释的开放向度

《列子》向被视为道家之书，晋张湛注"至于大人，以天地为一朝，亿代为瞬息，忘怀以造事，无心而为功"。在"汤问"一节，"愚公移山"与"夸父逐日"并出，告诫人们要以愚公"忘怀以造事，无心而为功"为榜样，以夸父"期功于旦夕""恃能以求胜"为警戒。愚公不期得失，名虽为"愚"，实则接近大道。他那超常的恒心与专注，与庄子笔下的那位"承蜩"的"佝偻"一样，切中了"用志不分，乃凝于神"的体"道"之道；而智叟，名虽为"智"，却是"俗谓之智者，未必非愚也"①，他的"聪明"与心机，停留在感觉、经验与常识的层面，终似浮云蔽日，恰恰构成了求"道"的障碍。总之，摒弃急功近利之心，杜绝旁逸斜出之念，方能不断接近于"道"。

有意思的是，后世对《愚公移山》的阐释，却与这散发着浓厚黄老气息的观点渐行渐远。特别是当"愚公移山"脱离了《列子》这个略显杂乱的文本系统，以一个独立的寓言故事出现时，便被迅速地、几无痕迹地纳入了儒家的主流话语。最典型的当数宋人陆游。据詹丹统计，陆游在诗歌中不下 10 次咏及"愚公"，或抒壮怀如《杂感》："蹈海言犹在，移山志未衰。何人知壮士，击筑有余悲"，或舒愤懑如《自嘲》："太行王屋何由动，堪笑愚公不自量"。② 显然，陆游将自己的悲鸣投射到"愚公"身上。在他的吟诵中，"愚公"也成了矢志不渝、壮志难酬的悲剧英雄。这些理解与今人相差无几。

在现代，"愚公移山"被植入了新的观念，甚至被纳入了现代性的革命话语体系，成了政治动员和革命激励的兴奋剂。

在主张民主与科学、批判旧文化旧道德的五四启蒙运动中，傅斯年借用"愚公移山"来传达他积极进取的"人生观念"与"思想式"，1919 年发表了著名的《人生问题发端》。在文中，他列举了庄周阮籍的"齐死生，同去就"的"达生观"，隐逸、遁世、涅槃的"出世观"，沉溺于物质享乐的"物

---

① 杨伯峻：《列子集释》，中华书局 1979 年，160 页。
② 詹丹：《愚公形象的寓言式解读与现代主体的建构》，《上海师范大学学报（哲学社会科学版）》2012 年第 1 期。

质主义"以及主张"人为道德而生"的"遗传的伦理主义"。在傅斯年看来，这都是"'左道'人生观念"。与"左道"对立的，则是"愚公移山论"。他将其概括为"努力"和"为公"。显然，"努力"继承了传统理解，而"为公"则是个现代因素。傅斯年的"为公"论，在内涵上并不清晰，包含了几重意思，比如要服务于"公众的福利"，同时也有摆脱遁世逃避的哲学，主动融入群众，参与历史与文明进程的意思。因为，"人类所以能据有现在的文化和福利，都因为从古以来的人类，不知不觉地慢慢移山上的石头土块；人类不灭，因而渐渐平下去了。"这就是傅斯年的"愚公移山论"。

在现代，最有影响的诠释者，当然是毛泽东。他将这个传统神话故事变成了政治寓言，寄托了"下定决心，不怕牺牲，排除万难，去争取胜利"的豪情壮志。毛泽东的阐释充满了再创造，"愚公"由单数变成了复数，成为"中国人民"的代名词，而"两座大山"，也成为帝国主义与封建主义的代称。这显然是一种政治化的解读。

毛泽东对"愚公移山"的另一种阐释是治理穷山恶水，改天换地。他的"愚公移山，改造中国"原本是为一个经过艰苦奋斗最终改换面貌的乡村作的批语，后来成了改变落后面貌的动员口号。

同一个文本，不同的阐释，盖因解释者的立场不同，视角不同，视域也不同。

二、阅读教学的学术边界

关于"愚公移山"的理解千差万别，但核心依然是愚公的持之以恒精神。从一个"体道"的寓言故事，到一个砥砺践行的励志寓言，这固然与儒家文化、革命文化的融纳与整合功能相关，但归根到底，还是根源于"愚公移山"本身的文体形式和叙述结构。这就像人们常说的"一千个观众就有一千个哈姆雷特"，无论怎样，再多的哈姆雷特也必须植根于莎士比亚的那个文本。

《愚公移山》原本是一个寓言故事，这是解读《愚公移山》必须尊重的基本事实。文体，决定了人们理解文本的基本路径和总体方向。遗憾的是，我们常常混淆寓言与历史，又常常误解传记与传说。更糟糕的是，反过来又以历史的眼光苛求寓言，拿传记的标准否定传说，文本解读的随意与乖谬可见一斑。什么是寓言？直白地说，就是为了宣扬某个道理而刻意"编"的故事。一般说来，这个故事简洁，清晰，意义指向性明确。在古希腊文中，"寓言"是"其他"与"言说"的合体，即"另外一种言说"，"寓言"就是基于某个观念所"讲"的或者"写"的一个故事。[①] 显然，"编"寓言就是为了"说"道理。既然如此，寓言的"编"法，就与一般小说创作不同，它服从的是"讲道理"的逻辑，而非一般意义上的艺术逻辑或者生活逻辑。比如《农夫和蛇》，它刻意渲染农夫之善与僵蛇之毒，以此说明不恰当的善心只会招来祸患。其他细节则不予细究，如"冻僵"就不太合乎蛇的冬眠习性，冬眠的蛇也不大可能睡在路边，农夫的善良其实也超出了正常的人性限度，不合乎生活常识与常理。但是，有谁会因此而指责它呢？千百年来有人说《农夫和蛇》违背常识了吗？人们津津乐道的，不过是这个故事所包含的道理。

是寓言就该以寓言的方式来阐释。

《愚公移山》是个典型的寓言结构，体现在"两个对比"上，即"一大一小"的对比（弱小的人最终移动了巨大的山）与"一智一愚"的对比（愚蠢的老头才是真正的智者）。无论是主张"无为而无不为"的道家，还是"知其不可而为之"的儒家，都能在"两个对比"中找到解释空间；无论是"天行有常，不为尧存，不为桀亡"的客观唯物论，还是"天行健，君子以自强不息"的主观能动说，都能在此找到逻辑上的支点。这也就解释了为什么一个道家寓言演变成为儒家箴言，甚至成为现代革命宣传的载体。《愚公移山》的解释空间如此之大，很大程度源自这个对比结构的简单。

作为质疑者，郭老师与钱老师的理解也构成了鲜明的"对比"：

1. 钱老师认为愚公"确知移山之利"，"利"了大家；郭老师则认为，愚公解决了自己"惩山北之塞，出入之迂也"的麻烦，但"山阻碍人的出路"并未从根本上解决。换句话说，原来阻挡自己的山，如今阻挡别人去了，愚

---

① 罗良清：《寓言和象征之比较》，《中国文学研究》2009 年第 1 期。

公只是"利"了自己。

2. 钱老师认为愚公"深明可移之理"，只要世代不停，挖山不止，"移山"终会成功；郭老师则认为愚公的理由不成立。他说，要做到"子子孙孙无穷匮也"，要有"双重的要求"：血缘的不断和思想的不变。显然，这是愚公无法保证的。再者，根据现代科学的研究，山并非"不加增"。结论是，愚公的自信建立在虚妄之上。

3. 钱老师认为愚公造福后代；郭老师则认为他贻害子孙，因为愚公"把个人的意志，强加给了他子孙，剥夺了他子孙生活的自由"，导致后人"不能去实现自己的想法"。

4. 郭老师从根本上质疑"愚公移山"的动因。虽然名曰借学者张远山的观点，但看郭老师如此刻意的引用及渲染，显然心有共鸣：愚公移山不过是演给天神看的一出"苦肉计"；甚至也不排除他与天神还有"更多不可告人的东西"，借此"帮助建立帝的秩序"。由此得出愚公狡猾、毒辣、可怕，是阴谋家等评断。

郭老师的质疑遭到了许多质疑。有老师为愚公辩护：比如，"渤海之尾，隐土之北"原本是个荒无人烟的地方，可见愚公并未损害他人；又如"山不加增"，当时缺乏科学常识，愚公此言可以谅解；再如，以中国传统"孝道"为愚公辩护，言下之意，所谓贻误子孙，不该由愚公负责，而应由传统文化买单；等等。我觉得，如此纠缠于细枝末节而回避问题的根本，反而让问题变得复杂了。其实，从寓言的文体性质来思考，这些问题原本不该是问题。

郭老师也承认，《愚公移山》是个"人生寓言"，表达的是"知其不可而为之""三军可夺帅也，匹夫不可夺志也""天行健，君子以自强不息"等"儒家的一种非常朗健的、非常积极的精神"。既然如此，在"编"寓言的过程中，屏蔽一些因素，比如"移山"会不会损害他人利益；夸大或强化一些因素，比如"子子孙孙无穷匮也"；或者虚拟一些神话因素，如"帝"的出手相助……这不就是寓言创作的基本手段吗？其实，读寓言的人都知道，连"移山"本身也只是个象征，只是个隐喻，完全不必扯出"山也会生长"这样的科学常识。

《愚公移山》并非历史文献，虚构、夸张乃是寓言的基本创作手法，也是《愚公移山》独特、别致和匠心之所在。走寻常路，那不是愚公；选择移山，那才是愚公；子孙无穷，挖山不止，那才是"愚公精神"。正是这种违背常识与常理的情节设置，才使寓言有了深远的寄托。教师的责任，就在于给这些反常的情节一个合理的解释，准确理解愚公的精神实质。不去揣摩情节设置的独特用意，不去理解故事的用意与匠心，反而怪罪它不合常理，那真是误解加曲解，无异于焚琴煮鹤。

关于愚公与"帝"的勾结问题，已超出了正常的文本解读范畴，属于"戏说""水煮"一类，无中生有，不足道也。相反，钱老师的解释虽然中规中矩，却是合情合理："愚公挖山不止的精神，使山神害怕，天帝感动，文章这样写，恰恰是写出了愚公挖山的精神感人至深"。"帝"的感动以及他的出手"搬山"，归根到底服务于寓言的寓意：天道酬勤。

当然，郭老师关心的，也许并不在于寓言本身是否合理。他的意图更在于寻找寓言背后隐藏的"中国人非常喜欢的，或者我们非常熟悉的一种密码，文化的密码"。包括他引入"外教"的评点，也无非是希望在对比中凸显传统文化的乖谬。这是个很大胆也很有创意的教学构想。的确，神话和寓言是民族文化的蓄水池，寓言里隐藏着民族文化的密码与基因。在《愚公移山》这个寓言中，我们很容易发现大智若愚、大巧若拙这种中国式的思维与智慧。

但是，《愚公移山》的文本分析与借《愚公移山》来批判传统文化，这是两件不同的事情，可以并行不悖，但逻辑截然不同：前者考量的是"故事能否传达出寓意"，后者考量的则是"这个故事有着怎样的价值预设与思维方式"。至少包括四个问题：

◇故事中的矛盾与悖谬在哪里？

◇编织这样的故事，用意何在？

◇这样的故事何以得到中国人的喜欢？

◇这凸显出传统文化的哪些矛盾与缺陷？

文化批判的逻辑应该是：愚公移山的故事是荒谬的，但我们却习以为常，并奉为真理，这样的习以为常与奉为真理，恰恰暴露了传统文化的某些缺点。在这个问题上，郭老师显然没有穷追到底，他揭示了《愚公移山》文本中的矛盾，却忽略了追问产生这些矛盾的文化原因。而且，他似乎一直在嘲弄故事本身的荒谬性，这在很大程度上消解了其文化批判的用意。在课堂结束前的师生对话中，我们看到，郭老师的逻辑并没能说服学生，在兜了一个大圈子之后，学生还是回到了郭老师致力于否定的观点。

教学意义上的阅读，本质上应该是一种学术性的阅读，无论是建构，还是解构，无论是"立"，还是"破"，首先要尊重文本自身的要素、结构与逻辑，基于客观的文本说话，基于文本的事实说话，基于文本自身的逻辑说话，这就是文本解读的学术边界。学术性的解读，还必须是非功利性的。不能先设定一个目的，按图索骥；或者穿凿附会，牺牲文本自身的逻辑去迁就功利解读的需求。比如因"武松打虎"而否定《水浒传》的价值，因父亲违反了规则而质疑《背影》的经典地位……乍一看只是一些无聊和荒唐的噱头，但实际上却透露出我们在文本解读上的学术意识与理性精神的欠缺。传统文化的反思也一样，不能为了否定而否定，为了批判而批判。

学术性解读追求的是"合理性"，强调的是"大胆假设，小心求证"，即使是质疑，也未必就是为了否定；不仅合理质疑，更要合理解释，并综合评估各种解释的合理性。显然，这与很多人推崇与热衷的意在标新立异的"求异思维"不同，与追求轰动效应的翻案式解读不同，与为了达成文本之外的目的而进行的颠覆式阐释更不可相提并论。

三、对话教学的主导限度

相对于郭老师，钱老师的解读因其"守正"而显稳健。钱老师的机智在于，他将关于《愚公移山》的争议作为思考与切入的背景，在这个背景下理解文本的结构与逻辑。[①] 这看似波澜不惊，质朴无华，实际上却像愚公的"无心而为功"一样，反而避开了节外生枝的风险，在更高的层面上切中了文本的核心。

---

① 据钱梦龙老师回忆，当年社会上已经有了许多质疑《愚公移山》的声音。参见：《〈愚公移山〉教学漫忆》，载钱梦龙《导读的艺术》，人民教育出版社 1995 年，267—270 页。

如同钱老师的文本解读一样，其教学行为也具有极高的研究价值，甚至不乏艺术的欣赏价值。我看钱老师的课，就像欣赏一出古典主义戏剧，严格遵守"三一律"，起承转合，严丝合缝。不过，也正是这种流畅与完满让我产生了一些联想和担忧。比如，如此轻巧的师生对话，如此封闭而完美的课堂结构，是否会使解读"滑行"① 在文本的表面，或者仅仅产生一种惯性的思维流动？常识告诉我们，思维一旦进入文本的"深水区"，必然伴随着纠结、停顿、中断、迷茫与滞涩。

钱老师认定愚公"大智若愚"。这看起来与《列子》相同，但内涵却不大一样。在《列子》中，愚公愚钝，倔强，固执，因此而接近了大道。显然，这里的"大智若愚"是实践意义上的判断。但在钱老师的解读中，愚公的"大智若愚"，"愚"在其行为，"智"在其动机，在不知不觉中，将一个实践问题转化成了道德问题。

钱老师先总结出愚公"痛感迂塞之苦，确知移山之利，而且还深明可移之理"。请注意，这都是认知上的判断。接下来，转换在悄无声息中发生了：

师：我想先给你们讲个事。我们上海有一位公共汽车售票员，对待乘客非常热心，是个学雷锋的标兵，《文汇报》上登过他的照片。很多人都写信表扬他，说他服务好。但也有一些小青年说这个服务员"戆头戆脑"，这是我们上海方言，就是傻里傻气。这是什么道理？还有雷锋，有些人不是也叫他——

生：（齐声）傻子！

师：你们看，这是什么道理啊？你说。

生：有的人是从为自己的角度来看的，就说他是傻子；有人是从他为集体做好事来看，感到他是好的。

师：哦，讲得真好！就是说要从什么角度看问题了，用什么样的思想感情来看待这样一件事。这位同学的观点你们同意不同意？

钱老师这样解释自己的教学："介绍学雷锋标兵，为了引导学生从更高

---

① 孙绍振先生用语，参见：余党绪《经典名著的人生智慧》（修订本）序二，上海教育出版社 2019 年。

层次理解'愚公不愚'的道理"。事实上，他做到了。钱老师借助"雷锋"这个道德内涵极其鲜明的词，迅速完成了从"实践层面"到"道德层面"的跳跃。在他的主导与引导下，学生顺理成章地得出了"我们如果用'为子孙后代造福'的观点去看愚公，他不仅不笨，而且还'大智若愚'"的结论。这就背离了原文的逻辑与宗旨：《愚公移山》并没讨论道德与动机问题，它讨论的是个实践问题——愚公"忘怀以造事，无心而为功"，看似愚，实则智。但"愚公不愚"的"动机论"，其逻辑正好相反：好像先承认了愚公的行为是愚蠢的，只是因其动机高尚，才有了"不愚"的道德评价。如此解释"愚公不愚"，其实是以动机的善恶讨论替代了认知是否合理、实践是否有效的讨论，结论必然是：无论认知多么糊涂，行为多么荒唐，只要动机高尚，就是"不愚"。这恰恰是中国传统文化的一个误区，直到今天，很多人依然习惯于这种道德主义逻辑，以动机的良善为荒唐的认知和行为辩护。

并非为尊者讳，钱老师的理解显然受限于 20 世纪 80 年代的政治与文化思潮，不必苛求。我在乎的是，40 多年过去了，我检索《愚公移山》的教学案例，发现这种"大智若愚"的思路，依然大行其道，几乎成了《愚公移山》的"标配"内容。可见，思维的惯性力量有多么强大。

在文本解读上，郭老师摆脱了大智若愚这种典型的"中国式思维"，走到了解构的另一端。不过，在课堂的话语方式上，两位优秀的老师却有着内在的共通性。钱老师春风化雨，娓娓道来；郭老师似暴风骤雨，攻势凌厉。撇开风格上的差异，我们发现，他们都试图以教师的主导作用，推动学生的思辨与探究。

遗憾的是，郭老师的课堂表面上充满了对话与碰撞，有少数时候，飞散的火花甚至让人陶醉和兴奋，但在字里行间，我看到的却是理念先行，思路既定，精心设套，强势诱导。所谓的对话与质疑，多是学生在教师预设与诱导下的机械反应。在几个关键环节，我甚至看出了教师设下的逻辑陷阱，像天罗地网一样，学生不得不往里跳。不妨看看这个片段：

师：苦肉计。那也许他们（天帝和愚公）有更大的阴谋呢？也许这更加能够帮助建立帝的秩序呢？可能他们有着更多不可告人的东西，所以他们要上演一出戏。但是不管怎么样，如果是这样的话，我们会发现：愚公，他给我们的形象，感觉有点……

　　生：（轻声）狡猾。

　　师：有点狡猾，是吧？甚至有点阴险。甚至还有点……

　　生：毒辣。

　　师：毒辣，可怕。怎么这个蠢老头，竟然是一个阴谋家？（众笑）成了个谋略家，太厉害了。

　　在这个环节，郭老师连续用"有点""甚至还有点"这样的表达，用刻意留白和省略的办法，似乎给学生预留了思辨的空间。但在其假定的事实和预设的逻辑之下，学生还有什么选择呢？由狡猾到毒辣，再到阴谋家，恕我直言，在"众笑"的欢快之中，愚公被扭曲了。这样的诱导与"套供"，比起直截了当的"满堂灌"更可怕。学生的思维给魅惑了，给取代了，给消解了，但学生却不自知，不自觉。这就不仅是孙绍振先生批评的"滑行"，这几乎算是一种"控制"了。

　　孙绍振先生用"主体间性"来概括现代师生关系，但同时也肯定教师在"主体间"的主导作用。但是，肯定教师的主导作用，必须有一个限度，那就是不能以牺牲学生的主体在场与思维在线为代价。在教学的意义上，主体间的平等，关键还在于"尊重学生的思考过程，哪怕是错误的"[1]。出现了没有过程的思考与没有选择的决断，对话教学就失去了民主的基础。遗憾的是，在很多优秀教师的课堂上，我们看到的常常是教师的思维与思想，而学生的思维与思考始终处在从属与追随的状态。

　　在今天，"知识中心"以及基于"知识中心"的"教师中心"存在的土壤越来越贫瘠。我们应该认识到，世界是复杂的，认知是多元的，老师与学生一样，都只是一个"摸象"的"盲人"，每个人都只能在特定的层面和角度上把握真理，谁也不能以真理自居。基于这样的理解，我们的谦逊才是理性的，师生的对话才是平等、开放和有效的。

────────────────

[1]　孙绍振：《钱梦龙的原创性：把学生自发主体提升到自觉层次》，《语文学习》2015年第10期。

第二讲

以批判性思维为基点，构建与核心素养培育相适应的学习方式

一、批判性思维：核心素养的核心

每一轮课改，几乎都伴随着一波新词语、新概念、新理论的"井喷"，语文学科更是如此。犹记得 20 多年前，以"三维目标"为核心的那一轮课改，适逢世纪之交的人文精神大讨论，人文、生命、性灵、想象力一类的词语集中"喷涌"了一次。不能不说，语文学科的"人文性"得以确立，与彼时的那场讨论密切相关。2017 年课改也不例外。所不同的是，这次集中出现的概念与理论，多与"学习"相关，如大概念、大单元、任务群、深度学习、专题、项目、整本书阅读，或指向学习内容的重组，或指向学习方式的变革，或兼而有之。这也从特定角度说明，这次课改的重点正在于构建新的学习内容与学习方式，以满足核心素养培育的需要。学习，是这次课改的焦点。

新词语的井喷，或许是课改不可或缺的伴生物；积极地看，也是课改之必需。有些新的理念与思路，非借助新的词语与概念不能传达。不过，也要看到，如此多的新概念裹挟着"双新"的威势，猝然间席卷而来，难免让人眼花缭乱，脚步踉跄，甚至心神疲惫。从一线实践看，亟待从学理上梳理新旧概念的内在关联，厘清学习变革的内在逻辑，为新的学习方式落地生根寻

找便捷的路径与资源，以减少新概念带来的震荡与混乱。基于这个动机，我尝试从思维教育的角度，以批判性思维为基点，谈谈如何实现传统的学习方式向"与核心素养培育相适应的学习方式"的转变。

能否将批判性思维作为"与核心素养培育相适应的学习方式"的基点呢？这是这一讲立论的前提与基础。只有确立了批判性思维与核心素养的本质性关联，这个讨论才能成立，才有价值。限于篇幅，这里援引几位学者的研究来确立"以批判性思维为基点"的合理性与可靠性。华东师大教育学部主任袁振国教授说："批判性思维是未来核心素养的基础。"[1] 一直致力于国际教育研究的华东师大国际与比较教育研究所所长彭正梅教授，将批判性思维界定为"21 世纪技能的核心"[2]，其中"21 世纪技能"与"未来核心素养"的内涵相差无几。华东师大教育学部教育心理学系主任杨向东教授特别强调批判性思维不是单纯的思维技能，罗伯特·格雷泽就提出，批判性思维是"态度、知识和技能的综合体"。他指出，在这个意义上，批判性思维才是"教育意义上的核心素养"[3]。其实，杨教授所强调的，正是 20 世纪 70 年代以来批判性思维在不断推进中所达成的基本共识。批判性思维不是单纯的逻辑推理，也不是纯粹的思维技能，它涉及知识与逻辑，涉及人的情感、态度与价值观，与环境也存在着不可分割的联系。第一讲讨论批判性思维作为"理智美德"的育人价值，着眼点也在于培养多元、理性与温和的现代公民人格。核心素养，归根到底，是应对未来复杂的社会生活与人生境遇所必需的价值信念、必备品格与关键能力。以批判性思维为基点，正如三位学者所言，就抓住了核心素养的核心或基础。那么，以此为基点构建"与核心素养培育相适应的学习方式"，理论上是站得住的。

批判性思维是舶来品，但作为一种思维能力与品质，它广泛地存在于我国传统思想文化与古圣先哲的著述中。孔子认为"学而不思则罔，思而不学

---

① 赵玉成：《袁振国：批判性思维是未来核心素养的基础》，《上海教育》2018 年第 16 期。
② 彭正梅、邓莉：《迈向教育改革的核心：培养作为 21 世纪技能核心的批判性思维技能》，《教育发展研究》2017 年第 24 期。
③ 杨向东：《从核心素养看批判性思维的培养》，《教育测量与评价》2018 年第 1 期。

则殆"，强调"众恶之，必察焉；众好之，必察焉"，这里的"思""察"，都有"思辨"的内涵。孟子提倡"诐辞知其所蔽，淫辞知其所陷，邪辞知其所离，遁辞知其所穷"（《公孙丑上》），如何才能"知"？显然得求助于思辨。荀子提出思辨的逻辑线路："实不喻然后命，命不喻然后期，期不喻然后说，说不喻然后辨"（《正名》）。墨子对思辨做了较为系统的阐发，有了"辨"，才有清晰的认知与合理的判断："夫辩者，将以明是非之分，审治乱之纪，明同异之处，察名实之理，处利害，决嫌疑焉。"（《小取》）这些言论都切中了批判性思维的精神实质。现代文化旗手鲁迅，更以他冷峻与理性的思想锋芒、宽广的文化视界与深邃的文化洞察，极大地拓展了我们的思想空间，提升了民族文化的思维品质。这些都是探索批判性思维教育的宝贵资源。

在语文教学实践中，批判性思维也一直以实践形态存在着。陈钟梁等前辈名师的课例中有大量精彩的批判性思维教学的案例。近几年，批判性思维逐渐成为语文教育的热词，越来越多的老师自觉地、明确地开展批判性思维教学的探索。以批判性思维为基点来反思和改进我们的教学，进而构建与素养培育相适应的语文学习方式，已经具备了现实的、良好的基础与条件。

关于批判性思维与核心素养的关系，《中国学生发展核心素养》课题负责人林崇德教授的观点应予以充分重视。林崇德教授多年来一直强调，思维是智力的核心，教学的主要目的，在于传授知识的同时，发展学生的智力，培养学生的能力。他尤其强调思维品质的培养，认为这是发展智力与能力的突破口。在语文教育与思维的关系上，林崇德教授毫不含糊地指出："今天能否把语文改革、语文教学搞好，关键的问题在于能否把培养思维能力即思维发展与提升作为出发点。"[①]

基于上述梳理，我们有理由认为，以批判性思维为基点，构建与核心素养相适应的学习方式，在理论上是成立的，在实践上是可行的。

下面以阅读为例，谈谈新的学习方式与批判性思维的关系。

---

① 据林崇德在"新中国70年语文教育回顾与展望学术研讨会"上做的报告。

二、思维的三要素及其运作

思维看不见摸不着，明明感到了它的存在及力量，却难以进行清晰的描述与分析，因而它向来被称为"黑箱"。谈思维，大而化之的多，笼而统之的多，这个局面一直持续到约翰·杜威。借助杜威对思维的几种描述，我们可以清晰地界定学生在阅读中的思维状态，并从学习的角度评估这些思维状态的意义与效能。

杜威认为，在最宽泛的意义上，可将大脑中的任何想法都称为"思维"，譬如胡思乱想，遐想，一掠而过的感触，白日梦……杜威不无调侃地说，如果这些都算思维的话，那么，傻子白痴都是有思维的人。显然，这个"思维"不具有研究价值，因为它不涉及"尊严、逻辑或道理"[1]。

在杜威看来，真正的思维首先是一种有目的、有方向的心理活动。目的性是思维的本质，也是人类区别于其他动物的重要特征。正如马克思所说："蜜蜂建筑蜂房的本领使人间的许多建筑师感到惭愧。但是，最蹩脚的建筑师从一开始就比最灵巧的蜜蜂高明的地方，是他在用蜂蜡建筑蜂房以前，已经在自己的头脑中把它建成了。"[2]动物依本能而动，人类据需求而行，动机开启了主体的心智活动。杜威说，"当我们的活动是一帆风顺直线前进时，或者当我们有闲情逸致可以海阔天空任意遐想时，都没有必要费心思考"，但当"下一步如何前进情况不明，遇到难题，需要作出选择"时，思维就启动了"。他将这个启动思维的契机称为"岔道口"。"岔道口"是"整个思维过程中的持续不断和起导向作用的因素"。[3]由此可见，真正的思考是由主体的目的启动并持续驱动的。

人是主体动物，目的在很大程度上决定了他的思维方向，决定着思考的

---

[1]　约翰·杜威：《我们如何思维》，伍中友译，新华出版社 2015 年，4 页。

[2]　马克思：《资本论》（纪念版，第一卷），中共中央马克思恩格斯列宁斯大林著作编译局编译，人民出版社 2018 年，208 页。

[3]　约翰·杜威：《我们如何思维》，伍中友译，新华出版社 2015 年，13 页。

动力及其持续状况，也影响着他的思维深度、广度与效度。越是与自身利益、尊严或意义相关，思维的紧张度与效率就越高，他会动用已有的经验与知识，寻求有效的解决之道。而且，用不着别人提醒或督促，他就会对自己的思维做出最严苛的反思，可谓绞尽脑汁，殚精竭虑，权衡再三。不因为别的，只因为有一个关乎切身利益的"岔道口"。

就阅读而言，目的在很大程度上决定了思维参与的状况。为了消遣的阅读，为了打发时光的阅读，读者自可信马由缰，思维散漫。这样的阅读有积极意义，应给予应有的尊重；但无论如何，这种缺乏目的因而也缺乏持续动力的阅读，"知识、学术和思想"的产出效益是有限的。因此，在一般意义上谈阅读时，不妨自由一点，随性一些；但若论及教学，旨在知识的获取与能力的发展，就不能仅仅强调趣味、好玩儿等感性因素。有些老师对阅读的细分存有异议，甚或不无讥讽，似乎这些"新概念"都是炒作，都是节外生枝，这恰好印证了上文所批评的语文教研现状：谈问题大而化之，做论断笼而统之。在我看来，这次课改推出思辨性阅读、整本书阅读、群文阅读等概念，恰恰说明了阅读教学研究开始有了自觉的学理意识，这是应该充分肯定的事情。

目的是思维的第一要素。但如果目的仅仅只是一瞬间的闪念或一刹那的冲动，那还构不成思维。思维的第二个要素是过程。杜威说，思维是"不断的、一系列的思量"，它"连贯有序，因果分明，前后呼应"，"思维过程中的各个部分不是零碎的大杂烩，而应是彼此应接，互为印证"。[1] 这是一个持续的、连贯的、彼此呼应的推理过程。"推理过程"是思维不可或缺的要素。有了"过程"这个要素，才能将直觉、顿悟等灵感式的心智活动排除在思维研究之外。这并非否定直觉、顿悟、灵感的价值，而是说，当我们还不能对这些神秘的心智活动进行清晰的分析时，明智的态度是存而不论，就像孔子对待鬼神一样——试图言说那些无法言说的东西，可能陷入玄虚与空洞。杜威对"想象与虚构"的处理策略与此类似。他说，想象与虚构本质上只是

---

① 约翰·杜威：《我们如何思维》，伍中友译，新华出版社 2015 年，5 页。

"感觉的绽放"；想象与虚构是知识生产的助燃剂和催化剂，"他们产生出好的故事，但通常产生不出知识"。①杜威并没否定"想象与虚构"在知识生产中的作用，但毕竟是一种间接的关系，故将它们暂且屏蔽在讨论之外。这也告诉我们，做研究不仅要考虑它的价值，还要考虑它的可行性。

就阅读而言，我们曾经非常崇尚那些只可意会、不可言传的感悟，相对轻视以严谨推理为基础的分析论证。有人甚至借用陶渊明的"好读书，不求甚解"来反对阅读思维的研究。这可能存在两种错误：一是将某些特殊个人的经验当作通行的经验，显然不足为训。必须承认，有些人的语言感知力与领悟力是超凡的，他的直觉甚至能够洞穿普通人经过繁琐分析也不能理解的事物。二是可能忽略了直觉与阅读经验的复杂关系。即使根据一般生活经验也不难明白，反复的、长期的阅读分析有助于直觉顿悟能力的形成。因此，在阅读教学中，我们要珍视那些稍纵即逝、电光石火般的灵感与直觉，但训练的重点，还是基于事实与逻辑的分析论证能力。

阅读中的思维过程非常复杂。面对同样的文本，同样的信息，各人的结论可能大相径庭，原因就在于每个人都有自己的价值预设与逻辑起点，而推理的过程也有所不同。思维过程是否合理，不仅涉及世界观、价值观、人生观、思维方式，也涉及具体的情理与事理。不过，无论怎样，推理过程中的缺陷，总会表现为作为思维规则的逻辑上的矛盾与疏漏。在这个意义上，我们也可以说，思维过程的问题，集中表现为推理中的逻辑问题。

除了目的与过程，思维还有一个要素，即思维材料。杜威说，有了岔路口，人们就会"琢磨初步的处置方案"，人们会借助"联想"来寻找这个方案。"什么是联想的源泉呢？显然那只能是以往的经验和事先学到的知识"。这些"经验"和"知识"就是思维的材料。②目的再明确，动机再强烈，若缺乏相应的材料支持，思维过程也难以展开。

文本是阅读的根基，文本信息中所包含的事实就是思维的基本材料。但把握文本的事实并非易事，甚至可以说，挖掘和确认文本事实，本身就是阅

---

① 约翰·杜威：《我们如何思维》，伍中友译，新华出版社 2015 年，6 页。
② 约翰·杜威：《我们如何思维》，伍中友译，新华出版社 2015 年，15 页。

读的重头戏。尤其在文学阅读中，文本事实往往具有隐蔽性与多义性，容易造成理解上的分歧。以《红楼梦》第二十七回"滴翠亭杨妃戏彩蝶　埋香冢飞燕泣残红"的一个细节为例。小说描写芒种节这一天，宝钗去寻黛玉，沿路"忽见前面一双玉色蝴蝶，大如团扇，一上一下迎风翩跹，十分有趣"①，这就有了"宝钗扑蝶"。接下来，宝钗来到滴翠亭外，猝然间听到了宝玉屋里的小丫头小红与坠儿的对话，这就有了几百年争论不休的"嫁祸论"。小说写道：

> 宝钗在亭外听见说话，便煞住脚往里细听……

这是一句平常的话，但不同的人却看到了不同的"事实"。我查阅了多位"拥钗派"的分析，他们对此句或视而不见，或认为宝钗"煞住脚"乃本能之驱使，不具有特殊意义，不必做过多解读。而在"贬钗派"看来，这些细节却具有魔鬼一样的意味：

> 一个"煞住脚"，一个"细听"，便把当时薛宝钗的心态揭露得很深刻：她是一个酷爱获取别人隐私的人；但她同时又是一个绝对不愿让人知道她有这种嗜好的人，她的隐私是不能让别人获取的。②

"煞住脚"这个动作在小说中是客观存在的，它所蕴含的意义却因读者而发生了偏向。可见，事实不会自动地呈现所谓的本来面目，事实也需要挖掘与澄清，而如何挖掘，必然涉及读者的价值观念与思维方式了。

还有一类信息，可称之为"隐含知识"，指的是某些前提性、背景性的公共知识，可看作读者与作者达成的一种默契。它是一种不在之在。《红楼梦》描写贵族家庭的日常生活，晨昏定省，贺吊往还，婚丧嫁娶，一应大小事务，讲究的都是贵族社会的规制与礼仪，这是我们理解《红楼梦》必须默认的前提。宝钗偷听何以被论者诟病？因为这与她自觉维护的贵族教养不符。再如"抄检大观园"一节。为什么蘅芜苑躲过一劫而潇湘馆未能幸免？尽管人们的解释差异很大，但有一个因素是任何一种解读都必须考虑的，那就是黛玉、宝钗与贾府的亲缘关系。若缺乏此类"隐含知识"，《红楼梦》的阅

---

① 曹雪芹、高鹗：《红楼梦》，人民文学出版社 1996 年。后文同，不再一一标注。
② 曾扬华：《钗黛之辨》，中山大学出版社 2009 年，76 页。

读定会面临诸多歧路亡羊的可能。由此也可见出，思维与知识的关系是何等密切。没有允足的信息与知识，思维必然是苍白和肤浅的。有些人鼓吹思维教育而贬低知识教育，这显然是矛盾和错误的。

目的、过程与材料可称为思维的三要素。这三个要素彼此关联，互相影响，牵一发而动全身。

思维三要素，这是针对思维本身而言的。思维是人的生命活动，它必然会受到人的性格、情感、态度的制约，也会受到客观条件与社会文化的影响。因此，思维研究不仅要向内挖掘，还要向外拓展。林崇德教授强调，思维研究也要关注思维活动中的非智力因素（我称之为"内环境"），因为智力活动始终离不开非智力因素；还要研究思维的外环境，即人所存身的社会现实与文化环境。[①] 依照上述分析，我们可以绘制这样一个思维结构及其运作的关系图（见图1）。

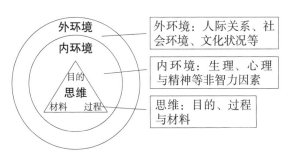

图 1　思维结构及其运作关系图

在阅读教学中，有人忽视主体的情感倾向，否定知识介入的意义，主张不带任何成见地进入文本，让知识走开，让历史走开。这种将思维与生命活动剥离开来的想法，不仅是做不到的，而且也会误导我们。人不可能没有情感，不可能没有成见。我们所能做的，是警惕情感的干扰，减少偏见的蒙蔽；阅读也不能拒绝知识的介入，重要的是知识的参与要合理，要有边界。

---

① 林崇德：《教育的智慧：写给中小学教师》，浙江教育出版社 2019 年，89—90 页。

三、反思带来知识、学术和思想

帕斯卡尔说，人不过是一根苇草，是自然界最脆弱的东西，但他是一根能思想的苇草。因而，我们全部的尊严就在于思想。思想是思维的产物，对思想的赞美，换个角度看，就是对思维的礼赞。

对于一个物种，思维赋予人类以尊严；但对于个体，思维却未必能让人高贵。思维或许能让我们摆脱对于"本能、欲望和因循守旧的屈从"，而现实中我们似乎永远难以摆脱人性的局限与环境的束缚。我们以为自己是思维的主人，殊不知，却有一种隐秘的力量在控制着我们的思维。

阅读中的思维错误比比皆是，可怕的不是那些让我们焦头烂额的矛盾与漏洞，而是那些让我们陶醉的自洽与圆融。前述"滴翠亭杨妃戏彩蝶"一节，薛宝钗到底是贤淑端庄，通权达变，还是心机深重，嫁祸于人？如果学生有这个疑虑，做教师的倒是应该庆幸；最怕的就是习惯成自然，顺从成本能，凭思维惯性就已经得出了结论——这样的思维，不过是印证了一个先在的或者别人的结论。如果阅读就是这样一个"印证"已有结论的过程，阅读如何能给自己带来新知与真知呢？

因此，光讲"思维"是不够的。只有摆脱了本能、惰性与惯性的思维，才能带来新的知识，赋予人以尊严，带给我们新的"知识、学术和思想"，反思才让人具有价值、尊严与意义。也正是因此，杜威说，我们要学习的，不是思维，而是"好的思维"。

这就是自主与自觉的反思，即杜威所说的"反省性思维"，国际教育推行的"批判性思维"。林崇德先生使用了一个词，叫"思维的监控"。他认为，这是思维的"顶点"，它的功能是定向、控制与调节，以保证思维活动的主体性与批判性。[1] 我的理解，"思维的监控"就是反思，就是反省。现在流行一个词叫"深度思考"，在我看来，"深度思考"就是反思，就是批判性思考。

---

[1] 林崇德：《教育的智慧：写给中小学教师》，浙江教育出版社 2019 年，90 页。

但问题在于，任何人在接受信息的时候，都会有最低限度的反思。这种几乎可以忽略不计的弱反思，常给我们一种独立思考与自主判断的错觉。其实，这种弱反思的认知价值与学习意义十分有限。尤其在这个知识以前所未有的速度增长的时代，它的麻痹性更应引起我们的警觉。毋庸讳言，相当一部分语文课堂就处在"弱反思"的思维状态，看起来在思考，实际上只是表面的热闹，但这似乎并不妨碍有些老师自以为课堂充满了思辨与探究。也许这才是我们最该反思的问题：什么才是真正的学习？什么才是真正的思考？

反思何以发生？反思何以进行？反思何以持续？追索这些问题，我们还是要回到思维的三个要素，尤其是思维目的这个根本性的问题。目的与动机的缺乏，可从非智力因素找原因，也可从外界环境找原因；但在教育的意义上，我们首先还是应该审查一下，我们的教育目的与教学内容，能否唤起学生对尊严、逻辑与意义的关注。如果教育只是为了培养实用而适用的工具，而教学内容又疏离了生命的内在冲动与需要，那么，学生懒于思考甚至厌恶思考，岂不是顺理成章的事情！

在教学的目标与内容上，长期以来我们过分强调知识的客观性，过分强调学科中心，重视分数而忽视生活实践，重视知识传授而漠视知识发生的背景、价值与意义，导致了知识与生活的脱节，导致了学习与实践的疏离。在学习过程中，学生感受不到生命的价值，体会不到知识的意义，享受不到实践的快乐。这样的学习，怎能唤起学生思辨的诉求？

我们也可从这个角度解释核心素养的意义。在我看来，核心素养的价值，正在于它试图超越所谓的客观知识与抽象能力，而在具体的历史条件下思考人与知识的关系，思考人与实践的关系。知识是客观的，人是主观的；理论是抽象的，实践是具体的。只有当个人的历史具体性得到充分尊重，他才能获得存在与创造的角色体验。核心素养的精髓是什么？就是在具体的历史情境下解决问题所需要的核心能力，它必然涉及人的价值观念、情感态度与生命意志。因为，脱离了生命的知识是没有意义的，离开了环境的实践是空洞的。当获取知识的过程成为一个赋予价值与发现意义的过程，反思当然就有了源源不断的动力。

就阅读教育看，我们的阅读理念还存在很多需要反思的地方。比如，若局限于学科的知识体系，文学经典的价值能否得到充分的挖掘与发挥？甚或被矮化或削弱？文学是人生的教科书。文学阅读是成本最低的人生训练和社会训练。教学自然应立足于语文学科，但我们的视界却应该是更为宽广的人生、社会与历史。

四、基于思维本体的学习改进

以批判性思维为基点，如何构建与核心素养相适应的学习方式呢？有两个改进思路：一是基于思维本体的要素改进，二是基于思维发生环境与机制的整体改进。

基于思维本体的要素改进，即从思维的某个或多个要素入手，提升思维的效能与品质。任务驱动、专题阅读、群文阅读等学习方式，都可在此得到解释。

任务驱动的着眼点，主要在于目的的引导与动机的刺激。过去，教学基本上围绕客观知识展开，照本宣科，直接灌输。我接受的中小学阅读教育，基本上是生字生词、段落大意、主题思想、写作特点几个板块的宣讲，学生的厌学情绪很重。任务驱动则试图改变这种学生主体缺位的学习状况，将学生卷入学习的场域。"任务"更关注的是知识的转化与运用，它基于问题，指向实践，追求结果，而结果常呈现为具体的产品或显性的行为，目的明确，目标清晰，指向性强，操作性强，对于阅读与思考的驱动作用非常显著与直接。目前，以任务驱动问题解决的学习方式，颇为流行，实践者甚众。

我在《鲁滨逊漂流记》的教学中也尝试过。下面是《鲁滨逊漂流记》阅读中的一个关键问题：

一个人，一座孤岛，28 年的生存，何以可能？

鲁滨逊是文学史上著名的冒险英雄形象。在冒险类作品中，主人公总在不同程度与侧面，表现出勇敢、乐观等优秀品质。这种强大的阅读惯性，让很多人不假思索，便将鲁滨逊的生存秘密归结为勇敢、乐观等精神品质，却看不到支撑他 28 年生存的物质资源以及他的知识与能力。其实，稍加思考，就不难明白，世界上没有抽象的勇敢与乐观，勇敢与乐观离不开必要的物质支持与能力支撑。而《鲁滨逊漂流记》歌颂的，正是人类文明的力量与知识的价值——正是人类的文明成果，给了鲁滨逊以战胜绝境的信心与力量，让他在绝望与怯弱中变得勇敢和乐观。

为了激发和引导学生的反思，我设计了这样一个任务：

请根据鲁滨逊 28 年孤岛生存的经历与经验，制作一份"孤岛生存指南"，提供给那些有意尝试孤岛探险或生存体验的旅行爱好者。

之所以引入"生存指南"这个任务，主要是看中了"指南"的操作性与实用取向。指南的写作，或可引导学生从"务虚"转向"务实"，将关注的重点从鲁滨逊的精神品质转移到他所拥有的丰厚的物资与非凡的能力上来。

"生存指南"的制作，让学生重新发现了文本中的很多秘密。其实，鲁滨逊原本算不上天性勇敢的人，面对灾难，他的恐惧与常人并无二致。比起他的勇敢，倒是他的经验与能力更为可靠。在"指南"的写作中，学生重新发现了"那艘船"的价值——在那艘搁浅的船上，有着支撑鲁滨逊 28 年孤岛生存的物质基础。有了这个基础，温饱需求、安全需求乃至心理需求，都可得到一定程度的满足。而在先前的阅读中，这些细节可能被读者给忽略了。①

从思维的角度看，撰写指南的任务驱动，让学生发现了文本中被忽视的诸多信息；新的思维材料的介入，则带动了推理过程的调整；有了新的材料与新的推理过程，先前的那种近乎直觉的结论随之受到了质疑。这就是任务驱动下的反思。那么，这个反思是否合理呢？对于反思，我们也还需要反思。这就是持续的反思，这就是深度思考。

阅读中的专题学习，原理与任务驱动近似。面对文本，尤其是整本书这样的大文本，学生常有一种无从下手的茫然感与压抑感，但正如杜威所说，这种苦闷"可能只是感到惊愕，感受到情感上的波动"，未必知道问题的症结在哪里。因此，界定那个让人"惊愕"的问题很重要，因为它的"存在与

---

① 关于《鲁滨逊漂流记》的相关讨论，可参见：余党绪《整本书阅读：读经典、学思辨、练读写——〈鲁滨逊漂流记〉"思辨读写"实践》，《语文学习》2017 年第 6 期。

否，在最大程度上影响到思维的用心深浅，是严谨推理还是只随意思索"。①
这就像治病一样，身体不适只是表象；只有确定了病变的位置与性质，才能
对症下药。从思维的角度看，专题学习从思维的目的入手，给学生的阅读与
思考提供了一个可靠的抓手。有了明确的目的，学生就会对已有的思维材料
与思维过程进行反思与重组，这种反思所带来的阅读深度，远非一般的泛读
所能及。

在《红楼梦》教学中，很多人都开展过类似"钗黛之辨"的专题教学。
"钗黛并立"本来是《红楼梦》的客观内容，所谓"双峰并峙，二水分流"。
前述"滴翠亭杨妃戏彩蝶"一节，单看薛宝钗，其行为也并无什么特异之处；
但若在"钗黛之辨"的专题视域内，以黛玉的相关言行作比对，则宝钗的言
行就颇有些意味了。无独有偶，小说三十二回也写了黛玉偷听。这两次偷听
本身没什么可比性，但曹雪芹对两位大家闺秀"不雅之举"的不同处理，却
流露出了一些褒贬的蛛丝马迹。

不妨将二人偷听的相关段落比较一番：

> 刚要寻别的姊妹去，忽见前面一双玉色蝴蝶，大如团扇，一上一下
> 迎风翩跹，十分有趣。宝钗意欲扑了来玩耍，遂向袖中取出扇子来，向
> 草地下来扑。只见那一双蝴蝶忽起忽落，来来往往，穿花度柳，将欲过
> 河去了。倒引的宝钗蹑手蹑脚的，一直跟到池中滴翠亭上，香汗淋漓，
> 娇喘细细。宝钗也无心扑了，刚欲回来，只听滴翠亭里边嘁嘁喳喳有人
> 说话。原来这亭子四面俱是游廊曲桥，盖造在池中水上，四面雕镂槅子
> 糊着纸。

> 宝钗在亭外听见说话，便煞住脚往里细听，只听说道："你瞧瞧这
> 手帕子，果然是你丢的那块，你就拿着；要不是，就还芸二爷去。"又
> 有一人说话："可不是我那块！拿来给我罢。"又听道："你拿什么谢
> 我呢？难道白寻了来不成。"又答道："我既许了谢你，自然不哄你。"
> 又听说道："我寻了来给你，自然谢我；但只是拣的人，你就不拿什么

---

① 约翰·杜威：《我们如何思维》，伍中友译，新华出版社 2015 年，83 页。

谢他？"又回道："你别胡说。他是个爷们家，拣了我的东西，自然该还的。我拿什么谢他呢？"又听说道："你不谢他，我怎么回他呢？况且他再三再四的和我说了，若没谢的，不许我给你呢。"半晌，又听答道："也罢，拿我这个给他，算谢他的罢。——你要告诉别人呢？须说个誓来。"又听说道："我要告诉一个人，就长一个疔，日后不得好死！"又听说道："嗳呀！咱们只顾说话，看有人来悄悄在外头听见。不如把这槅子都推开了，便是有人见咱们在这里，他们只当我们说顽话呢。若走到跟前，咱们也看的见，就别说了。"

宝钗在外面听见这话，心中吃惊，想道："怪道从古至今那些奸淫狗盗的人，心机都不错。这一开了，见我在这里，他们岂不臊了。况才说话的语音，大似宝玉房里的红儿的言语。他素昔眼空心大，是个头等刁钻古怪东西。今儿我听了他的短儿，一时人急造反，狗急跳墙，不但生事，而且我还没趣。如今便赶着躲了，料也躲不及，少不得要使个'金蝉脱壳'的法子。"犹未想完，只听"咯吱"一声，宝钗便故意放重了脚步，笑着叫道："颦儿，我看你往那里藏！"一面说，一面故意往前赶。

那亭内的红玉坠儿刚一推窗，只听宝钗如此说着往前赶，两个人都唬怔了。宝钗反向他二人笑道："你们把林姑娘藏在那里了？"坠儿道："何曾见林姑娘了。"宝钗道："我才在河那边看着林姑娘在这里蹲着弄水儿的。我要悄悄的唬他一跳，还没有走到跟前，他倒看见我了，朝东一绕就不见了。别是藏在这里头了。"一面说，一面故意进去寻了一寻，抽身就走，口内说道："一定是又钻在山子洞里去了。遇见蛇，咬一口也罢了。"一面说一面走，心中又好笑：这件事算遮过去了，不知他二人是怎样。

——《红楼梦》第二十七回"滴翠亭杨妃戏彩蝶 埋香冢飞燕泣残红"

……宝玉听了，便知是贾雨村来了，心中好不自在。袭人忙去拿衣服。宝玉一面蹬着靴子，一面抱怨道："有老爷和他坐着就罢了，回回定要见我。"史湘云一边摇着扇子，笑道："自然你能会宾接客，老爷才叫你出去呢。"宝玉道："那里是老爷，都是他自己要请我去见的。"湘云笑道："主雅客来勤，自然你有些警他的好处，他才只要会你。"宝玉道："罢，罢，我也不敢称雅，俗中又俗的一个俗人，并不愿同这些人往来。"

湘云笑道："还是这个情性不改。如今大了，你就不愿读书去考举人进士的，也该常常的会会这些为官做宰的人们，谈谈讲讲些仕途经济的学问，也好将来应酬世务，日后也有个朋友。没见你成年家只在我们队里搅些什么！"宝玉听了道："姑娘请别的姊妹屋里坐坐，我这里仔细污了你知经济学问的。"袭人道："云姑娘快别说这话。上回也是宝姑娘也说过一回，他也不管人脸上过的去过不去，他就咳了一声，拿起脚来走了。这里宝姑娘的话也没说完，见他走了，登时羞的脸通红，说又不是，不说又不是。幸而是宝姑娘，那要是林姑娘，不知又闹到怎么样，哭的怎么样呢。提起这个话来，真真的宝姑娘叫人敬重，自己讪了一会子去了。我倒过不去，只当他恼了。谁知过后还是照旧一样，真真有涵养，心地宽大。谁知这一个反倒同他生分了。那林姑娘见你赌气不理他，你得赔多少不是呢。"宝玉道："林姑娘从来说过这些混帐[1]话不曾？若他也说过这些混帐话，我早和他生分了。"袭人和湘云都点头笑道："这原是混帐话。"

原来林黛玉知道史湘云在这里，宝玉又赶来，一定说麒麟的原故[2]。因此心下忖度着，近日宝玉弄来的外传野史，多半才子佳人都因小巧玩物上撮合，或有鸳鸯，或有凤凰，或玉环金佩，或鲛帕鸾绦，皆由小物而遂终身。今忽见宝玉亦有麒麟，便恐借此生隙，同史湘云也做出那些风流佳事来。因而悄悄走来，见机行事，以察二人之意。不想刚走来，正听见史湘云说经济一事，宝玉又说，林妹妹不说这样混帐话，若说这话，我也和他生分了。

---

① 混帐，现写作"混账"。后不再一一标注。
② 原故，现写作"缘故"。

林黛玉听了这话，不觉又喜又惊，又悲又叹。所喜者，果然自己眼力不错，素日认他是个知己，果然是个知己。所惊者，他在人前一片私心称扬于我，其亲热厚密，竟不避嫌疑。所叹者，你既为我之知己，自然我亦可为你之知己矣；既你我为知己，则又何必有金玉之论哉；既有金玉之论，亦该你我有之，则又何必来一宝钗哉！所悲者，父母早逝，虽有铭心刻骨之言，无人为我主张。况近日每觉神思恍惚，病已渐成，医者更云气弱血亏，恐致劳怯之症。你我虽为知己，但恐自不能久待；你纵为我知己，奈我薄命何！想到此间，不禁滚下泪来。待进去相见，自觉无味，便一面拭泪，一面抽身回去了。

——《红楼梦》第三十二回"诉肺腑心迷活宝玉　含耻辱情烈死金钏"

宝钗偷听，小说强调了以下几点：其一，宝钗偷听虽非刻意为之，终究有主动探听之嫌，"煞住脚"这样的细节已经暗示了这个意思。其二，偷听时间之久。小说连用了九个"又"（"又有一人说话""又听说道""又回道"等）来转述红、坠二人冗长的对话；且小红在对话中还思忖了"半晌"，可见时间之久。后来连小红都意识到了被偷听的危险，从侧面印证了"时间之久"。其三，偷听之用心。红坠对话，事涉男女私情，不仅冗长，而且复杂曲折，且言说者闪烁其词。要明白事情原委，殊非易事。但宝钗不仅立即断定了事件的性质，而且迅即锁定了小红的身份。这一点，连小红的主子贾宝玉和管家婆王熙凤都做不到，足见宝钗之用心。

黛玉偷听，小说强调以下几点：其一，无意偷听，正巧听见。小说强调她"不想刚走来，正听见史湘云说经济一事"，不似宝钗主动"往里细听"。其二，听到的内容，不仅是她熟悉的，而且还涉及她自身。这也是人之常情，谁会对切己之事无动于衷呢？这样，黛玉的"偷听"具有了更多的合理性。其三，一心一意都在自己的感情问题上，对其他闲言碎语似乎充耳不闻。要知道，袭人一方面赞美宝钗"真真有涵养，心地宽大"，一方面却顺带贬了黛玉。她说："那要是林姑娘，不知又闹到怎么样，哭的怎么样呢。""那林姑娘见你赌气不理他，你得赔多少不是呢。"黛玉对袭人的背后议论到底作何感想，不得而知，小说一句不提。她在意的，是宝玉的评价："林姑娘从来说过这些混帐话不曾？若他也说过这些混帐话，我早和他生分了。"在小说写作中，写什么，不写什么，突出什么，隐匿什么，都是作家自主的选择。不写，也是一种写。

通过比对曹雪芹对这两件"偷听"事件的描写，可否看出曹雪芹的某些态度呢？在钗黛的理解上，将她们处理成善恶两极、水火不容固然不妥，但不分伯仲、不辨是非，似乎也有违作者深意。至少在上述比较中，我们看到了表里不一、不乏心机的宝钗与超然洒脱、爱情至上的黛玉。其中褒贬固然隐晦不明，但要说无迹可寻，还是言过其实了。

此外，群文阅读在促进学生的反思上也有其独特之处。它优于单篇阅读之处，在于它提供了一个或多个新的视角与立场，新的知识背景与思维方式，新的题材与结构，新的风格与语言。这种多元并存的关联态势，势必激发读者进行比较与整合的冲动。在思维三要素中，哪怕其中一个要素有了"可替代项"，反思的发生都是必然的。这其实又一次印证了杜威的话，一旦有了"岔道口"（即多元），反思就会启动。

五、基于生命活动的综合改进

以上是着眼于思维内部的要素改进。另一种改进思路，则是基于思维发生环境与机制的整体改进。其中最有代表性的，当数项目式学习。

思维是主体的生命活动，它不仅与主体的意志、个性与情感相关，也与现实的社会环境与文化氛围相关。要改进思维，着眼于思维本身是不够的，还必须关注非智力因素，关注主体与社会环境的关系，这是对人的主体性与社会性的尊重。

项目式学习的论述很多，分歧也不少，但要说它立足于思维发生的机制与环境，全方位入手，全要素切入，致力于培养学生的批判性思维与创造性思维，则大体是不差的。

参考多家论述，我认为，项目式学习主要包括以下要素：基于真实情境的问题和任务，知识运用的场景化与思维材料的结构化，有效的语文实践活动，基于核心素养的反馈与测评。请看浙江特级教师谢澹设计的"微项目"：

今年的班级迎新春晚会将围绕《红楼梦》进行。

晚会主题：大观园迎新春

时间长度：90分钟

演出内容：自选红楼人物，根据小说内容，编排符合主题的节目，形式不限。

活动建议：8个节目。每个节目可成立小剧组，组织编剧、导演、演员、道具、形象设计等演职人员。

节目评优：成立评委会，打分评优。评委会人选与评分标准，由全班同学民主商议决定。

虽说是个"微项目"，却也算五脏俱全，可作为一个项目设计的标本。

首先，任务与情境都具有物理意义上的"真实性"。固然，项目学习中的"真实性"不简单等同于"真"，也不反对"虚拟"，但多数研究者还是主张将任务与情境纳入到现实的生活之中，让学习成为生活的一个有机部分。这是对思维与环境的关系的准确把握。相比于虚拟的背景与静态的知识，现实的情境与动态的任务对于思维往往更有驱动力，而这恰恰是传统的知识观与教学观常忽略的。在这个项目中，学生不仅要编剧，要表演，还要设计服装，安排道具，还要接受观众的评头论足。这是对阅读状况的一次整体检阅，也是《红楼梦》学习过程中的一个"岔道口"——真实的任务必然带来真实的压力，而真实的压力一定能驱动学生的批判性思考。

其次，任务与情境给学生提供了文本细读的路径与反思的框架，保证了思维的精确度、清晰度、逻辑性与深广度。就此项目而言，《红楼梦》中与"节目"相关的信息很多，诗词歌赋、琴棋书画、谜语、游艺、笑话、评书、戏曲，无所不有；问题在于，靠什么路径来梳理这些信息，靠怎样的框架来整合这些信息。缺乏必要的路径与框架，信息再多，也是一地鸡毛。有了"大观园迎新春"这个主题，情况就不一样了。要为林黛玉量身定做一个节目，不仅要考虑黛玉的身份与才艺，还要考虑黛玉在贾府的处境与心境，考虑黛玉的禀赋与性情。在贾府，黛玉虽然养尊处优，但她的内心感受却是"一年三百六十日，风刀霜剑严相逼"。寄人篱下的身世之感，使这位贵族小姐常常顾影自怜，对影伤怀。另外，既然是晚会，一直疼爱她的老祖宗可能在场，而态度微妙的王夫人也不会缺席，这会在多大程度上牵绊黛玉的自我抒发呢？那么，为黛玉设计一个节目，就是一次全面的、综合的、系统的分析与论证，也是一次基于文本信息的权衡与决策。

为知识的运用提供合理的环境支持，这就是知识运用的场景化；为信息的整合提供必要的思维框架，这就是思维材料的结构化。有了运用场景，"死"知识才会"活"起来；有了结构化，材料的整合才有了路径。说到底，项目化学习的落脚点，依然在于为学生的思维提供更恰当的条件与更丰富的资源，驱动批判性思维持续地、有深度地展开。

这个项目中，"评分"这个设计也值得赞赏。如何评价学生的表演？依据就在任务与情境之中。评分就是反思，反思的不仅是文本的理解（阅读）与意义的传达（表演），也是每个表演者对"任务与情境"的具体把握。说到底，考查的是一个人具体问题具体分析的能力，是审时度势、解决问题的能力。

顺便说，理解项目式学习与批判性思维之间的内在关系，有助于在项目设计中厘清要素，抓住重点，聚焦核心。有些学习项目，总体感觉比较"笨重"，架子大，花样多，但旨意与焦点不够明晰，这样的项目学习可行性不够，实施困难，学习的效果也值得怀疑。以思维要素与批判性思维的原理切入，也许有助于改变设计中的芜杂与实践中的混沌，因为批判性思维追求的，就是知识获取与问题解决中的理性与清明的高境界。

六、学习改进要开放而理性

基于批判性思维的培养，我们可以说，所有的教学设计与学习改进，都是为了让学生更好地体验与思考；而所有的教学改进，无论怎样切入，怎样推进，最后总会触及学生的思维。说到底，任务、情境、专题、群文乃至项目式学习，都只是教学的方式和手段，它本身不是目的，核心素养才是目的，批判性思维的培养才是我们的追求。

学习改进不能舍本求末，买椟还珠。

当前的阅读教学中，存在很多本末倒置的错误或主次错位的偏差，招致很多人的反感甚至抵触。学习方式本身并无对错之分，只看合不合适、有无效果。它需要的不是理论上的辩护，而是学理上的辨析与实践中的优化。在这个意义上，所有的学习改进，都需要理性的反思，在反思中实践，在批判中优化。

通过文本的理解，达成学生自我的反思，这是阅读教学的本质。推动学生的反思，当然是教学的目的，但这个反思必须基于文本，尊重文本，因为文本才是阅读的根基，文本才是反思的根基。在阅读教学中，如何对待文本，是任何学习方式的探索都绕不过去的本质问题。在传统的语文教学中，文本的核心地位是不可撼动的。而在近几年的学习浪潮中，在淡化学科的思潮下，在弘扬学习者主体地位的思潮下，文本的地位似乎正在发生悄然的漂移。请看关于《骆驼祥子》的三个设计：

1. 央视创业节目主持人邀请祥子谈他的创业梦。

2. 央视情感节目主持人邀请祥子对谈：如果感情可以重来，你还会选择虎妞吗？

3. 小福子死了，请代祥子写一篇悼词。

这些任务设计既脱离了文本，也缺乏起码的教学技术含量，热闹有余而内涵不足。祥子为了生存而拼搏，在设计者那里被偷换成"创业"，一词之差，谬以千里；诱使祥子公开谈论他跟虎妞的情感纠葛，或者给身为妓女的小福子写"悼词"，既不合文本的旨意与格调，也跟人物的性情与身份不配。设想一下：这样的课堂会是什么样子的呢？热闹肯定是少不了的，但真正的反思从来都是凝重的，所谓静水流深，而表面上的繁华往往都是泡沫。

在类似任务与项目的设计中，文本沦落为"可以任意打扮的小姑娘"，独立性被不断侵蚀。一旦文本的独立性与严肃性失去了，阅读中的反思就会荒腔走板。我们应该认识到，文本的客观性就是知识的客观性，文本才是批判性思维着力的核心。郭华教授谈到深度学习时，特别强调知识的客观性：

"没有外在于学生并且高于学生个体经验的客观知识，就无需教学。因此，知识（经验）是教学产生的前提。知识作为人类历史实践的成果，是外在于人的、'不依人的主观意志为转移'的客观存在，这件事本身是确定的。"[1]无论是鸿篇巨制如《红楼梦》，还是用过即弃的一个文本片段，它参与了学生的反思，我们就有义务准确地理解它，忠实地传达它。我们不能被知识所羁绊，不能做知识的奴隶，但这并不意味着我们在知识面前可以肆意妄为。

在阅读教学的探索中，很多人以运用代替理解，这也是值得反思的。我认为，独立的文本解读能力才是真正的阅读能力，运用只是理解的延伸。理解与运用，二者不应对立，但也该有个主次之分，教学中的模拟性运用，归根到底也还是为了更好地理解。所谓"独立的文本解读能力"，就是在没有任务、情境与项目干预的情况下，一个人所能抵达的阅读境界。教，是为了不教，以任务、项目等方式辅助学生阅读，目的正在于培养他们独立面对文本的勇气与能力。再多的任务设计与情境模拟，也不可能穷尽生活中的一切问题。我们所要做的，是培养学生独立的文本解读能力，有了这个能力，学生才能自主而准确地汲取文本资源，并运用这些资源去解决他所面对的具体问题。相反，片面强调运用，过分倚重任务与情境等辅助手段，倒可能抑制学生阅读中的探索与创造。而且，一旦情境变了，任务改了，缺乏独立文本解读习惯与能力的人，到哪里寻找阅读的方向呢？以前，我们的学生没有"题目"不读书；以后，会不会没有"任务"就不读书呢？我想，这样的担忧并非杞人忧天。

立足于文本的反思，当然也要尊重学习者的内在需求与认知实际。有些专题学习，在学习的深度、广度与难度上用力过猛，也招致了学生的厌弃。像《红楼梦》这样的整本书阅读，片面求深求新不难，而引导学生进入到小说的内里，倒是一件很困难的事情。这样，前述谢澹老师的"微项目"设计，正好有了连接历史与现实、个人与经典的作用。思维改进，学习改进，永远都必须兼顾学生与文本两个教学中的常项。

---

[1] 郭华：《带领学生进入历史："两次倒转"教学机制的理论意义》，《北京大学教育评论》2016年第2期。

学习的改进，归根到底就是思维的改进。基于批判性思维的学习改进，理所当然也要践行批判性思维的精神，恪守"理性开放"的态度。有了理性，我们就不会盲从与莽撞；有了开放，我们就不会狭隘和保守。在文本解读中是这样，在学习改进中也是如此。

附教学案例

一个人，一座孤岛，28 年的生存，何以可能?

一、教学实录

环节 1：头脑风暴，寻找鲁滨逊生存的原因

师：围绕《鲁滨逊漂流记》，我们讨论一个问题："一个人，一座孤岛，28 年的生存，何以可能？"那么，这"一个人"是谁呢？

生（齐答）：鲁滨逊。

师：一个人，意味着鲁滨逊完全靠自己解决生存危机。"一座孤岛"，说明它与世隔绝。这孤岛在哪里？

生（齐答）：加勒比海。

师：加勒比海，根据小说描写，应该在巴西北部，离亚马孙河入海口不远。一个人，一座孤岛，这都是关键信息。还有"28 年的生存"，请大家注意，不是 28 天，也不是 28 个月，是 28 年。大家想一想，28 天的冒险与 28 年的冒险有什么不同。这些信息要关注。那么，"一个人，一座孤岛，28 年的生存，何以可能？"究竟是哪些因素让这件不可能的事情成为可能？让我们来一场头脑风暴。

生 1：我觉得最重要的是信念。

生 2：我认为身体也很重要。小说里有一章写鲁滨逊生病了，那段时间他几乎失去了活下去的信念。所以，我认为身体健康很重要。

师：鲁滨逊在荒岛上得了什么病？（无人回答）是疟疾。搁以前，这可

是要命的病。如果鲁滨逊没有一个过硬的身体，疟疾就能打垮他，但鲁滨逊靠喝朗姆酒就对付过去了，可见他的身体底子还是不错的。还有吗？我想找到更多的答案。女同学读书可能更细心，那就请这位女同学发言。

生3：我觉得鲁滨逊能够在荒岛上生存，主要在于他敢于挑战。

师：挑战什么？

生3：挑战自然的决心。他在荒岛上并没有害怕，每天去打猎，从自然中取得食物，依靠自己的双手生存下来。

师：你强调的这个"决心"和前面那位同学说的"信念"有啥不一样？

生3："信念"是他活下去的勇气与希望，"决心"强调他面对自然的态度。

师：区分得好。一般说来，与"信念"相比，"决心"常常指面对具体困难时的勇气。还有谁要补充？现在话匣子好像打开了。

生4：我觉得还有乐于助人。如果他不去解救"星期五"的话，他就得不到"星期五"的帮助，最后就会被野人杀死。我觉得这个很重要。

师：你的意思是，如果鲁滨逊坐视野人之间的屠杀而不管，他自己也得不到"星期五"的帮助，最终自己也没有获救的希望？

生5：我觉得还有他的运气。如果这座孤岛上什么都没有，只有沙土和岩石，他就活不下来。幸亏岛上有山羊，飞禽，还有土地，还可以砍树做船……

师：这个我有共鸣，鲁滨逊运气很好。他一直担心岛上有猛兽，结果发现岛上没有什么毒蛇猛兽。而且，岛上阳光充足，雨水丰沛，土地肥沃，非常适合种地。再如，假设鲁滨逊登岛的第一天就碰上了野人，情况会怎样？猝不及防之下，结果可能会很惨。要知道，小说中鲁滨逊真正面对野人，是他在岛上生活了很多年之后啊。运气这东西，你必须承认它的价值。不要简单否定运气，偶然性在生活中发挥的作用是不能忽略的。你回答得非常好。

生6：我想再说说"勇气"。书里有个情节，鲁滨逊发现野人的脚印之后，如果不是勇气驱使他去寻找这个脚印的主人，他就不可能认识"星期五"，也就不会有他和"星期五"的故事。还有……

师：我打断一下，从发现人的脚印到撞见"星期五"，这中间有没有时间间隔？你的叙述给人一种感觉，好像鲁滨逊一看到脚印，就去寻找野人，然后立刻就找到了"星期五"。有没有人提醒一下，这些情节是连续发生的吗？

（生沉默）

师（出示 PPT）：看来大家读书还不够仔细啊。我提醒大家，鲁滨逊是在登岛的第 15 年看到人的脚印；而他亲眼看到野人，却是在他登岛的第 25 年，这之后他才搭救了"星期五"。算一算，这中间有十年吧。一定要尊重作品的原本意思，因为这是我们理解小说的起点。

	上岛 15 年， 在海边发现 人的脚印		上岛 25 年， 拯救星期五 并驯服了他	
1659 年 9 月 1 日， 搁浅在加勒比海 无名荒岛附近		上岛 18 年，发 现食人族野蛮宴 会后留下的遗骸		1686 年 12 月 19 日， 离开海岛，回到英国

我想问一个问题：鲁滨逊看到脚印以后是什么样的反应，有什么样的想法？还记得吗？

生 7：鲁滨逊发现了人的脚印后非常恐惧，感到有人威胁了他的生存，不敢出门。后来他慢慢调整心态，靠着勇气，他去解开了这个谜团，才有了后来一系列的故事。

师：好的，这是鲁滨逊的勇气。还有吗？

生 8：勤劳。

生 9：性格。

师：性格？我好像不太理解你的意思。

生 9：敢于冒险，敢于面对困难的性格。还有谨慎。

师：说他敢于冒险，又说他谨慎，是不是矛盾呢？各位同学，你们理解这位同学的意思了吗？

生（插话）：胆大心细，不矛盾。

师：解释得很棒。我欣赏"谨慎"这个词儿，我也会给你们一个词儿，跟"谨慎"是近义词，这是鲁滨逊生存原因中非常关键的一个因素。我先保密，你先讲讲你的"谨慎"。

生9：鲁滨逊刚看到野人脚印的时候，他就设想，万一有野人来，他该怎么办，于是他就开始布置防御工事。还有他的火力点怎样布置，山洞怎么修筑，他都有周密的安排。

师：你的书读得非常认真，读书就该读成这个样子。你觉得鲁滨逊非常谨慎。其实，小说中这方面的信息还有很多，比如为了安全，他把弹药分几处掩埋，防止雷击、失火，对吧？其实，他不仅谨慎，还很周到，考虑问题很全面，很细心，反复推敲。你看他考察这个小岛，观察地形地貌，制定应对野人的计划，像军事家、工程师一样，滴水不漏。他有清醒的头脑，他知道自己要干什么，知道这件事该怎么干，知道怎样才能达到目的。我给大家一个词，刚才故意保密的这个词，叫"理性"。这是我非常欣赏的一个词。一个成熟的人，首先应该是一个理性的人。再解释一下"理性"。就是有自己明确的目的，同时又尊重现实，这样的人才能走向成功。一味强调自己的目的，可能就会莽撞；一味顺从现实，可能就失去了生活的方向。你看鲁滨逊，他就很"理性"。他有恐惧和绝望的时候，但最后战胜了恐惧；也有脆弱的时候，但都靠自己的力量摆脱了脆弱。问大家一个问题：小说有写鲁滨逊的恋爱婚姻吗？

生（笑）：没有。

师：鲁滨逊结过婚吗？

生（齐答）：没有。

师：错了。我告诉大家，其实小说中写过的。28年后他回归文明社会，不仅结婚了，而且还生了三个孩子。但这些细节小说都是一笔带过，难怪注意的人不多。小说主要写硬汉的绝境生存，这是一场硬仗。那么，小说有没有写鲁滨逊的心理活动呢？

生10：也有，主要是遇到险情之后的恐惧，担忧，还有孤独感……

师：对，心理活动主要围绕生死存亡展开，比如生的希望，死的绝望。造出了独木舟，发现下不了水，这时候他很沮丧。还有后悔，因为不听父母劝告，三番五次陷入绝境，等等，都与他的生存状态直接相关。

回到我们的话题。继续看，鲁滨逊 28 年的生存还有哪些原因。

生 11：鲁滨逊的生存能力很强。他什么都能干，能航海，能驯养山羊，能种地，能修筑工事，还能发明工具……

师：发明？你说说看他发明了哪些工具。

生 11：太多了，一时想不起来……好像有做饭的用具，还有独木舟……

师：鲁滨逊确实做了很多工具，比如桌子、椅子、箩筐、筛子等日常生活用品和劳动工具，他用羊的油脂做灯盏，解决了照明问题，制作陶器，还做了一把伞。鲁滨逊确实是个万能选手，靠自己解决了生活中的许多难题。我问问：他这些算是"发明"吗？

生 11：好像不是啊，这些东西人类早就做出来了……

师：对的，你对词语很敏感。发明，往往与创新联系在一起。这些东西鲁滨逊以前应该都见过，至少知道一些相关常识，所以不能算发明，只能算"制作"，虽然难度很大，但还是不能算发明。这说明，鲁滨逊虽然远离了人类社会，但他的脑子里装满了人类的经验与知识，这些经验与知识有助于他的孤岛生存。

讲到这里，我要给大家呈现马克思的一段话，大家一起诵读。（PPT 呈现）

> 孤立的一个人在社会之外进行生产——这是罕见的事，在已经内在地具有社会力量的文明人偶然落到荒野时，可能会发生这种事情——就像许多个人不在一起生活和彼此交谈而竟有语言发展一样，是不可思议的。（马克思《〈政治经济学批判〉导言》）[1]

要注意这里破折号的用法，两个破折号中间的是插入内容，你可以跳过去读。马克思的意思是，一个人在荒野中是很难生存的，但也有例外。你能读出这个"例外"吗？

生 12："在已经内在地具有社会力量的文明人偶然落到荒野时，可能会

---

[1] 马克思、恩格斯：《马克思恩格斯选集》（第二卷），中共中央马克思恩格斯列宁斯大林著作编译局编译，人民出版社 2012 年，684 页。

发生这种事情"，这是例外。

师：对。那什么叫"内在地具有社会力量"呢？

生 12：鲁滨逊大概就是吧？您刚才讲，鲁滨逊脑子里装满了人类的经验与知识。

师：太棒了，就是这个意思。其实，鲁滨逊不仅"内在地具有社会力量"，"外在"也有社会力量的支持。大家看，他手里的那些工具武器，不都是一种"外在社会力量"吗？你看马克思的论述有多严密，笛福写小说有多严密！

鲁滨逊确实是个多面手，比如他还能当老师，当得比我好，因为他教了一个很好的学生"星期五"。他和"星期五"语言不通，"星期五"身上有野蛮人的恶习，比如吃人肉。但鲁滨逊不仅教会了他语言，而且还把他教成了文明人，成了有教养的人，彼此成了最好的朋友。你想，他算不算非常成功的语言老师？

环节 2：关注鲁滨逊生存的物质基础

师：鲁滨逊为什么能够孤岛生存？大家看到了他生存的信念、冒险的勇气、勤劳的双手，还有理性的头脑和非凡的生存能力。接下来我们再换个角度看看，28 年的孤岛生存斗争艰苦而漫长，那么，最关键的是哪一步？我的意思是，如果当初他不这样做，将注定无法生存。

生 13：如果他一看到野人就贸然动手，他肯定活不下来。

生 14：如果他不去把船上的东西搬下来，他好像也活不下来。我觉得这个决定很重要。

师：你指的是什么时候？

生 14：鲁滨逊的船遭遇了风暴，其他船员都死了，鲁滨逊死里逃生，他爬到孤岛上，然后决定回到船上把东西搬上岸。

师：你觉得这个比刚才这位同学（生 13）的答案更关键？

生 14：是的，如果没这个决定，鲁滨逊就没有火枪；没有火枪，他拿野人一点办法也没有。

师：这个倒是和我的想法一致。那我们就来梳理一下这个细节。还记得鲁滨逊用了多少天搬运物资吗？

生 14：十几天。

师：十几天，到底是多少天？

生 15（插话）：13 天。

师：对了，13 天，是 13 天。这就是鲁滨逊的勇气，但又不光是勇气，更是一种理性。大家不要忘了，这时候鲁滨逊刚刚遭遇了一场风暴，差点葬身海底，心有余悸，而他竟然能下决心再度回到搁浅的轮船上搬运物品，这显然不是一般的勇气，而是他做的一个生死抉择。因为他明白，上船搬运物资可能再次遭遇海难，但如果不去搬运，则注定死路一条。在荒无人烟的孤岛，你要生存下去，靠侥幸是不行的，必须得有必要的物质条件。因此，哪怕冒着死亡的危险，也要把船上的东西搬上岸来。在刚才的讨论中，我们把鲁滨逊的这个素质叫什么？

生（齐答）：理性。

师：这就是理性。冷静对待，权衡利弊得失，这就是理性。那么，这艘船上的物资真的那么重要？鲁滨逊有信念，有能力，运气也好，身体也棒，还很理性，这难道还不够？

生 16：我认为"物质"最重要，就在那艘搁浅的船上。

师：暂停一下，这里的"物质"更换为"物资"，可以吗？那么，你觉得鲁滨逊拥有那么多物资这个情节可信吗？他运气怎么那么好？为什么？

（生讨论，停滞）

师：这是一艘搁浅的船，你凭什么相信船里会有那么多东西？

生 16：这个船比较豪华。

师："豪华"？为什么要用"豪华"这个词？

生 16：因为有好多人。

师：有很多人，就能叫"豪华"？到底有多少人？

生 16：他坐的那个船分很多档次，有上层人士，也有下层人士。

师：你怎么知道有上层人士和下层人士？

生 16：船不是都分上等舱、下等舱吗？

师：你在说"泰坦尼克"吧？（笑）你的联想肯定发生了偏差，《鲁滨逊漂流记》里没有这个情节。要么没看书，要么张冠李戴了。再请一位谈谈。

生 17：老师，您问的是这些东西为什么会出现在船上吧？因为这些东西都是船上的必需品，船在航行的时候，要准备这些东西：面包、面粉、酒、小麦等。

生 18：因为要长时间出海。

师：为什么要出海？干嘛去啊？

生 18：商品交易。

师：什么交易？这么重要的细节没记住？他究竟要出海干什么？

生 17：去伦敦。

师：去伦敦？鲁滨逊是个英国人不假，但这回他可不是去伦敦。看来读书还是不够仔细啊。什么叫经典？经典就是值得我们反复阅读、用心阅读的书，读了还要读，尤其是细节，一定要盯准了。《鲁滨逊漂流记》这本书我读了很多遍。有人说《鲁滨逊漂流记》浅薄，但我却在里面发现了很多信息，每次读都有新的理解。顺便介绍一下，国际上有些媒体经常做"阅读最多的书"排行榜。在全人类被阅读最多的名著里，《鲁滨逊漂流记》往往能排在靠前的位置。为什么这部看似浅显的小说能赢得那么多读者？一定有它独特的魅力。我想强调一点，在小说中，魅力就在细节处，深入细节才能发现小说的魅力。回到我们的问题：这条船要到哪里去？

生 19：非洲，去贩卖黑奴。

师：对了，终于确认了船只的航行信息。那么，从巴西到非洲，在那个时代，需要多长时间？

生（齐答）：大概好几个月吧。

师：里面有多少人？

生 18：20 多个人。

师（出示 PPT）：小说中关于人数的说法，似乎是有矛盾的，不过我大致可以确认是 17 个人。大家想一想：这么多人从巴西到非洲，这里面要储存多少食物？要准备多少工具？吃的喝的住的用的。其他人都遇难了，这些东西都归了鲁滨逊，当然足够他用了。开个玩笑，如果把这些东西给我，我到荒岛上，28 年的生存不敢保证，生活个三五年也应该没问题吧？艺术就是这样，它有虚构，有夸张，但你的虚构夸张得让人信服，这就靠艺术家的能力了。

一艘船上有这么多物资，竟然那么可信！

我们船的载重量大约是一百二十吨，装有六门炮，除了船长、给船长当差的男孩和我之外，还有十四名船员。船上没有装运大件的货物，只有一些适于跟黑人做交易的小玩意儿，比如珠子、玻璃器皿、贝壳，以及一些新奇的小杂货，特别是小镜子啦，小刀啦，剪子和斧头啦，等等。

——《鲁滨逊漂流记》

那么，我想追问一句：鲁滨逊从船上到底取到了哪些东西？能否分个类？（出示 PPT）

多亏了那艘船

面包、面粉、饼干、酒、小麦、枪、火药、烟草、螺丝钉、钉子、小斧、大钳子、磨刀的砂轮、帆布、细绳、被褥、吊床、大剪子、剃刀、十几把刀子和叉子、墨水、笔、数学仪器、罗盘、望远镜、日晷、航海书籍、地图、钱币、一条狗和两只猫，还有各种各样的宗教经典……

生 20：吃的，用的……食物。

师：食物，非常好，请继续，我们就从功能的角度来分类。

生 20：吃的。包括面包，面粉，小麦，酒……

师：食物是一个类别。要注意，面包这些现成的食物，容易腐朽变质，保存时间有限，用上一两个月没问题，但孤岛生存 28 年，你就不能光靠这些了。

生 21：可以自己种。

师：有种地的条件吗？

生 21：有小麦，种子。

师：还需要什么？

生21：鲁滨逊还有工具。记得有斧子、钳子、大剪子、剃刀、十几把刀子。

师：你的记忆很准。鲁滨逊确实拥有各种各样的大剪刀和剃刀。有个《鲁滨逊漂流记》的电影，鲁滨逊留着长长的大胡子，很长很长，这个细节是可以斟酌的。我不是说人家读书不细啊，而是说鲁滨逊是可以剪掉大胡子的，因为他拥有多把剪刀。当然，电影是可以再度创作的，导演有权利做一些改编。好，吃的用的我们叫"生活用品"，刀子斧头我们叫"生产工具"，可以种地搞生产，这就是在分类了。大家看看还有哪些类别的物资。

生22：火器。

师：有什么用？

生22：保证安全。

师：对，解决安全问题，可以称之为"安全用具"。还有吗？有人在说宠物……宠物有什么用？

生23：陪伴。

师："陪伴"，这也是人类的需要，心理需要与精神需要。长时间与世隔绝，心理会出毛病的。这里我介绍一个理论，美国人本主义心理学家马斯洛的"人类需求层次论"。人有各种需求，满足了一个就追求下一个（出示PPT）。我们看，第一个，"生理需要"，就是温饱问题，吃穿住用的需求。鲁滨逊得到满足了吗？

马斯洛人类需求层次论

自我实现

尊重需要

社交需要

安全需要

生理需要

生（齐答）：能。

师：那么"安全需要"呢？

生24：有枪可以壮胆，增加了行动自由，有枪就可以对付野人，否则他就成了人家的"烧烤"了。

师：解决了安全需要，接下来就是"社交需要"。哪些东西能满足鲁滨逊的"社交需要"？

生25：宠物，狗。

生26：在岛上还找了几个宠物，养了鹦鹉，羊。羊也好玩儿的。

生27：他还有《圣经》，有好多书，他有书读。

师：很好，能在荒岛上消磨时光、解决孤独的书，有个称呼叫"荒岛之书"，大家可以去查查资料。你看，船上的这些东西是不是都很重要？接下来，"尊重需要"，鲁滨逊的尊重需要得到满足了吗？

生28："星期五"满足了他。

师：哦，"星期五"拜倒在他面前，把他称为恩人，老师，主人，对吧？这当然满足了鲁滨逊的尊重需要。最高的一个是"自我实现"。你觉得鲁滨逊有没有"自我实现"？如果有，自我实现表现在哪里？你们得告诉我具体内容。

（生沉默）

师：自我实现其实就是满足自己的愿望，实现了自己的理想。我们看一下鲁滨逊的理想是什么。

生（齐答）：冒险。

师：鲁滨逊是一个天生的冒险家。为什么我说是"天生"的？人们的冒险一般是有目的的，比如为了钱，为了追求真理，为了复仇，为了金银财宝。《西游记》唐僧师徒去西天是为了求取真经，《基督山伯爵》是为了复仇。但鲁滨逊有什么样的追求呢？不是为了爱情，不是为了复仇，主要也不是为了金银财宝，他家里也不缺这个钱。他就是想冒险，去见识未知的世界。他在家里坐不住，整天想去闯荡江湖，父亲母亲都反对。他自己也明白应该在家尽孝，但就是管不住自己的腿。这就是天性。所以我说，鲁滨逊28年的冒险，也算是一种自我实现吧。满足了自己的天性与梦想。

好，看来鲁滨逊的生存得到了理论上的证明。我们再复盘一下，鲁滨逊的生理需要、安全需要和社交需要，都有了物资保障。至于尊重需要与自我实现，都属于层次更高的需求，不满足也不会妨碍生存。当然，满足了更有利于鲁滨逊的生存，对吧？可见，这艘船很重要。我在我的一本书中，专门用了一个章节来讨论这个问题，名字就叫"多亏了这艘船"。

环节3：比较权衡，学会综合思考

师：到这儿，同学们的想法都表现出来了。我们明白了，鲁滨逊的生存，有主观因素，还有客观条件，是多种因素共同作用的结果。那么，我可不可以继续追问，在这些影响生存的因素中，哪个最重要，哪个次重要？我们来排个序。

排序是一种思维方式。排序意味着我们能够抓住主要矛盾，能够抓住关键与要害，对事物能做理性的比较与权衡。影响鲁滨逊生存的因素，哪个是最重要的呢？我遇到过各种各样的答案。你排在第一的，人家可能排在最后。可见，排序涉及人的思想、价值观、生活经验等很多因素。

（讨论。归纳出四个因素：丰厚的物资与资源，乐观与坚定的信念，超强的生存能力，理性周全的头脑）

师：好，那我们就给这四个因素排排序，重点看把哪个排在第一吧。你看，有人已经在辩论了。辩论是个好办法，辩论让我们发现自己的漏洞，让我们考虑得更周全。

（生讨论）

师：好了吗？你们俩达成一致了吗？哦，还没有达成一致，那说一下你们的分歧在哪里。

生29：我们的分歧在于，我觉得物资在前，理性在后。他不同意。

生30：我觉得先是理性，然后才是物资。

生29：物资是第一位的，你就算再有理性，没有物资你也活不下去。

生30：你要是没有理性的话，你就不会想到把东西搬上岛了，哪里还能拥有这些物资？

师：看起来像是个鸡生蛋蛋生鸡的问题啊。你们互相反问，这个很好，激发对方的思考，也激发自己的反思。我换个角度来发问：如果鲁滨逊登岛后发现，这个孤岛完全不适合人居住，然后船上也没什么物资，他是否还能理性？

（生讨论）

生 30：就算没有那艘船，他还是理性的，他可以利用岛上的那些东西来生存。

师：我的意思是，如果岛上也是荒漠，啥都没有，他还能理性吗？

（生沉默）

师：看来谁也说服不了谁啊。关键不在于说服对方，而在于引起自己的反思。我这里其实是想提醒大家，当我们在强调一个因素的时候，不要忘了其他因素的存在。比如，鲁滨逊之所以能够从容不迫地安排他的孤岛生活，与他拥有的资源与条件是密不可分的；但当我们看到他的物资与资源的时候，不要忘了，只有理性的人，有能力的人，才能利用好这些生存资源。那么，到底是理性在前，还是资源在前？

生 31：我觉得最重要的还是信念，然后才是理性。如果没有生存的信念，又怎么能理性地思考呢？你都不想活了，还要搬东西干嘛？一个人，先要有生存的意识，有活下来的想法，才会去想先做什么后做什么，以此来保证自己的生命。所以我觉得还是信念排第一吧。

师：好，活下去是最重要的，如果一个人放弃了生存的希望，绝望了，他就不可能有心思去考虑改变现状。如此看来，生存信念也许是更为根本的因素。你们的看法是很不一样的，那你们想不想老师给一个权威答案？

生（齐答）：想。

师：没有权威的答案。

（生笑）

师：首先，对一个人的生存来说，这些因素都重要。鲁滨逊的生存是多种因素造成的，缺一不可。不能简单地讲，鲁滨逊的生存就是因为有了那艘船，因为他有理性，因为他有知识，这种表达是不准确的。是这些因素共同作用，才有了鲁滨逊的生存。这提醒我们，做判断，一定要全面地、综合地看问题，不要犯简单归因的错误。

当然，具体到鲁滨逊，要特别看到他的处境的特殊性。首先是绝境，他孤身一人，没有任何外援；其次，时间很长，我刚才一上课就强调 28 年的时间，也是在提醒大家，我们讨论的是一个长期的生存考验，不是靠一时的热情或冒险就能解决。在这种情况下，生存信念很重要，基本的物质条件也同样重要，而且，二者是相辅相成的。大家看是不是这样？如果他手无寸铁，一穷二白，恐怕生存信念也会动摇。

关于这个问题，我没有什么权威答案，我就说说自己的心路历程吧。我在你们这个年龄的时候，如果让我排序，我也会把信念、勇气等放在第一位，因为年轻人争强好胜，总觉得靠自己的勇气与意志，就可以改变世界。但当我经历了很多，有了更多的生活经验，我现在更倾向于把鲁滨逊拥有的物质条件与资源，包括船上的物资、孤岛上的生存资源放在第一位。我觉得，这个物质资源对鲁滨逊的生存具有至关重要的作用。人都是脆弱的，所谓勇气、信念与精神，都是需要一定物质作基础的，没有物质支撑的精神信念与勇气，往往靠不住，更不可能持久。这就是咱们民间所讲的"手中有粮，心里不慌"的意思。听说过这句话吗？

生 31：就是说，有了吃的穿的，才能乐观起来。

师：排序不是目的，但通过排序，我们能够更清楚地看清每个原因的合理性。我们的目的，不在于得出一个人人信服的结论，而在于引发思考。有了这些思考，我们才能增长生活的智慧，锤炼自己的思辨力和选择能力。

最后，布置一个写作任务：

根据鲁滨逊孤岛生存的经验，制作一份"孤岛生存指南"。请注意各事项之间的顺序。

二、《鲁滨逊漂流记》母题阐释：冒险与生存

《鲁滨逊漂流记》是一部历险小说，我将故事的主干情节概括为"一个人，一座孤岛，28 年的生存"。在同一题材的作品中，《鲁滨逊漂流记》的

独特性主要表现在两方面：一是主人公的冒险热情，二是主人公的求生之道。

笛福所处的时代正是科学革命与启蒙运动的时代。人们相信，通过科学，人类能够掌握世界的秘密；按照理性，人类能够建立一个完美的世界。鲁滨逊是这个时代的弄潮儿，他对未知世界的好奇，对探险及海外贸易的痴迷，对理性、技术与工具的执着，都能折射那个时代的风尚与思潮。小说"让"他在猝不及防的情况下流落到与世隔绝的蛮荒之地，靠有限的资源和无限的智慧来解决自身的生存问题，这是颇有深意的。鲁滨逊的生存活动，靠超人的体能，也靠偶然的运气，但更重要的，则是他的信念、理性与知识，我称之为"生存的智慧"。

这是一本弘扬理性的书。鲁滨逊对理性与知识充满了信仰。他说："理智是数学的本质和原理，所以通过运用理智、通过对事物做出最为明智的判断，一个人迟早能够掌握任何一种工艺。"[①]

他坚信，只要给他必要的工具，他就能解决生存中的所有问题——我没有夸张，鲁滨逊确实能解决所有问题，当一条路走不通的时候，他总能开辟新的路径。这正是工业时代的人们的乐观信念，也是科技时代的人们对理性的信仰。

鲁滨逊的思维方式是理性的。在巨大的压力与绝境面前，他总是力图摆脱喜怒哀乐的纠缠，尽快恢复到理智与冷静状态。他的任何决定，都是在经过一番比较、借鉴之后做出的，他始终将自己的行为控制在一个合理的范围内，扩张的时候有节制，收敛的时候有底线。在荒岛上，他既是管理者，又是落实者；既是气象学家、地质学家、生物学家、军事家，又是农民、工人、战士。他把生产与生活安排得井井有条，既合乎自然的规律，又合乎自身的需要。他头脑清明，条分缕析，对于事情的原因、结果、来龙去脉全都了然于胸，对事情的轻重缓急、利弊得失胸有成竹。他不做傻事，不做疯事，不干不可能的事，不做没好处的事。每每有所冲动，常常自我反思，吸取经验，总结规律，他总是按照最合理、最有利的方式去做事，这使他的荒岛事业多

---

① 丹尼尔·笛福：《鲁滨逊漂流记》，王晋华译，余党绪导读，上海教育出版社 2023 年。后文同，不再一一标注。

次渡过难关，终得以延续和发展。

小说的另一个魅力，则是鲁滨逊历险动机的反复叙述与渲染——这是一种来自生命深处的神秘力量，一种发乎本能的源源不断的冲动。

小说这样写道：

> 尽管我的理智不止一次地做出我应该回家去的冷静判断，我却无力将其付诸行动。我不知道该称它为什么，也不知道它是否就是那一种神秘的、左右一切的、怂恿我们走向自我毁灭的天意。即便它就在我们面前，我们也会睁大着眼睛向它飞扑过去。毫无疑问，正是这个难以名状的东西注定了我们要遭受后来的苦难。

作为一个文学形象，鲁滨逊对冒险的痴狂世所罕见。无论是家庭的阻挠、生死的考验，还是优裕生活的诱惑，都不能改变他对远方的执着。他无法不去倾听内心的声音。鲁滨逊不仅有求生的本能，更有一种"找死"的冲动——为了寻找生命的乐趣，探寻生存的意义，他始终游走在"求生"与"找死"之间。他"找死"时的"冥顽不化"，与其"求生"时的胆识与理性构成了鲜明对比。鲁滨逊是一个既保持着原始的旺盛的生命力，同时又不断从科技与文明中汲取理性力量的健全的人。

笛福对鲁滨逊的冒险精神高度赞赏。冒险意味着摆脱庸常，超越凡俗，走向创造。在鲁滨逊精神的"家族谱系"上，我们可以开列一长串的人物，古希腊神话中历经千难万险的奥德修斯，中国的张骞、玄奘，开创新航路的麦哲伦、哥伦布，到达南极点的挪威人阿蒙森，发现新西兰及诸多太平洋岛屿的库克船长，等等。这些人不畏艰险，不惧死亡，用自己的脚丈量和拓展着人类的生存空间与思想空间。

《鲁滨逊漂流记》之所以被中国读者热爱和追捧，很重要的一个原因，就是鲁滨逊所展现的那种听从于内心的召唤、执着于流浪与冒险的精神与气质，让向来信奉"平安即福""不患贫而患不安"的中国人感到新奇和向往，这个来自英国的硬汉"替代式"地满足了我们对流浪、穿越、冒险、征服的渴望。1902 年，高梦旦在中译本序中说"此书以觉吾四万万之众"；宋教仁在 1906 年读了此书后，认为鲁滨逊的"冒险性及忍耐性均可为顽懦者之药石"；林纾在此书译序中说，鲁滨逊"惟不为中人之中，庸人之庸，故单舸猝出，侮狎风涛，濒绝地而处，独行独坐，兼羲、轩、巢、燧诸氏（之）所为而为之"。[1] 林纾以他惯有的思维方式，将鲁滨逊的冒险精神与中华民族的始祖伏羲、轩辕等相提并论，其实就是为了让中国人顺理成章地理解和学习鲁滨逊的精神。

除此之外，《鲁滨逊漂流记》也是一部充满哲学思考的作品。"找死"，让鲁滨逊经常处于死亡的临界点。面对死亡，鲁滨逊始终处在生存的焦虑与生活的反思之中，这让小说的理性内涵具有了更多的哲学意义。28 年，他几乎独自面对了整个世界与生活，他不得不回到自己的内心世界寻找生存的意义——鲁滨逊始终在沉思，他冥思苦想，像哲学家一样：

> 我们天天见到的大地和海洋，它们究竟是什么？它们是怎么产生的？
> 我和其他所有的生灵，驯化的和野生的，富于人性的和残暴的，又都是什么？又都是从哪里来的？

孤岛绝境中的鲁滨逊，摆脱了庸常的碎屑与世俗的羁绊，让自由的思绪直抵生命最深刻的地方。读《鲁滨逊漂流记》，可以引发学生对生命的思考，对人生的探索。

在总体把握的基础上，我筛选出理解《鲁滨逊漂流记》的"关键词"：冒险的热情，生存的智慧，即冒险与生存。正是在冒险与生存的斗争中，鲁滨逊达成了对人生的深刻理解，对生命意义的独特体悟。

我希望学生始终保持对这个世界的热情与梦想，始终保持旺盛的求知与超越的欲望，以此来对抗现代社会的高度科层制与数字化"洗脑"。我也希望他们像鲁滨逊那样有一个理性缜密的大脑，达到"合目的性"与"合规律性"的统一，抵达理性与文明的实践境界。当然，我更希望他们对生命有着理性而深刻的思考，做一个有超越精神的探索者。生命有没有意义？生活有没有意义？对于鲁滨逊这样的探索者来说，这些"意义"永远不会是空白，也永远不会苍白。

---

[1] 邹振环：《影响中国近代社会的一百种译作》，江苏教育出版社 2008 年，189 页。

第三讲

思辨性阅读的内涵、路径与意义

——基于文本，立足反思，旨在求真

2017 年颁布的《普通高中语文课程标准》与 2022 年颁布的《义务教育语文课程标准》都设置了"思辨性阅读与表达"学习任务群，这使得"思辨性阅读"成为一时的热点。不过，什么是思辨，什么是思辨性阅读，思辨视域下的阅读主体与文本究竟是怎样的关系，思辨的价值何在，思辨之于阅读改进的现实意义在哪里，依然存在着诸多分歧与误区。这一讲拟从概念的内涵澄清入手，借助批判性思维的相关研究成果，尝试辨析和回答这些问题，以求教于方家，求证于实践。

一、思辨：理性的反思

关于"思辨性阅读与表达"，《普通高中语文课程标准（2017 年版 2020年修订）》这样概括其任务：

> 本任务群旨在引导学生学习思辨性阅读和表达，发展实证、推理、批判与发现的能力，增强思维的逻辑性和深刻性，认清事物的本质，辨别是非、善恶、美丑，提高理性思维水平。

在学习内容上，课标建议以"古今中外论说名篇"与"时事评论"为主，同时强调"在阅读各类文本时"都要"分析质疑，多元解读"。需要辨析的是，思辨取决于阅读的目的，而与文体、内容、风格没有必然关系。若阅读仅为了消遣或纯粹的个人趣味，自然不必强求思辨的介入；若为了获取知识或解决问题，为了"认清事物的本质，辨别是非、善恶、美丑"，理性思辨就是不可或缺的。无论是诗词、科幻小品，还是新闻报道、科学实验报告，都需要"实证、推理、批判与发现"，都需要"思维的逻辑性和深刻性"。

什么是思辨？孟子说"心之官则思"，"思"乃人类的特性；"辨"，《说文解字》释为"判也"。与"思"相比，"辨"强调进一步的分析与推理。思辨，意味着不仅要思考，还要周密的推断和准确的判断，以求得对客观世界的真实理解。这跟杜威对"反思"的解释一致。杜威说："要学习的，不是思维，而是如何思维得好。"[1] 在杜威看来，思维乃先天本能，无师自通；反思才是后天习性，训练乃成。思辨与反思，强调的都是对思考所进行的思考，都强调对思维主动的、自觉的控制。无论从思辨的内涵还是功能看，思辨与国际教育中被视作"核心素养的核心"的批判性思维都是一致的。[2]

感性基于本能与习惯，理性则基于目的与选择。人类理性的本质，在于对"合目的性"与"合规律性"的主动追求，其精华就是知识与逻辑。教学是有目的追求和规律遵循的实践活动。离开理性，就没有教学。在语文教学中，我们习惯使用富有感性色彩的指令词语，比如感受词义、品味内涵、体验情感、欣赏形象……其实，在具体的教学情境中，所谓的感受、品味、体验、欣赏，都有着明确的目标，也必然会有相关知识与逻辑的介入，本质上已在理性的实践范畴。有论者根据这些课堂用语鼓吹感性思维在语文学习中的特殊作用，这是只看表象，不看实质，只会带来更多的实践偏差与理论谬误。

超越感性，走向理性，这只是思辨的前提。感性不可靠，并不意味着理

---

[1] 约翰·杜威：《我们如何思维》，伍中友译，新华出版社 2015 年，33 页。
[2] 赵玉成：《袁振国：批判性思维是未来核心素养的基础》，《上海教育》2018 年第 16 期；彭正梅、邓莉：《迈向教育改革的核心：培养作为 21 世纪技能核心的批判性思维技能》，《教育发展研究》2017 年第 24 期；杨向东：《从核心素养看批判性思维的培养》，《教育测量与评价》2018 年第 1 期。

性是可靠的，人的理性同样有局限性。人类历史一再表明，对理性的迷信甚至更为可怕；而真正的理性，也只存在于对理性的质疑与批判之中。迷信理性所带来的错误，集中体现在经验主义与教条主义，它们的共同缺陷就在于有理性而缺乏对理性的反思。正因为是理性的，经验主义者与教条主义者往往更容易自以为是，且愚顽不化。杜威有段痛彻心扉的话："思维的力量能让我们摆脱对于本能、欲望和因循守旧的屈从，却也有可能让我们出错失误。它使我们高于禽兽，但也有可能让我们干出禽兽由于其本能限制而干不出的蠢事。"[1] 感性可能让人肤浅，理性则可能让人疯狂。

思辨，不仅要超越感性，更要保持对理性的反思。理性的反思，就是批判性思维。这是一种以知识获取和问题解决为导向的思维方式。我将思辨性阅读界定为借助批判性思维的原理、策略与方法所开展的旨在追求合理断言的阅读。这样的界定，既考虑了思辨与批判性思维本质的一致性，也有利于借鉴国际批判性思维教育的丰富经验来改进我们的教学。

文学阅读要不要思辨？争议很多，分歧很大。有人认为，文学是超功利的，审美的，文学阅读只能借助移情体验与直觉想象等非理性方式，理性思辨的介入是粗暴而多余的。古往今来，尽管文学观念存有诸多差别，但强调文学的非功利性与非理性至少有其合理性，这既是对文学的艺术本质的体认，也积淀了人类审美实践的历史经验与教训。中国文学传统也强调艺术的超越价值与审美意义，甚至刻意保持着与物质世界的距离，恪守其非理性的张力，所谓"夫诗有别材，非关书也；诗有别趣，非关理也"[2]。在文学活动中，想象与虚构备受青睐，正是因为它们有一种突破逻辑禁忌、跨越知识边界、打破关联常规的冲动，恰好契合了文学非理性的一面。必须承认，想象与虚构给了文学以更多的可能性。

但是，这并不意味着文学是排斥功利与理性的。中国文学有着深厚的"兴观群怨"、劝惩美刺的入世传统；而西方文学，一直到 19 世纪浪漫主义提出"非功利性"与"为艺术而艺术"的主张之前，主导性的文学观念也是"寓

---

[1] 约翰·杜威：《我们如何思维》，伍中友译，新华出版社 2015 年，23 页。
[2] 何文焕辑：《历代诗话》，中华书局 2004 年，688 页。

教于乐"、镜鉴世事。根据学者蒋承勇的梳理，浪漫主义虽然因其革命性"反叛"而开创了西方文学史上的现代性审美传统，但艺术的教育功能和"功利性"并未因此而消失。连浪漫主义的标志性人物维克多·雨果都说，"为艺术而艺术固然美，但为进步而艺术则更美"。可见，功利性是"作为艺术形态的文学所无法摆脱和逾越的'宿命'"。① 同时，文学也离不开理性。严羽强调"别材"与"别趣"，但又说："然非多读书，多穷理，则不能极其至，所谓不涉理路不落言筌者上也。"② 意思很明确，作诗也是要"读书""穷理"的，只不过在表达上追求"羚羊挂角，无迹可求"的境界而已。这里的"读书""穷理"，即今人所说的知识与逻辑。包括诗词在内的传统文学是士大夫们的精神专利，当他们将文学作为自我表现的手段或者同侪交际的媒介时，呈现出来的是细微的情思与敏锐的洞察，而作为底蕴与支撑的知识与逻辑反而被隐匿了。但隐匿不等于不在。它依然在，只是以"不在场"的方式在。而且，越是优秀的文学作品，越能在个性化的情感体验与想象世界里传达出深厚的公共经验；也只有那些具有公共性的经验，才能激起不同时空的人们的想象与共鸣。正如韦勒克等所说，"强调每一艺术作品的'个性'以至它的'独一无二'的性质，虽然对于那些轻率的和概念化的研究方法来说具有拨乱反正的作用，但它却忘记了这样的事实：任何艺术作用都不可能是'独一无二'的，否则就会令人无法理解"。③

　　没有以知识与逻辑为基础的理性思辨，难以真正走进文学的堂奥。如果说在文学本体中，知识与逻辑主要以隐匿的方式而存在，那么，在阅读教学中，知识与逻辑合目的、合规律地介入，就成为必然要求。没有思辨，文学的感染与熏陶不仅会流于肤浅，也可能异化为煽动与驯化，甚至沦落为欺骗与愚弄。经典或杰作承载着民族的公共知识与公共逻辑，它的魅力只展现给那些拥有与之相匹配的知识结构、思维方式与价值理念的人。

---

① 蒋承勇：《革命性"反叛"与功利性"宿命"——浪漫主义对文学教育功能的疏离及其文学史意义》，《外国文学研究》2021 年第 6 期。
② 何文焕辑：《历代诗话》，中华书局 2004 年，688 页。
③ 雷·韦勒克、奥·沃伦：《文学理论》，刘象愚、邢培明、陈圣生、李哲明译，生活·读书·新知三联书店 1984 年，5 页。

二、思辨性阅读：基于文本的反思

思维是人的本能，而反思则需要一定的前提与条件。在思辨性阅读中，文本构成了反思的前提与基础。这意味着，思辨不再是自我隔绝的苦思冥想，也不是不受限制的天马行空，它受到文本的制约与引导。既要开放自己，以接纳文本，又要遵循文本，以约束自己，这正是思辨性阅读的特点。它是理性的，也是开放的。

基于文本的反思，这是思辨性阅读的实质；达成对文本客观、真实与公正的理解，这是思辨性阅读的目的。文本是思辨的根基。如何理解文本的属性，如何看待阅读主体与客观文本的关系，这是理解思辨性阅读的关键。事实上，所有关于思辨性阅读的误解与歧见，最终都可回溯到文本观念。

承认文本的客观性及独立性，这是思辨性阅读的前提。思辨必须以某个真实的、确定的对象为基础，无视客观，否定中心，消解本质，思辨只会带来虚幻、谬论与焦虑。文本也是独立的，从它面世的那天起，它就不再为其创造者所独享，也不被任何人（如专家）所垄断。文本自己会说话，文本的意义只在文本之中。有理论认为文本是"一个自足体"，"其意义和价值的确不与外界任何事物相关"。所谓"不与外界任何事物相关"，就是文本的客观性与独立性，这决定了我们可以"把作品视为一个自足体孤立起来加以研究"。[①]"孤立起来"的研究，其实就是有些老师提倡的"裸读"。

近几十年，在知识相对主义和学生绝对主体思潮的影响下，文本的客观性与独立性在教学中被不断挑战。极端的读者中心主义片面鼓吹"一千个读者就有一千个哈姆雷特"，似乎文本的意义完全由我赋予，文本的价值完全由我决定，文本自身的限制与预设被束之高阁。正在推进的大单元教学、大任务学习，也在考验我们的文本观念。大单元教学必须解决的一个难题，在于如何处理单元学习任务与独立的文本解读之间的关系。至少就目前的教学实践看，文本的地位旁落是一个不争的事实。以往的学习，无论存在怎样的

---

① M.H. 艾布拉姆斯：《镜与灯：浪漫主义文论及批评传统》（修订译本），郦稚牛、童庆生、张照进译，北京大学出版社 2021 年，9 页。

偏差，文本终究还是阅读教学的焦点；而今，"大任务"成了学习的中心，文本仅作为众多学习要素中的一个而存在，文本的内涵与价值取决于它所依附的任务而非它自身。这样一来，肢解文本的实用主义与市侩主义就有了貌似合理的理由，思辨也就沦为了自以为是的逻辑自洽、沾沾自喜的自圆其说，甚至堕落为让人生厌的诡辩。这样的思辨不仅是不必要的，而且是可疑和可笑的。思辨是否合理，最终的判定根据在文本。

文本的限制来自于作者的预设。文本反映的正是作者对这个世界独特的理解与解释，隐含了他特定的视角、立场与视野，当然也隐含了他特有的价值倾向与思维特性。这就是文本所隐含的作者的主体性。可以说，文本的个性与价值正在于这种预设中。所谓尊重文本，就是将这些预设作为理解的起点，也作为阅读合理与否的检验标准。以《廉颇蔺相如列传》中的"完璧归赵"为例。这是一个富有传奇色彩的历史事件，它由具体的时间、地点、人物、过程等要素构成。正是这些特定要素及其特定的组合，才演绎出了这个难以置信的传奇；任何一个要素的缺失或变更，都可能带来迥然不同的历史走向。比如时间，公元前 283 年意味着什么？在历史叙述中，它不是一个简单的数字，而是一个具有无限张力的节点，前有无数力量的蓄势，后有无数事件的发轫。对于完璧归赵而言，这个时间不早也不晚；换个时间，等待蔺相如的，可能就是身败名裂。再如，倘若蔺相如面对的"秦王"不是独特的"这一个"，情况又会怎样呢？文中有这样一个细节：

> 秦王与群臣相视而嘻。左右或欲引相如去，秦王因曰："今杀相如，终不能得璧也，而绝秦赵之欢。不如因而厚遇之，使归赵。赵王岂以一璧之故欺秦邪？"卒廷见相如，毕礼而归之。

蔺相如三番五次"挑衅"秦王，秦王也意识到和氏璧终究"不可强夺"，于是承诺"斋五日"之后再行交接。蔺相如却另有打算，在交接仪式之前，"乃使其从者衣褐，怀其璧，从径道亡，归璧于赵"。从外交礼仪看，蔺相如言行不一，违约在前，难怪"秦王与群臣相视而嘻"。让人不解的是，秦王并未大发雷霆，却叮嘱臣下"因而厚遇之"，"毕礼而归之"，理由是"今杀相如，终不能得璧也，而绝秦赵之欢"。秦王的举动太不寻常了。换个人，蔺相如的命运和历史的面目可能就改写了。明王世贞对此就疑虑重重。他说，秦王原本应该"怒而僇相如于市，武安君十万众压邯郸，而责璧与信，一胜而相如族，再胜而璧终入秦矣"。他甚至由此认为，"蔺相如之获全于璧也，天也。"① 可见，理解秦王这个特定的"预设"，对于理解完璧归赵至关重要。

在中国政治史上，"秦王"是"暴政"的符号，总与贪婪、残暴、无耻关联在一起，常被赋予"外强中干"的"反动派"特性；而在《廉颇蔺相如列传》的解读中，我们也习惯于用这个抽象的秦王符号，代替那个具体的历史人物。但是，这个"秦王"可是一代雄主秦昭襄王。他不仅雄才大略，而且"明而熟于计"，远交近攻，蚕食鲸吞，在秦国崛起过程中发挥了关键作用。"完璧归赵"那一年，秦昭襄王 41 岁，已在位 23 年，经过了宫廷政治的血雨腥风，也经历了列国争霸的惊涛骇浪，年富力强，如日中天。② 很多读者一厢情愿，将秦王看成是被蔺相如玩弄于股掌之中的"老鼠"，看成是"纸老虎"，这合乎情理吗？当我们沉醉在关于正义战胜邪恶的童话之中，文本的预设与限制又在哪里呢？历史的复杂面目又在哪里？

在思辨性阅读的视域中，文本不仅是客观和独立的，也是一个有机整体。思辨必须建立在整体观照的前提下，不能割裂整体与部分、部分与部分的关系，或者割裂内容与形式、思想与表达的关系。抓住一点，不及其余，这样的思辨非常荒谬。"完璧归赵"在历史上是个公案，异议者连续不断。前述王世贞如此，司马光也有严苛指责。司马光认为和氏璧乃"怀握之玩"，"得之不足以为重，失之不足以为轻"，蔺相如却轻重不分，"贪无用之器"而"贻宗庙之忧"，不足以担当国事。③ 这些评价与司马迁"名重太山"的赞誉

① 王世贞：《弇州山人四部稿》，世经堂明万历五年刻本。
② 秦昭襄王（前 324—前 251），18 岁继位，在位 56 年。他起用范雎、白起等文臣武将，采用"远交近攻"的军事战略，连横离纵，将齐、楚、赵等国各个击破，为秦大一统帝国奠定了基础。"完璧归赵"发生时，秦国正以主要精力对付齐与楚，赵国尚未成为其吞并的重点目标。参见：刘景纯《秦昭王杂论》，载梁安和、徐卫民主编《秦汉研究》，陕西人民出版社 2012 年；林献忠《秦赵博弈与战国后期的历史发展》，《邯郸学院学报》2015 年第 1 期。
③ 司马光：《廉蔺论》，载曾枣庄、刘琳主编《全宋文》第 56 册，上海辞书出版社、安徽教育出版社 2006 年，140 页。

截然相反。

如果局限于"完璧归赵"这一个事件，上述言论尚能勉强自圆其说；但问题在于，"完璧归赵"仅是《廉颇蔺相如列传》一个部分，对完璧归赵的颠覆性理解，必须考虑到它给文章"整体"所带来的伤害。要知道，司马迁用了三个故事即完璧归赵、渑池会与负荆请罪来共同刻画蔺相如，以此表现他"公忠体国，智勇双全"的高尚人格，三个故事之间的逻辑一致性是必然的。颠覆论者必须解决的一个逻辑难题在于：若"完璧归赵"中的蔺相如是如此不堪，如此"轻率、无理、无礼，罔顾赵国的安危，损害赵国的国格，眼中只有那块和氏璧，根本没有战略眼光"[1]，那么，"渑池会""负荆请罪"中的蔺相如又该作何解释？有些论者沉醉于局部的逻辑自洽而不能自拔。如此思辨，形同狡辩。

可见，思辨并非简单张扬读者的权利，而毋宁说是对读者权利的理性约束。看起来这是文本束缚了思维，换个角度看，却是文本激发了思辨，让读者的精神世界充满活力，因为特定的角度与范畴往往意味着独特的思辨空间与资源。与那些空泛的、抽象的玄想相比，基于文本的具体思辨才能带来认知的进步与观念的更新。

三、思辨性阅读路径：从文本到人本

文本是客观的，在特定的历史文化与具体情境下，它也有着相对稳定与明确的意义——那些本来结构紊乱、内涵混乱的文本，它的紊乱与混乱也是稳定与明确的。思辨的目的在于求真，而思辨性阅读的目的，就在于发现文本"稳定而明确"的意义，即文本的"本意"以及隐含在文本中的作者的"真意"。

文本有没有"本""真"？何以见得本意乃"本"，真意是"真"？这是一个需要辨析的问题。在阅读教学中，我们一直强调还原与落实。还原，

---

[1]　徐江：《教学生认识蔺相如是冒险主义者——〈廉颇蔺相如列传〉解读》，《语文建设》2013 年第 22 期。

先得承认有个"原";落实,先得承认有个"实"。原与实,其实就是本与真。如果认为历史是虚无的,如果认为文本的意义是变动不居的,所谓还原与落实就成了无稽之谈。文艺理论家张江批评说,这种"否定文本的意图存在,否定意图对阐释的意义,绝对地抛开作者及文本意图,对文本作符合论者目的的强制阐释",一定会"推动文本阐释走上相对主义、虚无主义的道路"。[①] 阅读教学最该警惕的,就是这种否定真理的相对主义与否定真实的虚无主义。在教育语境下,"文本"意味着文明与传统,"作者"关联着精神与意义。对文本与作者的信念,意味着对客观与真实的信赖。一旦失去了这些基本信念,人生就失去了精神的依傍。还原与落实注定是漫长而艰苦的,但首先必须有这个信念。我们也许永远无法获得实录意义上的历史与本真,但我们可以通过实证与探究,不断地接近逻辑意义上的真实,逼近历史与文本的真相。

在这个意义上,思辨性阅读就是一个不断质疑、探究的过程。基于文本,立足思辨,以"求真"为目的,可勾勒出思辨性阅读的推进线路:从文本实证到作者的意图探究,最终落脚于学生的自我反思。

应该说,这个原理在文学阅读中最为典型,但适用于所有类型的阅读。比如,为了建造"大观园"而发生的《红楼梦》阅读,算不上真正的文学阅读,而更接近于实用性阅读。但即使为了造出一座大观园,也需要一个从文本实证到作者探究的过程。借助文本实证,才能落实每个建筑的具体样貌;借助对作者创作动机的追问,才能精准把握建筑物的内涵与神韵。如此,才可能造出一座既形似又神似的大观园。现在有些《红楼梦》"复原"建筑之所以让人感到生硬与隔膜,一个重要的原因就在于对《红楼梦》的文学神韵与精神的把握,做得还不够到位。

当然,具体的阅读目的不同,侧重点自然有所不同。

---

① 张江:《作者能不能死:当代西方文论考辨》,中国社会科学出版社2017年,350页。在书中,张江也谈及西方在解构主义思潮的影响下,其文论由"上帝死了"到"作者死了"再到"文本死了"的不断崩塌的逻辑线路。

1.文本实证，澄清本意

廓清语言与修辞的迷雾，从语言表象进入义理内蕴，"还原"出文本之"本意"。这是一个文本细读与梳理的过程，也是一个实证与澄清的过程，旨在厘清文本内部的要素、结构与意义的关系，厘清文本中的事实、逻辑与价值的关系。实证，强调尽可能排除自我观念与情感的影响，一切推断都必须基于文本的限制；澄清，强调的是剥离和悬置包括作者在内的所有非文本因素，正本清源，探求本意。

实证与澄清的过程，是一个全面的、综合的、系统的分析过程。在对"完璧归赵"的理解中，如果只看到冒险，看到的就只是蔺相如的莽撞；看到他的动机与成功，才能看到他的胆识与智慧。不能拘泥于物事，而看不到复杂的人事，正是因了某些"奇"人的奇特组合，才有了惊艳历史的偶然。不能只看到蔺相如，看不到其他人物（如赵王、秦王）；也不能只看到赵秦，看不到其他诸侯国。要知道，秦赵博弈发生在群雄争霸的战国，他们本该知道多米诺骨牌效应的道理。为什么秦王不杀蔺相如？除了秦王的隐忍与克制，是不是还与国际形势相关？是不是与秦国的争霸策略相关？再如赵王，面对秦国的诓诈，"欲予秦，秦城恐不可得，徒见欺；欲勿予，即患秦兵之来"，这个两难心态，是否与赵国的实力相关？拒绝，不敢，因为实力不够；服输，不甘，毕竟还有点叫板的力量。正是在如此尴尬的局面下，蔺相如才有了政治首秀的机会。

在这个意义上，思辨就是语言的落实与事实的还原。语词是抽象的，概括的，思辨还它以血肉，以细节，以温度；文本有寄寓，有空白，思辨还它以原始，以本真，以复杂。一切推断都必须回到文本，有一份证据说一份话，容不得自我想象与虚构，这是一个以文为本的实证研究过程。

2.追问作者，探究意图

文本是作者的精神产品，每一个字词，每一个细节，都应该被看作是作者的精心设计，寄寓着他的理念与理想。思辨当然要恪守文本的边界，但也不能无视作者的背景与意图。只有理解了作者的意图，我们才能明白文本的真正内涵及价值。裸读很重要，但不是全部；从文本到人本，知人论世也必不可少。但是，知人论世与文本解读的关系非常复杂，即使是作者自述，也不能不证自明。鲁迅自述"哀其不幸，怒其不争"，"表现病态社会不幸的人们"，于是很多人拿来作为解读鲁迅的标签。孙绍振先生认为此话只能看作是其作品"总体意义上的共性"，具体到每一篇作品的理解，还是不能照搬，因为"在文学作品中，作家的自我并不是封闭的、静态的，而是随着时间、地点、条件、文体、流派、风格的变化，以变奏的形式处于动态之中"。① 换句话说，并没有一个一成不变的抽象的"主体性"的存在，即使同一个作者的作品，其间也存在千差万别。因而，知人论世也还是要以文本实证为基础，归根到底还是要接受文本信息的检验。

追问作者，探究意图，这是一个以人为本的探究过程，必须深入到作者的内心世界，体验他的生命体验，经历他的精神历程。人是复杂的，关于写作意图的探究往往具有更多的开放性。

司马迁毫不掩饰他对蔺相如的欣赏，在"太史公曰"中盛赞其智勇双全。为什么要塑造蔺相如这个传奇式的历史人物？这就涉及司马迁所在的时代以及那个时代的文化风尚、他的人生际遇与精神世界。李长之说："……司马迁在所爱的才之中，最爱的是哪一种？一般地说，是聪明智慧，是才能，是不平庸，或不安于平庸，或意识到自己不平庸的。但尤其为他所深深地礼赞的，则是一种冲破规律，傲睨万物，而又遭遇不幸，产生悲壮的戏剧性的结果的人物。"② 在司马迁笔下，这样的人物不是偶尔露峥嵘，而是前赴后继地涌现：项羽、韩信、荆轲、蔺相如……既有王侯将相，又有鸡鸣狗盗之徒，奇人奇事，构成了一道奇异的历史景观。那么，司马迁如此偏爱出身卑微的蔺相如，是否寄托了司马迁自己想慕功业、企羡美名的进取心？从他对倜傥非常之人的敬重中，能否体察到他的抗争情绪？蔺相如面对秦王时的那些咄咄逼人的言辞，是否传达了司马迁这个"刑余之人"的深重愤懑？

在追问中，司马迁的写作意图得到文本的强力支持。或者说，司马迁的

---

① 孙绍振、孙彦君：《文学文本解读学》，北京大学出版社 2015 年，8 页。
② 李长之：《司马迁之人格与风格 道教徒的诗人李白及其痛苦》，商务印书馆 2011 年，100—101 页。

人格精神通过蔺相如的形象凸显出来。顺便说，作品进入教材的作者，多数都具有一些超越个体价值的符号意义，其生命形态、人生方式、人格特质也往往有着特定的教育内涵。这也是文本解读不可不关注作者的一个原因。

3.评估判断，自我反思

所有的教学活动，最终都应该作用于学生的自我反思。哈佛大学原校长德雷克·博克认为，人的思维发展须经三个阶段，即无知的确定性（盲目信从）、有知的混乱性（幼稚的相对主义）、批判性思维（理性而明确的判断）。[①] 在博克看来，既要有知识，还要会判断，思维才算进入了高级境界。博克特别强调，在复杂与多元的环境下，学会选择与判断尤为重要。有了判断，才能超越相对主义，在混乱中发现秩序。在教学中，要谨防因大量信息与知识的涌入造成学生头脑的混乱。关于完璧归赵，盲从盲信固然不对，仅仅提供多元信息进行多角度的狂轰滥炸而不加以综合，只会加剧学生的混乱与茫然。这就是思辨性阅读与多元解读的区别：在思辨性阅读中，多元解读只是一种手段，最终目的还是达成明确而具体的断言。关于蔺相如，在综合的事实分析与价值分析的基础上，最终可以确认司马迁的赞誉。蔺相如的确是个公忠体国、智勇双全的士子。其勇自不待言，其智表现在他超群的政治眼光与外交韬略。对天下大势，他了如指掌；对秦赵两国的诉求，他了然于胸；对秦王与赵王的性情，也是洞若观火。

判断时刻伴随着自我反思。无论如何，文本理解最终受制于个人的知识结构、思维方式与价值观念，阅读的对与错、深与浅，都与自身素养相关。有人混淆了战国时期的国家与现代民族国家，忘记了秦赵不过是周天子分封的两个诸侯国，将秦赵之间的恩怨简单等同于现代国际关系。实际上，蔺相如效忠赵国，与其投身秦国、楚国或者其他国家，并无本质不同。他所以"爱"赵国，乃是因为赵王给了他施展政治才干的舞台与机会，与那些纵横

---

① 参见：德雷克·博克《回归大学之道：对美国大学本科教育的反思与展望》（第二版），侯定凯、梁爽、陈琼琼译，华东师范大学出版社 2012 年，78 页。该书将三个阶段译为"盲目信从"、"有智慧的迷惑"（"幼稚的相对主义者"）、批判性思维。这里采用的是钱颖一教授的翻译，参见：钱颖一《批判性思维与创造性思维教育：理念与实践》，《清华大学教育研究》2018 年第 4 期。

捭阖、邀名射利的战国士子们一样。这是一种知恩图报、有诺必行的义气，与今日之"爱国主义"不可同日而语。有的读者将和氏璧简单等同于国玺，也会带来误读。事实上，和氏璧此刻还只是个玩意儿，并不具有国家的象征意义。还有人将爱国精神与追求个人功名简单对立，以为"大公"必然"无私"，甚至认为"公"必然否定"私"。秉持这种观念，当然就无法正视蔺相如身上的那种"汲汲于功名"的战国知识分子的精气神。

苏格拉底说，未经省察的人生没有意义，但省察意识与能力恰恰是人们最缺乏的。怎样才能驱动人的自我反思呢？阅读是一个便捷而高效的途径，尤其是经典名著的阅读。在经典文本面前，我们无法掩饰自己的无知与偏见。文本会诚实地告诉我们，是怎样的缺陷导致了我们面对事实与逻辑时的尴尬。

需要说明的是，"反思"渗透在文本实证与作者探究的全过程，之所以在教学中单独设置一个"自我反思"的环节，主要是为了凸显复盘式的反思对于阅读的极端重要性。

从文本实证，到作者探究，再到自我反思，这是一个从读"文"到读"人"（作者），再到读"我"的过程。从文本到人本，读"文"是根基，读"我"是旨归；贯穿其中的，则是对事实与逻辑的尊重，是分析与论证的不断实践，是对话与反思的双向掘进。

以文本的反思促进学生的自我反思，培养学生的实证探究能力与理性开放的精神品质，这是思辨性阅读的教育价值之所在。图 2 呈现了思辨性阅读的总体路径。

图 2 思辨性阅读总体路径

四、思辨之于阅读的意义：对话与融合

阅读教学是语文教育的命门。在语文教学中，阅读及其改进一直备受关

注。但传统的阅读研究一直存在笼而统之、大而化之的缺憾。除了文体的阅读规律，基于其他维度的研究明显不够。2017 年版《普通高中语文课程标准》似乎有意扭转这一局面，以"学习任务群"的方式推出了整本书阅读、跨媒介阅读、文学阅读、实用性阅读、学术阅读等多个阅读类型，思辨性阅读也位列其中。这些阅读类型的提出，显然超越了单纯的文体范畴，涉及阅读的不同场域、目的、功能等要素，显示出阅读教学研究的细化、深化及专业化。阅读常被看作是无师自通的事情，恰恰是这种自以为是、习以为常的观念，妨害了阅读教学的研究与进步。

关注阅读，必然关注思维。但显然，教学所关注的，不是泛义的、本能的思维，而是获取知识、解决问题的反思性思维，即思辨。在这个意义上，阅读改进之道在思辨。有了思辨，实用性阅读才不会陷入只管"实用"而不顾文本的实用主义，跨媒介阅读才不会为了刻板印象而无视事件的真相，文学阅读也不会迷失在文本表层的形象与情感之中而丧失了对文本的深刻洞察。换句话说，思辨教学不能局限于"思辨性阅读与表达"任务群，其他领域的学习同样需要思辨的切入。

思辨对于阅读教学乃至于语文教学的意义，主要表现在两个层面：一是工具与技术层面的，即思辨对提升阅读教学效率的作用；二是学科本体层面的，思辨有助于我们更清晰地理解语文学科的工具性与人文性的关系。

理性缺席，反思稀缺，必然导致阅读的低阶与低效。我将这种阅读概括为：以感觉代替分析，以情感代替推理，以想象代替论证；或者按照经验主义、教条主义的惯性思路，对文本做概念化、公式化的理解。这就是阅读的碎片化、浅表化与公式化。在这样的阅读中，理性常常处在被动甚至沉睡的状态，学习沦为机械记忆与自我重复。比如有一种"印证性阅读"。学习新知，印证已知，超越已知，走向新知，这本来是学习的常态，印证本身无错。但如果学习中只有对已知的印证而缺乏反思，学习就失去了其发现新知的本质意义。像《廉颇蔺相如列传》。现代爱国主义的信念与知识很容易在文本的碎片或表象上得到"印证"，在片面印证中，作为战国士子的蔺相如被概念化与空洞化了。阅读此文，不过多了一个爱国主义英雄的符号，而对历史、对人性、对社会的认知并未增加什么新的元素。

印证，本质上就是割裂文本以满足读者的自我想象与非理性期待。只有理性的反思，才能赋予阅读以更多的学习内涵与建构效能，其工具意义显而易见。只有思辨介入，读者才能达成与文本的对话；在对话中，读者才能成为与创作主体平等交流的阅读主体。若只有印证，读者不过是文本的仆从，是作者的附庸。

不仅如此，在语文学科性质的把握上，思辨还有着本体的意义。在特定意义上，语文学科的"综合性"与"实践性"就体现在思辨的过程中；而工具性与人文性的统一，也只有在思辨中才能达成。

在学科论层面，如何理解工具性与人文性的关系，一直存有争议；在具体教学实践中，如何处理好文本的形式与内容、表达与思想、文与道的关系，也确实棘手。工具性与人文性之所以如此割裂与紧张，一个重要的原因在于阅读者对文本的独立性与整体性的强行切割，以割裂的眼光看待文本，以实用主义的手段利用文本。

文本是一个客观整体，而机械僵化的二元观念带来了文本的肢解与割裂。片面的理解带来全面的损伤，最终导致了工具性与人文性的双重失落。特别是工具论者，固执地认为语文的本质就是"语言形式"，形式、表达、工具性是"语文的"，而内容、思想与人文性则是"非语文的"。语文课上多讲点伦理道德，被指责为"把语文课上成了思政课"；多讲点语言技法，才合乎"语文课要像语文课"的"政治正确"。在文学文本的阅读中，有人刻意回避文本中的政治内容，认为审美才是学科的核心；一旦涉及政治，就异化为政治课了。可以设想，轻视精神价值与文化内涵的语文教学，必将沦为浅薄的文字游戏。语文教学之所以束手束脚，某些专家在学科理解上的偏执也是"功不可没"。

在独立文本中，形式即内容，表达即思想，它们本为一体，既不是一个比例问题，也不是一个结构问题。以二元眼光切入文本，这是认知与教学的需要，而非文本的本来面目。如果我们承认文本分析对于阅读教学是必不可少的，那么，我们也该承认，分析是为了更高层次的综合，而非文本的解体；

综合的根据是文本，而不应该是外在的需要。在阅读教学中，最可怕的就是按"需"解读。比如《背影》，形式论者认为，其语言形式才是教学价值之所在。但问题是，分析《背影》的语言形式，能撇开它的具体内容吗？离开了具体内容，语言形式何以存在？没有了内容，这个语言形式的价值又表现在哪里？进一步追问，没有朱自清独特的情感体验，何来那独特的语言形式？正是这种独特、复杂和细腻的体验，才孕育出了独特的语言形式；而且，这种独特的情感体验非经这种独特的语言形式不能传达。人的精神世界在很大程度上就是语言的世界；语言不能触摸的地带，也是人类心理与精神的幽冥之境。语言贫乏，必然带来精神苍白，如同精神的空洞必然带来语言的贫乏一样。如此鼓吹语言形式，语文教学剩下的恐怕就是语言的堆砌，形式的嚣张，技术的虚胖。

工具性与人文性，只能统一于文本，统一于思辨。若恪守文本的客观性与独立性，一切言说与立论的依据都在文本，那么，阅读过程必然是一个形式与内容、抽象与具体、客观结构与主观意图的双向互动的对话过程。思辨，必然带来工具性与人文性的深刻碰撞与对话。这是一个分析的过程，也是一个综合的过程。

在阅读教学中，对文本的尊重，就是对"语文"的尊重；在思辨性阅读中，对文本的尊重，就是对事实与逻辑的尊重，而工具性的落实就是对人文性的张扬。前述关于蔺相如出使动机的推断，依据都在文本结构之中，在语言形式之内。只要仔细品味他与赵惠文王的对话，就不难明白，究竟是蔺相如毛遂自荐，还是赵王迫不及待。请看蔺相如回应赵王的"语言形式"：

秦强而赵弱，不可不许。——"秦强而赵弱"，这是事实；但"不可不许"，就显绝对。从背景看，赵国国力也不可小觑，号称关东群雄之首，秦赵之间并非完全没有对话与博弈的可能；从文本看，蔺相如公然羞辱秦王，又派人携璧潜逃，秦王并没"斩立决"，足见秦王也并非有恃无恐。在"不可不许"这样的武断和绝对的表达形式中，隐含了蔺相如怎样的诉求？

秦以城求璧而赵不许，曲在赵；赵予璧而秦不予赵城，曲在秦。——"求"，交易也。既然是交易，"许"或"不许"就不涉及道义。蔺相如如此高调地讲"曲直"，是他迂腐，还是另有打算？

均之二策，宁许以负秦曲。——明知秦国狼子野心，还要以羊饲虎，美其名曰"宁许以负秦曲"，这就有点像"钓鱼执法"了。难道蔺相如深入虎穴，就为了陷秦国于不义？蔺相如此言，甚难理解。

王必无人，臣愿奉璧往使。城入赵而璧留秦；城不入，臣请完璧归赵。——这不就是毛遂自荐吗？出使之前，怎敢确保完璧归赵？此话更像是表决心，而意图则在于坚定赵王的决心。那句"王必无人"，表面看是谦虚，何尝不是自告奋勇？如此看来，与其说赵王需要一个蔺相如出使，倒不如说蔺相如需要一个出使的机会。将蔺相如与毛遂比较一下，动机何其相似乃尔。

我们或可推断，秦国"以城易璧"的悍然要求，让赵国君臣陷入了战争恐慌，这给了蔺相如一个千载难逢的机会。他抓住了。至少蔺相如在谋得赵国相位之前，"先己之前途"的动机更重一些。他急于登上政治舞台，改变自己的身份地位，实现自己的人生价值。

这究竟是内容分析，还是语言分析呢？显然无法分开。司马迁的语言之妙，不在于刻意使用了什么"形式"，而在于他的语言传达出了一个底层士子急于抓住千载难逢机遇的微妙心理。换个角度看，司马迁不甘庸碌的精神信念，也在这语言之中。他的洗练、宏阔与深邃的语言风格，正是其精神世界与人格风范的写照。

思辨的意义在于对话与融合。在思辨中才能达成读者与文本的对话，在思辨中才能达成工具性与人文性的融合。对话与融合，正是语言实践的价值，也是阅读教学应该追求的境界。

附文本分析

鲁迅就是鲁迅，但不妨碍沈从文成为沈从文

沈从文的小说《生》与鲁迅的《祝福》原本没有直接关联，但在阅读中，我们却会不由自主地将二者联系在一起。下面就以这两篇小说为例，看看印

证性阅读与思辨性阅读的不同。

《生》写一个卖艺的无名老汉。他的傀儡戏，演的是他儿子王九与一个叫赵四的故事。十年前，王九与赵四斗殴，王九死了。老汉的表演没啥新内容，斗来斗去，每次的结局都一样——"场面上王九常常不大顺手，上风都由赵四占去，但每次最后的胜利，总仍然归那王九。"[①]

傀儡王九打死了傀儡赵四。傀儡戏将真实的历史给颠覆了。真实的历史是，赵四打死了王九。不过，五年前赵四也死了，他打死了王九，自己也害了黄疸病，死了。这些谜，小说在最后才揭开。这是小说构思上的一个奇崛之处。

死了儿子的老汉靠卖艺谋生，"看客"就成了他的衣食父母。将老汉与看客们"粘合"在一起的"花样"，就是这段被老汉颠覆了的"历史"，"看客"们看的就是这个热闹。

"看客"与老汉，就这样构成了一个"看与被看"的关系。这让人自然而然地联想到鲁迅笔下的那些"看客"。在《药》里，鲁迅写了那群脖颈被人捏着向上提着的鸭子一样的"看客"，而在《祝福》里，鲁迅描述了鲁镇的那帮曾经热心到让祥林嫂感动的"看客"。

在《生》的阅读中，鲁迅笔下的"看客"不幸就成了一种挥之不去的"前认知"。但凡读过鲁迅的读者，再来读沈从文的《生》，几乎都会不假思索地就将《生》纳入"看客"的理解框架。从始至终，小说叙述的都是"看与被看"，都是"看"的人与"被看"的人："正在打量投水似的"大学生，"第三个以至于第十三个闲人"，还有收小摊捐的巡警、青牛军官，总之都是些"看客"。

检索一下相关文献，对《生》的理解几乎都是从这个角度入手，或者涉及这个角度。在"看与被看"的框架下，大家几乎自动地将小说的主旨理解为人与人的隔膜与冷漠，老汉的辛酸与无奈。这是鲁迅的"看客"留给我们的遗产。作为启蒙者，鲁迅赋予了"看与被看"太鲜明的意义，当我们在说

---

① 沈从文：《沈从文小说选集》，人民文学出版社 1957 年。后文同，不再一一标注。

"看客"的时候，总会不由自主地落在鲁迅设定的那个框架里。

这其实就是印证性阅读，《生》的文本价值，不过是再一次印证了鲁迅的伟大。

诚然，将《生》与《祝福》比较，确实能发现两文的相似之处，很多情节如出一辙。老汉与祥林嫂都遭遇了人生的大不幸：老汉死了儿子，而祥林嫂死了丈夫与儿子。他们都是不幸者，但作为"被看"的对象，又都是"被看"的受益者。

祥林嫂与看客们的关系，一开始是非常融洽的。小说写道：

> 这故事倒颇有效，男人听到这里，往往敛起笑容，没趣的走了开去；女人们却不独宽恕了她似的，脸上立刻改换了鄙薄的神气，还要陪出许多眼泪来。①

鲁迅刻意使用了"故事"这个词儿，是颇有意味的。祥林嫂丧夫失子，她需要倾诉，需要宣泄，需要转移……而鲁镇人民正好满足了她的需要——"有些老女人没有在街头听到她的话，便特意寻来，要听她这一段悲惨的故事"。看客们"特意寻来"，就为了听她的"故事"。换个说法：为了听故事，他们来了。祥林嫂的故事果然很感人，而她讲故事的"水平"也果然没有辜负看客们的期待：祥林嫂倾诉到"呜咽"，女人们也"一齐流下那停在眼角上的眼泪"。

看起来，"看与被看"就像是祥林嫂与看客们的一场共谋与合作。但在这样的"看与被看"中，已经隐藏了很多祥林嫂意识不到也不愿直面的危机。鲁迅的笔触真是力透纸背。他写看客们听了祥林嫂的哭诉，"叹息一番，满足的去了"。请注意，他们"满足的去了"。"满足"，这个词真是太有穿透力了。他们为何而来？为"故事"而来。他们因何而去？因"满足"而去。

看客们乐意倾听祥林嫂的哭诉，是因为他们能在祥林嫂的哭诉中找到一种优越感——怜悯弱者，往往能让人感受到道德上的自我荣耀。而且，祥林嫂的不幸，也恰恰确证了他们实实在在的幸福，他们的男人至今还在喘气儿，

---

① 鲁迅：《鲁迅全集》（第二卷），人民文学出版社 2005 年。后文部分引用出自其他卷，不再一一标注。

他们的儿子也没被狼叼走，这就足够傲娇的了。祥林嫂的倾诉，等于给了他们一个"晒幸福"的机会。

其实，得到"满足"的，何止看客们？祥林嫂不也从中得到了满足？她在哭诉中得到了情感的宣泄，心理的安慰，绞痛的心得到片刻的安歇。因此，"看与被看"，看客与祥林嫂之间，构成了一种互利互惠、各取所需的共谋关系。这是一种美妙的平衡，大家都很享受。

但是，这个平衡是非常脆弱的。人家是奔着"故事"来的。陈芝麻烂谷子怎么能够黏住他们？可惜，祥林嫂不懂这个。她只会说"我真傻"。自然，人们"一听到就烦厌得头痛"，一看见她就赶紧逃走。这其实是正常的，因为这才是讲故事与听故事的逻辑，这就是看与被看的逻辑。看看而已，你怎能当真？当真你就麻烦了。

显然，祥林嫂对人们寄寓了超过限度的热望。她的逻辑是：我很不幸，我理所当然应该得到你们的同情与怜悯，你们跟着叹气是应该的，你们跟着流泪是应该的，你们跑那么远的路来听我讲故事也是应该的。似乎同情她是别人的道义责任。这正是祥林嫂的无知，她不懂得隐藏在"看与被看"后面的逻辑，她不懂得"听故事"的逻辑。惩罚也在情理当中——本来已经遍体鳞伤，还不得不忍受看客们的嘲弄与羞辱。

我们再来看《生》。

这也是"看与被看"，与祥林嫂高度近似。王九被赵四打死了，老汉提溜着傻偏儿子，走街串巷，卖艺谋生。老汉需要观众，需要看客，需要"被看"，他需要看客们的一个铜子，几声喝彩——铜子养活身体，喝彩抚慰心灵。当然，那些看客们也在"看"中得到了他们想要的。那个大学生，那些"闲人"，有的满怀心思，有的无所事事，不管怎样，他们都需要消遣无聊的生命，打发无聊的时光，转移无法直面的窘迫。"看"是他们的需要，如同"被看"是老汉的需要一样。各取所需，相安无事。

但如果阅读仅仅停留在这个层面，阅读的价值几乎为零，因为它并未超越鲁迅的"看客"的意义，或者说，提供与鲁迅的"看客"不同的意义。印证性阅读就是这样。这样阅读，读一千本书与读一本书，是一个结果，因为在惯性思维的影响下，无法在新的作品中发现新的东西。

认知中的一个悖谬是：离开了已有的认知框架，我们无从认识新的事物；而借用已有的认知框架，它可能妨害我们的真知与灼见。在这个意义上，只有警惕思维的惯性与惰性，警惕自以为是与习以为常，我们才可能有真知灼见。如果我们能够保持足够的质疑与反思呢？或许就能发现老汉不同于祥林嫂的地方，发现沈从文不同于鲁迅的地方。

在小说中，老汉是一个沉默寡言的人，但也是一个看起来淡定自若的人。他胜于祥林嫂的地方，就在于他懂得维持"看与被看"的微妙平衡，不去打破这种平衡。他也看，也被看，但一定止于"看与被看"，看看而已，不必当真。所以，他始终只用"花样"来黏合看客，而"决不"出卖内心的伤痛。小说写道：

> 他不让人知道他死去了的儿子就是王九，儿子的死乃由于同赵四相拼也不说明。他决不提起这些事。他只让人眼见傀儡王九与傀儡赵四相殴相扑时，虽场面上王九常常不大顺手，上风都由赵四占去，但每次最后的胜利，总仍然归那王九。

小说刻意强调了"他决不提起这些事"。他决不让人分享自己的悲伤，决不跟人提起自己的悲伤。可以想象，如果老汉也像祥林嫂那样，哭诉，倾诉，讲故事，肯定能吸引更多的看客，他或许能赚到更多的铜子。但他选择了闭嘴。这是个很有意思的细节。

借用鲁迅的"看客"框架，有助于我们理解《生》以及沈从文；而要真正理解《生》，就必须超越关于"看客"的惯性理解。

老汉为什么"决不提起这些事"呢？或许老汉天生有着某种人性的洞察力。但也有一种可能，老汉是曾经的祥林嫂——老汉也像祥林嫂那样，哭诉过，倾诉过，但结果，肯定不会比祥林嫂更好。他领悟了，痛彻心扉的领悟。从此之后，选择闭嘴。这世界上，没人能真正理解自己，没人能真正帮助自己。所谓换位思考，所谓感同身受，都是有限的，自己的命运归根到底还得由自己承担。

既然如此，何必当真？这是老汉的智慧。人与人之间，原本就是一种看与被看的关系，也仅仅是一种看与被看的关系。当我们谴责看客们不理解祥林嫂的时候，我们可否问过，祥林嫂理解鲁镇的那些看客吗？当我们指责看客们冷漠麻木的时候，可否问过，老汉能理解那个"正在打量投水似的"大学生吗？其实，看客们在"看"老汉，老汉不也在"看"看客们吗？大家互为看客，彼此看看，看看而已。人生在世，最好也不过就是彼此看看，看看而已。你想突破"看与被看"，对人、人性与人间寄予更多的希望，注定是自取其辱。

所有的悲苦都是自己的，所有的快乐也都是自己的。这反而造就了老汉的释然与淡定。

在老汉的身上，是不是也有沈从文的影子呢？人与人之间，原本如此，生命孤独无常，谁也帮不了你，谁也理解不了你。比起鲁迅，沈从文到底是更悲苦，还是更通达？

在祥林嫂的身上，我其实看到了鲁迅的影子。鲁迅是不是也有似于祥林嫂？他喋喋不休地诉说，喋喋不休地批判，喋喋不休地呼喊。结果呢？看客们都离他而去。

作为启蒙者，鲁迅也在"看"，看这场人间"闹"剧。在"看与被看"中，鲁迅看出了鲁镇人的冷漠、隔膜与无情。在鲁迅看来，人间本不该如此，人性本不该如此，人与人之间本不该如此。所以，鲁迅对鲁镇人是批判的。这也说明，鲁迅虽然那么严峻，那么犀利，那么无情，但对人、人性与人间，还是充满了希望。他感到绝望的，只是鲁镇的人们，只是当下的人们。所以他才说"我希望他们不再像我，又大家隔膜起来"（《故乡》）。很显然，这是寄希望于未来。他还说，"希望是本无所谓有，无所谓无的。这正如地上的路；其实地上本没有路，走的人多了，也便成了路。"（《故乡》）很显然，这是他寄希望于人性的改善与社会的革新。正如钱理群先生反复说的，鲁迅看起来很绝望，很冷，但实际上他内心很热，他对人、对人性、对社会充满了希望。至少在他的潜意识里，他觉得应该有更好的人生样式，有更好的人性。这正是他批判的动力。

鲁迅就是鲁迅，但这不妨碍沈从文成为沈从文。如果在鲁迅的伟大光环下，我们把沈从文读成了鲁迅，既是对鲁迅的不恭，也是对沈从文的不敬。沈从文的文学地位远不及鲁迅，但这不应该影响他的独立的价值。

沈从文的看客不同于鲁迅的看客。这样的解读必须战胜思维的惰性与惯性，借助于自主的思辨而不是自以为是的印证。

印证性阅读与思辨性阅读的区别，表面看仅仅多了一个质疑与反思的环节。但实际上，二者的价值设定与思维方式存在着本质的不同。在思辨者看来，文本的意义是自己构建的，他始终保持着与文本的对话，保持着独立的自我判断；而在印证者眼里，意义是现成的，读者只是一个接受者，一个顺从者，一个复制者。从印证性阅读到思辨性阅读，意味着阅读方式的转型。

第四讲

质疑与探究：文本批判与自我批判的双重掘进

传统的阅读非常强调移情与共鸣。在阅读中，尤其在经典名著的阅读中，读者常常处在从属的、被动的位置，作为模仿者、体悟者和练习者而存在，而阅读的最高境界，就是与文本达成一致，融为一体。相应地，如果与文本之间存在着某些隔膜或冲突，不能达成和谐的共鸣，则可能被认为是低效或无益的。

但事实上，共鸣与冲突只是阅读中的两种状态，本身并无积极与消极之别，反思才能赋予其积极意义。有些共鸣恰巧暴露了读者的无知或弱点，而有的冲突却显示了读者的不俗和个性。迷恋共鸣而厌恶冲突，不敢质疑与探究，这种阅读观深深地伤害了我们的阅读教学。它使我们既难以突破作者的认知，也难以突破自我的局限，结果只能是不断地重复作者，或者重复自己。如果不是为了消遣和纯粹的趣味，这样的阅读是低效的和无益的，因为它很难带来价值观念的更新与认知结构的升级。

在质疑与探究中，我们才能实现文本批判与自我批判的双重掘进，在阅读中促进认知升级，锤炼价值观与思维方式，最终实现成长。

一、阅读是与作者的较量

一般说来，写作者（尤其是文学写作者）都会有意无意地张扬自己的价值观念与情感态度；无论他有没有明确意识到，他骨子里都会有一种操控读者的欲念，希望读者爱他之所爱，恨他之所恨。事实上，越是高明的写作者（这样的写作者未必伟大），其心理操控与精神诱导的技术可能越是娴熟和有效；只有那些拥有强大精神信念与辨别能力的人，才能保持与作者的平等对话。在这个意义上，我一直认为，阅读本质上是一场读者与作者的较量，敢于跟作者叫板的读者才是好读者。那些臣服于作者的观点、被作者牵着鼻子走的读者，很难突破作者的局限，阅读的价值也在很大程度上被作者的局限给局限了。

作者的局限，表现为文本中的各种矛盾或破绽。比如《骆驼祥子》，老舍至少在两个问题上留下了疑点，只要读者不臣服于作者，矛盾是显而易见的：一是关于堕落的理解，二是关于女性的理解。

先看堕落。

老舍痛恨当时的社会，同情祥子这样的底层劳动者，将祥子的苦难与堕落归咎于社会的黑暗、政府的腐败与文化的衰败。归纳祥子的人生，差不多可概括为"人人害他，处处倒霉"八个字。看祥子打交道的，多数是坏人；看祥子遭遇的三起三落，都是倒霉的事。正是在这样的背景下，勤劳、坚韧与积极向上的祥子一步一步地陷入了命运的深渊，堕落了，毁灭了。正如老舍所说：

> 体面的，要强的，好梦想的，利己的，个人的，健壮的，伟大的，祥子，不知陪着人家送了多少回殡；不知道何时何地会埋起他自己来，埋起这堕落的，自私的，不幸的，社会病胎里的产儿，个人主义的末路鬼！ [①]

前后两个祥子，差别竟如天壤。祥子为什么会堕落呢？除了通过具体的情节来铺垫，老舍还常常站出来直接陈说。比如下面这段最有名的话：

> 人把自己从野兽中提拔出，可是到现在人还把自己的同类驱逐到野兽里去。祥子还在那文化之城，可是变成了走兽。一点也不是他自己的

[①] 老舍：《骆驼祥子》，人民文学出版社 2018 年。后文同，不再一一标注。

过错。

"一点也不是他自己的过错"，老舍预设的逻辑是，这是一个让人堕落的环境，有人逼你堕落，有人诱惑你堕落，有人示范你堕落。潜台词则是：祥子在这样的环境下堕落，他的堕落是可以理解的，可以谅解的。因为罪责在社会，罪责在他人。

其实，老舍也明白自己的话有点绝对，在读者可能产生疑问的地方，他常常会挺身而出，为祥子辩护几句。譬如虎妞病危之际，有一个细节——

> 她（小福子）去了有一点钟。跑回来，她已喘得说不上来话。扶着
> 桌子，她干嗽了半天才说出来：医生来一趟是十块钱，只是看看，并不
> 管接生。接生是二十块。要是难产的话，得到医院去，那就得几十块了。
> "祥哥！你看怎办呢？！"
> 祥子没办法，只好等着该死的就死吧！

小说用快节奏语言描写小福子的言行，而对祥子，只用了"没办法"三个字。这就是不写之写。面对临死的妻子，祥子不光手足无措，而且还表现出出奇的冷漠与麻木。老舍说"祥子没办法"，似乎他坐等虎妞死去，也有了合理的理由。那么，祥子真的没办法了吗？祥子怎么就没办法了呢？他不还有一辆车吗？而且这辆车还是虎妞给他买的。等到虎妞死了，祥子才想起贱卖他的车，拿钱办丧事；而在虎妞最需要钱找医生的关口，祥子却无动于衷，坐等虎妞死去。请巫医，是虎妞央求的祥子，用的是虎妞的钱；找医生，这是小福子的主意，来一趟十块钱，接生二十块，而祥子竟然没了办法！那可是他的老婆，他老婆肚子里怀着他的骨肉！

不要说祥子愚昧了，他难道不知道医生是治病救人的？退一步说，再愚昧的人也该知道，在虎妞命悬一线的最后时刻，卖了车救人，不该吗？

祥子的这些行为恐怕老舍自己也看不下去了，忍不住痛骂，说这是"愚蠢与残忍"。但老舍生怕连累了祥子，接着话锋一转，写道：

> 愚蠢与残忍是这里的一些现象；所以愚蠢，所以残忍，却另有原因。

这个"另有原因"大有深意。原来，他也觉得祥子是"愚蠢与残忍"的，但却将"愚蠢与残忍"归结为"另有原因"。那么，原因究竟在哪里呢？显

然，老舍希望读者放过祥子，不要苛责祥子，到其他人那里找原因，到社会上找原因。

老舍的社会批判是无情和锐利的。个体的力量毕竟有限，尤其是像祥子这样的社会底层的弱小者，更容易被社会控制与污染。祥子的不幸值得同情，祥子的堕落值得悲悯。不苛求，多悲悯，是我们理解祥子的应有态度。我看到一个"新解读"，批评祥子不懂得现代经济，拒绝了高妈放债拿利息的建议，又拒绝存款到银行，将一大笔现金放在"闷葫芦罐"里，这才有了被侦探全数敲诈的悲剧。评论说，这不是"活该"吗？要是将现金存在银行，孙侦探想敲诈也没法子。这样的推论很荒谬。祥子来自乡村，他的无知是事实。但是，一个不懂得拿利息、放高利贷的人，就不配过上正常而安稳的日子吗？一个把现金死死攥在手里的老实人，就该被敲诈吗？显然这不合逻辑，这样的指责也不人道。

一个人，也有愚蠢的权利。

老舍的成功之处在于社会批判。事实上，20 世纪 30 年代的中国，国家动荡，政府腐败，社会堕落，文化衰败，大批像祥子这样的破产农民流离失所，在愚昧、贫穷和苦难中挣扎，生活在死亡与堕落的边缘。《骆驼祥子》真实地反映了社会的凋敝与民众的苦难。与那些粉饰太平、回避矛盾的作品相比，老舍的描画无疑切中时弊，具有强大的社会批判力量，让广大读者产生了强烈的共鸣。正因如此，《骆驼祥子》为老舍带来了巨大的社会声誉与影响。

但是，祥子值得同情与悲悯，并不等于要无视祥子的缺陷。我们试问：一个人堕落了，他寡廉鲜耻，吃喝嫖赌，游手好闲，这个人自己要不要负点责任？多数人凭借一点点正义感，或者根据内因与外因的关系，都会得出肯定的答案。但老舍却反复强调"一点也不是他自己的过错"，这合理吗？按照这个逻辑，是不是说，在邪恶的社会里，堕落就是天经地义的，就是理所应当的？

这样的推论合理吗？

老舍的另一个矛盾表现在他的女性观上，他对虎妞的描写透露出骨子里对女性的很多偏见。他刻意丑化虎妞，目的也在为祥子的堕落辩护。老舍的意思好像是，祥子真是倒霉，碰到个女人吧，也是虎妞这样的，长得丑，粗鲁，蛮横，欲望超强，能把男人折腾死——偏偏拉车是需要强大体力的。小说反复渲染虎妞对祥子的性盘剥，渲染虎妞的性需求给祥子带来的伤害。这都是庸俗和非理智的。

在祥子与虎妞的关系中，虎妞更为主动，更为强势，也更有操纵欲，更有心机，这些都是事实。但是，祥子也不是完全被动的。他与虎妞的关系，在"一夜情"之后发生了质的变化，虎妞才有了讹诈与控制祥子的借口。老舍刻意强调了虎妞在"一夜情"中的心计与勾引，这是事实。但祥子呢？祥子难道是无辜的吗？祥子何尝没有贪占便宜的心理和顺水推舟的意念？小说写道：

> ……同时，他又舍不得出去；她的脸是离他那么近，她的衣裳是那么干净光滑，她的唇是那么红，都使他觉到一种新的刺激。她还是那么老丑，可是比往常添加了一些活力，好似她忽然变成另一个人，还是她，但多了一些什么。他不敢对这点新的什么去详细的思索，一时又不敢随便的接受，可也不忍得拒绝。他的脸红起来。好像为是壮壮自己的胆气，他又喝了口酒。刚才他想对她诉诉委屈，此刻又忘了。红着脸，他不由的多看了她几眼。越看，他心中越乱；她越来越显出他所不明白的那点什么，越来越有一点什么热辣辣的力量传递过来，渐渐的她变成一个抽象的什么东西。他警告着自己，须要小心；可是他又要大胆。他连喝了三盅酒，忘了什么叫作小心。迷迷忽忽的看着她，他不知为什么觉得非常痛快，大胆；极勇敢的要马上抓到一种新的经验与快乐。

明明看穿了虎妞的勾引，明明厌恶虎妞，可祥子"舍不得出去"，"不忍得拒绝"，这是什么意思？这难道也要归罪于社会？只能说，祥子是个真实的人，也有性的欲求；祥子还是一个有缺点的人，他想占便宜，在空虚和苦闷的时候，祥子把虎妞当作了欲望满足的对象，一个发泄的对象。在两性关系上，虎妞是很难强迫祥子的，怎能将祥子的失足完全归罪于虎妞的勾引？

相对于其他社会关系，在两性关系与婚姻问题上，祥子毕竟有着更多的自由选择权和裁处权，看看"自由意志"下的祥子的言行，更能看到他的缺陷。虎妞毕竟算不上什么坏人，在关系处理上，祥子并非完全被动，他是有一定选择空间的。但祥子始终是被动、冷漠和缺乏责任心的，正是他的缺陷在很大程度上吞噬了他的人生幸福，也加速了他的堕落与毁灭。

文学是人生的教科书，全面、客观和中肯地理解祥子堕落的原因，对于青少年非常重要。一味苛求祥子，当然是不人道的；但将责任一股脑推给社会，也是非理性的。在过去的解读中，似乎后一种倾向更加明显。片面地将祥子当作受害者与不幸者，就会无视他的人格与道德缺陷。祥子固然有很多美德，诸如勤劳、要强、有骨气、坚韧，但与这些美德同时存在的，还有无知、愚昧、头脑简单、贪占小便宜、缺乏自制力、冷漠等。我们不能只看他的美德，却看不到他的缺陷。要知道，美德与缺陷加起来，很有可能造就畸形的思维与处事方式。想一想：勤劳加上无知，勤劳还有什么意义？要强加上愚昧，要强的结果会是怎样？有骨气，却又贪占小便宜，这样的组合又会给人生带来什么？比如，祥子遭遇兵痞与侦探，与他个人缺乏必要的判断力与警惕心有没有关系？这当然不是为兵痞与侦探辩护，这都是些该死的社会渣滓。但是，一个在外闯荡谋生的人，必要的警惕心与防范心还是不可缺少的。即使在今天，我们不还得防骗防欺诈防抢劫？

《骆驼祥子》属于"堕落"母题，老舍更强调社会环境对个人的污染与同化作用，从而引发读者对社会的思考与批判。但若过分强调这一点，就会贬抑人的主体性。人，不同于动物，在环境面前，人是能思考的，也是有选择的，祥子也不例外。所以，当我们强调环境的同化作用时，不要忽略了人的主观因素。

当然，强调个人的主体性，也不能忽视环境的同化作用。个人力量毕竟有限，尤其是像祥子这样的缺乏精神资源的人，更容易被环境污染。从这个角度，我们说祥子的抗争已经难能可贵了。所以，祥子的堕落是值得同情的。

对祥子，我们要有悲悯之心；对社会，要理性地批判。要想祥子的悲剧不再重演，社会的批判与改造固然重要，个人的批判与改造也同等重要。

很多人不喜欢这样"挑刺"的读法，但问题是，如果文本自身存在问题，你却视而不见，那阅读还有什么意义？相反，如果带着思辨进入文本，或许能在更为深刻的层次理解作家的伟大与深刻。比如老舍。虽然老舍将最大的同情与理解都给了祥子，一再为祥子辩护，但并未毫无原则地回避祥子的缺陷，这正是老舍的可贵之处。他塑造了一个真实的小人物。

正是老舍的现实主义创作理念，在很大程度上让《骆驼祥子》摆脱了概念化的危险。君不见，在上世纪三四十年代众多同类型作品中，类似祥子这样的工农大众，总是同时占据着政治上与道德上的制高点。

思辨，就是一场与作者的较量。

二、忘我恰是读者的悲哀

《水浒传》的魅力是公认的，施耐庵①当属操控读者心理的高手。当然，小说之所以具有抓眼球、撄人心的魅力，除了施耐庵对人性情理与人情世故的洞悉，与该书的成书过程也不无关系。宋元以来，梁山好汉的故事就在勾栏瓦肆间流传，是说话艺人们热衷的题材。说话，就得捕捉和顺应观众的情绪，诱导观众移情，产生共鸣。留住了他们的脚步，才能保住自家的饭碗。毋庸讳言，对观众的迎合、诱导与操纵是不可避免的。

《水浒传》意在塑造一个忠义无双的英雄群体，但由于作家自身的价值系统存在着诸多矛盾，这个主观意图并不总能在文本中实现。如果我们能保持独立的阅读姿态与理性的质疑态度，或可发现其中的诸多缝隙与悖谬。遗憾的是，由于作家非同寻常的心理操纵能力，多数读者在如痴如醉的阅读过程中丧失了与作家对话的能力，最终沦为了作家的傀儡。我在《水浒传》的教学中，发现能够抗拒施耐庵的语言魅力与操控技能的学生并不算多，这一现象尤其明显地体现在关于武松的认识上。

施耐庵对武松的偏爱与体贴是显而易见的，这一点在金圣叹的评点本中又得到了进一步的强化。金圣叹称赞武松是"天人""第一人"，赞叹他有"鲁达之阔，林冲之毒，杨志之正，柴进之良，阮七之快，李逵之真，吴用

---

① 这里以施耐庵指称《水浒传》作者。

之捷，花荣之雅，卢俊义之大，石秀之警"。① 在施耐庵笔下，武松不仅功夫了得，人品一流，个性也是爽朗可爱。即使以喝酒论，武松也与众不同。他嗜酒如命，又酒量惊人；别人喝醉了烂醉如泥，武松却是"带一分酒，便有一分本事"，不由得不让读者惊为天人。更让人着迷的，还是他的品行——在"武松杀嫂"一节，其忠义智勇得到了充分的张扬。武松为人，光明磊落，恪守人伦之道，谨遵叔嫂之分；武松做事，有条不紊，滴水不漏，先去寻找物证，然后落实"人证"，之后才去官府告状。恩怨分明，有仇必报，将他与林冲区分开来；先诉诸法律而非拳头，将他与鲁智深区分开来；复仇之后主动自首，又将他与宋江区分开来——以"孝义"著称的宋江在误杀了阎婆惜之后，仓皇逃命，留下孤苦的老父给他收拾烂摊子。

正是在作家的悉心"栽培"下，武松的英雄形象逐渐确立起来。这是一个读者与作家不断共情与共鸣的过程。其实，面对杀人放火这种天理不容的事情，任何一个稍有道德感的人都会产生近乎本能的疑虑与憎恶，只是因为作家在道德上和情感上为武松做了许多细致入微的"辩护"，为武松的道义提供了诸多"担保"，读者才心安理得地站在了武松一边。于是，武松一路杀下去，读者也一路畅快下去。

共情与共鸣的畅快感，抑制了质疑与探究的挫折感，很多人所理解的阅读快乐也不过如此。实际上，悲伤着他的悲伤，快乐着他的快乐，这是一种被人操纵的快乐。或许这是写作者梦想的境界，但换个角度看，却是读者的悲哀。

有代入，还得有"代出"。只有代入，全然忘记了自我，恰恰是读者的悲哀。

高明的写作者总在操纵他的读者，施耐庵乃此中高手。这是一个普遍现象，我在阅读《鲁滨逊漂流记》时，发现笛福也擅长此道，且做得很露骨。在笛福的操纵下，鲁滨逊像驯养猴子一样地驯养"星期五"，像领主一样地控制和枪杀那些"土人"，这些单独看起来颇值得商榷的事情，在小说中却

---

① 金圣叹点评及《水浒传》引文出自：施耐庵、罗贯中《水浒传》，金圣叹、李卓吾点评，中华书局 2009 年。后文同，不再一一标注。

是那么"文明"。

小说中有这样一个细节：

（我）一把将他掀下了船。他的水性极好，即刻就浮出了水面。他冲着我喊，恳求我让他回到船上，说愿意跟我到天涯海角。他追在船的后面，游得很快，由于风小船速慢，眼看就追上来了。于是我到船舱里取来了一支鸟枪，把枪口对准他，对他说我无意伤害他，只要他不阻挠我，我不会对他怎么样。"你水性那么好，"我说，"完全能够游到岸上去，现在风平浪静，你赶快往回游，我不伤害你。但是，如果你要靠近船这儿，我就打穿你的脑袋，因为我心意已决，一定要逃走。"看我这么坚决，他死了心，转身朝岸边游去了。我毫不怀疑他会安全地游回到岸上，因为他是个游泳高手。

这是鲁滨逊第三次冒险中的一个细节。鲁滨逊被俘后在萨里港当了两年的奴隶，终于找到了逃亡的机会。为了自由，他将一个无辜的摩尔人推进大海。与武松的杀戮一样，鲁滨逊这样做，存在着极大的道德风险：为了个人的自由，就可以将一个无辜的人推进大海吗？面对落水者，不仅见死不救，反而枪口对人，合乎道德吗？

很显然，笛福意识到了鲁滨逊的这个道德风险，他在行文中反复强调了两个因素：第一，摩尔人"水性极好"，是个"游泳高手"，他一定能"安全地游回到岸上"；第二，现在"风小""风平浪静"，风险极低。

有了这两个条件的担保，读者对鲁滨逊的话就会深信不疑了：这个摩尔人地不会有生命危险。当然，摩尔人的结局到底怎样，不是笛福关心的，也不是读者所关注的；笛福要告诉读者的仅仅是，鲁滨逊并不是一个不择手段的人。笛福的语言本来就有点婆婆妈妈，在这里更是啰唆得让人生厌。正是这啰唆的表达让我看到了笛福操控读者的用意。笛福大概意识到了鲁滨逊可能遭受的质疑，于是不厌其烦地强化他的"担保"。他的目的，无非是引导他的读者与他一起共同拥戴他的英雄。

但问题是，任何写作者都必然带着时代的局限，文化的局限，生命的局限，智能的局限。即使伟大如孔子和苏格拉底，也还是肉体凡胎，终究是冢中枯骨。施耐庵是一等一的写作高手，他的语言驾驭能力，他对人情世故的练达程度，他对社会生态的洞察力，都是超一流的，但这依然不能改变一个事实：高超的操控力只能让他的缺陷隐藏更深更妙，却不能让这些缺陷消失。

在这个意义上，那些不朽的经典名著，可能是超越了更多局限的文本；换个角度看，可能也是缺陷隐藏得更深的文本。这恰恰是经典名著阅读中的风险。

让我们沾沾自喜的移情与共鸣，若只是作者操控下的心理反应，这样的移情与共鸣有什么价值呢？真正的共鸣应该基于平等的对话，真正的和谐源于彼此的抗衡。未经质疑与探究，共鸣只能带来两个结果：或者落入作者预设的陷阱，或者幽闭在自己的"洞穴"狂欢。一个真正的阅读者，不该止步于移情，不会沉醉于共鸣。他应该追问的是：这种共鸣缘何而起？共鸣并非天然积极，理性的质疑才能赋予共鸣以积极意义。

再说武松。施耐庵虽然偏爱武松，却并未因此而陷入概念化的陷阱，这是施耐庵作为一个写作者的卓越之处。如果能够摆脱施耐庵的诱导，以独立的眼光来审视武松，不仅能够理性地认识武松这个形象，也能够更客观地理解施耐庵的超卓。关于武松，金圣叹看得很透，他说"武松平生一片心事，只是要人叫声'好男子'"。此话何意？只要你服软，给他戴高帽子，用心奉承与恭维，什么是非善恶，全不在武松的思虑之中。在十字坡，武松明知这是一家黑店，但张青一服软，纳头一拜，武松便换了个嘴脸，全然忘记了他们杀人越货的罪恶；在"义夺快活林"中，施恩"把武松似爷娘一般敬重"，武松沉溺在被人吹捧和豢养的甜美之中，根本无心过问谁是谁非；张都监几句好话，武松立刻效忠，表示愿"执鞭随镫，伏侍恩相"。仔细想想，施恩与蒋门神，谁比谁更正义？说到底都是一路货色。武松当不起英雄的徽号，说他是个敢作敢当的好汉，已经算是抬举他了。

因为作家的诱导，读者已经习惯性地"代入"了武松的情感世界。武松打虎，我们为他捏一把汗；武松斗杀西门庆，我们为之叫好；武松醉打蒋门神，我们为他热血沸腾……被操控的读者也像武松一样地不问青红皂白了。我甚至发现，为"血溅鸳鸯楼"叫好的人也不在少数，他们全然忘记了那被杀的十五个人，多数人都与武松无冤无仇，多数人也没妨碍他报仇雪恨。甚至，武松杀人也不是为了逃命，他在杀人现场写下"杀人者打虎武松也"八个大字，说明他已无所顾忌。他公然宣称："一不做，二不休，杀了一百个，也只一死！"这话是不是让人毛骨悚然？这不就是亡命徒的逻辑吗？

如果不是发生在武松的身上，如果不是施耐庵细密的铺垫，谁会在这样的杀戮面前失去基本的判断力呢？施耐庵叙写这个场景时的沉着与酣畅，他对仇恨与恐怖的肆意宣泄，都暴露他内心深重的阴影。在他的笔下，暴虐的杀戮与正义的复仇的界限模糊了，暧昧了。这样的施耐庵，缺乏对生命最起码的悲悯与敬畏，我们与他有什么好共鸣的呢？施耐庵是几百年前的一个书生，他不知道这世界上还有人道主义、尊重妇女、儿童本位、民主与人权，如果说他的缺陷还能得到一定程度的宽容与谅解的话，今天的读者还在为武松的杀戮叫好，那只能说，我们的骨子里还隐藏着某些古老罪恶的因子。

偏爱武松是施耐庵的初衷，却不应该是读者的义务。现代读者与施耐庵的冲突既是必然的，也是必须的。若仅仅迷恋与作者的共鸣而无视与他的冲突，以服从与顺应的态度面对文本，这等于否定了读者的主体价值。从根本上说，就是否定了阅读中的质疑与探究。

在学习与认知活动中，质疑与探究的价值想必没人直接否定，但人们对它的态度，多半是叶公好龙。在我们的语境下，移情与共鸣似乎天然拥有道德优势，意味着对传统的服膺和对前人的尊重，而质疑似乎背负着某种道义的负担。在很多人的心里，质疑与挑刺甚至挑衅无异。但其实，质疑仅仅意味着思维惯性的暂停与判断的悬置，质疑仅仅是开启了一个反思与探究的过程。最终该如何判断与选择，不是由质疑这个起点决定的，而是由探究的结果决定的。换句话说，由理性与真理来决定的。如果我们打算服膺真理，那质疑与探究就是必然的选择。

三、冲突才是美好的邂逅

只有摆脱简单的移情与沉浸，才能发现文本的破绽，才会与文本产生情感上的"别扭"与理智上的冲突。在阅读中，冲突才是美好的邂逅，因为它导向质疑与探究，引你走向发现与进步。

如果说在武松的理解上，学生很容易忽视他的缺陷，那么在林冲的理解上，学生却常常误解他的"长处"。金圣叹说林冲"算得到，熬得住，把得牢，做得彻，都使人怕"，是个"上上人物"，但在涉世未深的学生眼里，林冲似乎更像个懦夫，从头到尾都很窝囊。尤其是面对调戏他妻子的高衙内，他未曾动手就"先自手软了"，更显出了他的窝囊和狼狈。林冲到底是不是英雄呢？

这就是冲突。下面是我在课堂教学中与学生的一段对话。

生1：我觉得林冲在最该出手的时候，反而手软了，就是高衙内调戏他妻子的那一刻。原文是这样写的——

林冲别了智深，急跳过墙缺，和锦儿径奔岳庙里来……林冲赶到跟前，把那后生肩胛只一扳过来，喝道："调戏良人妻子，当得何罪！"恰待下拳打时，认的是本管高太尉螟蛉之子高衙内。

"把那后生肩胛只一扳过来"，这个"扳"字很有力度。林冲是个武林高手，自然很有力度；同时怒火中烧，下手果断，说明林冲是决心"出手"的。但当他发现这个人是高衙内时，"先自手软了"。一个"扳"字，一个"软"字，形成强烈对比——就像气鼓鼓的气球，一下子瘪了。

师："先自手软了"，五个字，作者在"手软"前还加了两个修饰词，内涵是不是有点复杂啊？

生1：老师一提醒，我倒有点想法了。本来是高衙内有错在先，服软的该是高衙内，结果坏人没"软"，林冲自己先示弱了；"自"也很有意味，高衙内并没威胁他，他自己主动服软了。

师：你的分析很棒。"先自"两个字的意味不可忽视。当然，"先自手软了"只是林冲的一时反应，我把它叫作"应激反应"；但这么让人窝火的事情，林冲也不可能立刻就心平气和。小说后面写他"怒气未消，一双眼睁着瞅那高衙内"，写得非常传神。然后，"众闲汉"劝林冲，又"哄"高衙内，这才散了。你看高衙内的气焰何等嚣张。到了这个地步还要人"哄"，才肯罢休。大家读《水浒》，要体会这些字词啊。

林冲"先自手软"，他为什么要手软，能否进一步分析？再请一位同学。

生2：首先，他出手是出于情感，毕竟自己的妻子被别人调戏了，肯定非常愤怒。他该出手而没出手，是因为认出了高衙内，这是出于理智上的考虑。他在情感上是一定要出手的，但理智上不能出手，最后他的理智战胜了情感，才被人"劝"走了。

师：哦，他在那一瞬间经历了情感或者说情绪——瞬间的情绪我们可以称之为"激情"——与理智的斗争，最终的结果是理智战胜了情感。但林冲毕竟是八十万禁军枪棒教头，这样做也很没有面子啊。大家继续看小说，林冲是怎样给别人解释这件事的？

生3：林冲给鲁智深解释这件事，可以看出他的自尊心还是很强的。他强调高衙内"不认得荆妇，时间无礼"，意思是高衙内要是认得林冲妻子，是会给林冲面子的，不会调戏她的。其次，自己不动手，也是要给高太尉面子，"不怕官，只怕管"，就让他一次。

师：林冲其实是给自己找面子。你们读这段话，有没有发现林冲反复使用一个词——"权且"？"权且"让他一次，"权且"饶他一次，其实都是在给自己找面子。那么，这样的林冲，你们怎样评价？

生4：太在乎面子。他觉得自己很丢人，但又不想让别人觉得他软弱。

师：在乎面子，八十万禁军枪棒教头本来就是有些面子的。还有人补充吗？

生5：我觉得林冲考虑事情还是比较周全的。

师：终于有人给林冲说好话了。那你解释下？

生5：他妻子被人调戏是真，但高衙内可能真的不认识林冲妻子，古代的女人基本上不大出门的。如果高衙内知道是林冲妻子的话，他肯定不会干这种事情的。

师：换句话说就是误会，是吧？不过事实上这只是林冲的一厢情愿。熟悉后面情节的人都知道，高衙内根本就不会给他面子，还会变本加厉地欺负林冲。如果不是高衙内把他逼到无路可走，林冲可能就会真的饶了高俅、高衙内的。但是，林冲怎么会想到，世界上有如此邪恶歹毒的人呢？还有其他评价吗？

生6：软弱。当初我读的时候就有一个感觉，林冲太软弱、太无能了。难道你不认识我老婆就可以随意调戏吗？而且林冲和高衙内冲突时的动作也非常"温柔"——他只是把他"扳"过来。如果是鲁智深的话，估计高衙内早被打成了半个残废。

师：如果是李逵的话，估计高衙内命都保不住了。林冲是大家心目中的英雄，你却说他软弱无能。那么，我想问大家：林冲还算是英雄吗？

林冲的忍让算不算软弱？林冲到底是英雄还是懦夫？造成这个认知冲突的原因很多，但主要原因是对"英雄"的理解与定义不同。如果说英雄都是天生的，那么林冲不是，林冲的英雄是被逼出来的；如果说英雄就要行侠仗义，林冲也不是，他远不如鲁智深慷慨义气；如果认为天马行空、快意恩仇才是英雄，林冲也不是，林冲背负着太多的世俗干系与儿女情长。林冲的懦弱、克制与退让，似乎有损于英雄的徽章。

但如果我们回到人本身，回到林冲的生活境遇，将文本中所有的信息做一个综合的梳理与深度的探究，我们会不会对林冲的懦弱有新的理解呢？

◇林冲有着稳定的职业、收入以及体面的生活，这样的人更容易满足于现状，不愿惹事，遇事也更倾向于隐忍。

◇林冲混迹官场多年，深知高俅势力之大，气焰之高。面对这样官高权重的人，或许忍让是明智的。

◇林冲"承平日久"，缺乏对潜在风险的防范，面对突如其来的变故，更倾向于委曲求全。

◇林冲善良正直，缺乏对黑恶势力的判断，以为自己的收手能唤醒对方的良知，他选择息事宁人。

◇林冲有着清醒的道德意识，这样的人不会轻易越过底线。

…………

如果将林冲"还原"成一个普通人，这个"普通人"过着"正常"的生活，处在"日常"的生活状态下，那么，他的"先自手软了"，是不是就有了另外一番含义呢？

读者常常被文本"带节奏"。《水浒传》写的是英雄传奇，于是我们便忘记了林冲在遭遇高俅父子的迫害前，其实也是一个普通的人。有人说，韩信受"胯下之辱"，最终成就了一番伟业；而林冲一忍再忍，结果还是家破人亡，这忍让有什么价值呢？这种说法看似有理，实则胡诌，忘记了包括林冲在内的每一个人，谁也不能预知自己的未来。韩信在"胯下"之时，岂能预知自己终将出将入相？他只是根据彼时彼地的处境，明智地选择了忍让，躲过一劫。若林冲能够预知自己终将走投无路，他当初岂会坐以待毙？如果说林冲有缺点，他最大的缺点就是缺乏社会洞察力，对人性的黑暗与高俅的毒辣缺乏清醒的认知，这是幼稚，不是懦弱。

理解了林冲的懦弱，对英雄就有了更为理性的认识。懦弱，将林冲与其他所谓的好汉区分了开来，他的"懦弱"正是理性、克制、冷静的表现。林冲在猝不及防的情况下所表现的理性与克制，在接下来的"非正常状态"下得到进一步的印证。风雪山神庙开了杀戒，此刻的林冲可谓饥寒交迫，精神崩溃，仓皇间逃进一间草屋，一帮庄客正取暖喝酒。林冲再三央求，讨买酒喝，却遭众人拒绝与威胁。设想一下，如果是李逵，如果是武松，事态会怎样发展？而林冲的反应，也只是挑起燃烧的"火柴头"，将众人吓走了事。此时此刻，林冲处在非正常状态，也在非日常状态，但他一如既往，依然能恪守底线。对照武松在"血溅鸳鸯楼"时的"一不做，二不休，杀了一百个，也只一死"的疯狂，林冲的理性与隐忍，真是令人动容。

也许有人会说，因为这帮人是柴进的庄客，林冲要是杀了他们，故事就没法继续进行下去了。从情节编织的逻辑看，确乎如此。但换个角度看，如果李逵遭遇了这样的挑衅，他会仅仅吓唬了事吗？只有林冲这样做，读者才觉得合乎情理。哪怕开了杀戒，也不会像武松那样滥杀无辜，这才是林冲的性格。这正是我敬重林冲的重要原因。

《水浒传》在杀人放火的描写上从不吝惜笔墨，唯独对林冲的杀戮描写极为节制和谨慎，这让我有理由推测，施耐庵非常爱惜林冲的羽毛。上了梁山之后，林冲又遭遇了王伦的刁难，逼他递"投名状"，林冲走投无路，只好去取人头。第一天，从朝至暮，等了一日，并无一个孤单客人经过；第二日，遇到一伙客人约有三百余人，无法下手；第三日，遇到了杨志，两人棋逢对手，打得不可开交。三天下来，林冲终究没有取到人头。小说这样写，依然有情节编织的考虑；但作者一直不"让"林冲杀人，至少透露出施耐庵对林冲的"人设"：他是理性的，他是有底线的。

什么是英雄？如果我们骨子里的这个观念预设出了偏差，那么，我们把武松当英雄、把林冲当懦夫也就不足为怪了。如果说将武松奉为英雄暴露了施耐庵的观念上的谬误，他将林冲奉为英雄，则显示出他对人性与社会的深刻洞察。

共鸣或者冲突都是阅读中的一个心理状态，重要的是以质疑与探究来超越它。只有在质疑与探究中，我们才能实现文本批判与自我批判的双重掘进。我们不妨以图 3 来表达。

图 3　理想的阅读路径

附教学争鸣

黄玉峰、余党绪关于《水浒传》教学的商榷

一、如何看待经典及如何看待思辨（黄玉峰）

余党绪的课题是"生命之殇——英雄和好汉的边界"。从这个标题已隐

约可见执教者大致的教学目标和内容。果然，余老师把杀人如麻的梁山人物分作两类，奉杀人有原则的林冲为英雄，把血溅鸳鸯楼、将丫鬟仆役都杀个干净的武松界定为好汉。

整堂课给我的感觉首先是如临杀人现场，其次是感到困惑。课后我问一个学生：如果你处在林冲的境遇，该怎么办？他竟然拍着桌子道："杀尽那帮鸟贪官和丧尽天良的狐朋狗友！"——这难道就是这堂思辨性阅读课所要达到的效果？

由此我想到两个问题：第一，什么是经典作品？《水浒传》到底是不是经典？如果是经典，那么它在什么意义上是经典？第二，如何进行思辨性阅读教学？

1. 经典的多重意义

经典可以有多重意义。

第一是学术上的经典，即在学术研究中具备某种价值的作品。作为一部生动反映古代社会生活风貌和各色人物观念行为的长篇小说，《水浒传》在流传的过程中得到许多学者的批注考证，确实有其学术价值，因此是具有研究价值的经典。

经典的第二重意义是审美方面的。《水浒传》在这个意义上也可谓经典。在中国传统的文艺观念中，小说属于文学之末流，地位远远比不上用来"载道"的散文和诗歌，何况《水浒传》起于民间话本，不过是供茶余饭后消遣娱乐而已。但西学东渐之后，外国文艺理论的输入抬高了小说的地位，遂产生中国古典小说"四大名著"的提法。因此，从小说审美的角度看，在叙事技巧、塑造人物等方面，《水浒传》堪称经典。

经典的第三重意义是价值观层面的。这恰恰是在基础教育阶段衡量经典的重要依据。也就是对于高中生来说，这部作品是否有值得吸取的精神品质，是否有真、善、美的内涵，是否能促进学生思维的成熟，从而使其变得更加善良。我认为，从这个意义上讲，《水浒传》不能称为经典。从课后学生的反应来看，孔子所谓"血气方刚，戒之在斗"的古训还有意义。

这不禁让我想起《水浒传》曾被"钦定"为反映农民起义主题的作品，

是歌颂反抗贪官恶霸的英雄史诗。这与当时鼓吹暴力革命、强调造反有理的政治背景密切相关。但是，如果认真考察《水浒传》，就会发现它在这方面的价值取向是很成问题的。

我曾经对"梁山一百零八将"每个人的出身做过详细的梳理，发现几乎没有一个人的出身是严格意义上的农民。他们大多是些底层官吏、中下层军官、不法店家、庄园主、渔霸、盗贼、流氓、地痞、赌棍、杀人犯……他们杀戮的对象，也未必全是贪官污吏，更多的是无辜百姓，甚至是同类火拼。

如武松醉打蒋门神，不过是"黑吃黑"。双枪将董平看上程太守之女，太守不允，他竟然为此"径奔私衙，杀了程太守一家人口，夺了这女儿"。把这种人也列为"好汉"，不知是何道理？！更讽刺的是，对于皇帝、高官，他们并不真正反抗，那位迫害林冲的元凶高太尉，最终还是被毫发无损地放了回去。

他们确实劫富，却并不济贫。那所谓"智取"而来的生辰纲，被"英雄好汉们"瓜分了。吴用一语道破天机："取此一套不义之财，大家图个一世快活。"他们反抗起义，并不是要改变社会不公，只不过是取而代之罢了。

李逵说："便造反，怕怎地？晁盖哥哥便做大宋皇帝，宋江哥哥便做小宋皇帝……我们都做个将军，杀去东京夺了鸟位，在那里快活却不好，不强似这个鸟水泊里？"他的快活是什么？可以想象，他的"理想"如果实现，又会如何对待天下苍生。

说到"官逼民反"的典型——林冲，确能引起无数同情。但从全书来看，真正如此者极少。或本就是亡命之徒，犯罪后为逃避拘捕才入伙；或本无心却硬是被"梁山好汉""逼上梁山"，而且手段还极为卑劣。

比如为了让朱仝上山，吴用故意叫李逵杀害了知府之子"小衙内"，逼得朱仝"只得上山坐把交椅"。那"小衙内"不过是一个年仅四岁的孩子，却被李逵以板斧将头劈成两半。为了让秦明入伙，宋江更是指使燕顺、王英带领人手将青州城外"烧做白地"，"一片瓦砾场上，横七竖八，杀死的男子妇人不计其数"。

这种反人类的残忍卑鄙的所谓"逼上梁山"，有什么典型意义和价值可言？！难怪余老师要用这节课来反复强调真"逼上梁山"的林冲与那些假"逼上梁山"的"好汉们"的区别所在。

另外，《水浒传》对女性的观念也是极为腐朽的。全书充斥着"红颜祸水"的暗示。即使是林冲的故事，不也是他那个颇有姿色的妻子引起的吗？而"英雄好汉们"可以轻易地站在道德制高点上剥夺她们的一切权利，甚至性命。

被杨雄挖取心肝并肢解的潘巧云所犯下的罪过是"淫"——女子有一点点性需求都是该死的。反观梁山仅有的三位"女英雄"，孙二娘、顾大嫂是开黑店的，扈三娘本也是地方恶霸的一员，父兄都为梁山集团所害，但她竟然接受了宋江的安排，拜宋父为义父，还被迫嫁给了武艺低下、好色丑陋的王英。

以上种种，都反映出《水浒传》的不少内容在价值层面不但与现代文明相背，甚至与中国古代主流文明也是格格不入的。价值观层面是基础教育中衡量经典的重要依据，那么在《水浒传》的教学过程中，内容重点到底应该如何安排，确实需要好好"思辨"一番。

2. 从人格培养的意义上，本课值得商榷

如前所述，《水浒传》尽管在价值观层面瑕疵甚多，但它自有学术和文学审美方面的价值。从中学语文教学出发，《林教头风雪山神庙》有很多值得研究学习之处，比如语言描写、林冲性格发展变化、小说情节冲突的巧妙设置等。

余老师对"思辨性阅读"有过一个定义："指导学生以批判的态度阅读文本"。我想，以这个标准来看待《林教头风雪山神庙》，那么教学目标至少应该是通过引导，让学生质疑并思考：为什么一个善良的、循规蹈矩的、有着光明前途的人在没有犯任何错误的情况下，最终家破人亡，被迫成为一个强盗。这就要求教师能引导学生读出文本背后的信息，关注主人公命运发展变化的关键。

余老师这节课所展现的"思辨"，不过是在区分谁杀人杀得比较合理，可以被原谅，并且以自己的阅读体验（实际上是一种个人意见）上升为知识能力。而对于暴力本身，并没有进行反思，仅仅是在寻找暴力的合理性。

甚至退一步说，我认为暴力在《水浒传》中也并不是最关键的要素，因为起初作为话本，它必须吸引听众来消费，而艺术作品的特征之一，就是实现日常生活中难以达成的想象。为此作者加入了大量极富刺激性的杀人场面，其中还不乏对虐杀细节的描摹，这些显然不是小说的主题，而仅仅是一种辅助的枝节性的内容。如果课堂教学过多聚焦于这些内容，并且以杀人合理性来区分所谓"英雄"和"好汉"，只能说是本末倒置。

教学首先要明确教学目标是什么，出发点是什么。语文课的主要任务之一，是培养学生健全的人格，使之成为对社会上诸多现象具备独立思考能力的公民。在这点上，大力倡导"公民写作"的余老师想必是有共识的。朴素的正义感人人都有，就看能不能通过教育，使人变得更文明、更理性。基于此，我认为这节课从学生人格培养的意义上来说，是值得商榷的。

平心而论，这堂课也不是没有思辨，问题是设计的思辨空间太窄。学生只能在教师设定的"英雄和好汉的边界"这样一个框架里思考，因为没有给学生更大的思维空间，不但缺少一种张力，而且容易陷入偏颇。于是，学生头脑首先被暴力冲突的种种细节占据；其次，在这样情绪化的情境下，学生的感受是，被压迫者似乎只有做"英雄"和"好汉"两种选择，除此之外，没有机会去讨论是否有其他选择。

3. 寻找更文明更人性的道路

在我看来，这节课其实可以思辨的问题有很多。

首先，如前所述，在什么意义上把《水浒传》作为经典，本身就是一个值得思辨的问题。在专制统治下，底层百姓诉求无门，只有两种选择：要么做顺民，寄希望于有清官或者好皇帝来拯救自己；要么就做暴民，变成打家劫舍的"好汉"，利用暴力来对抗秩序。如果选择后一种，就会在杀戮成性、随意犯罪的黑暗道路上越走越远。因此，从根本上说，上梁山不是英雄之举，只能说是亡命之徒寻找最后的庇护所。

当然前文已提及，和其他"好汉"的恶行相比，林冲上山的确是值得同情的。因为在生命被威胁的情况下，自卫杀人没有道德意义上的对与错，只是逼到绝境的别无选择。但同情是一回事，歌颂是另一回事。对于那些"不得已""情有可原"的"坏人坏事"，我们可以同情，可以理解，但是没有理由去歌颂。

因此，我们应该看到，林冲上梁山的过程，不是一个"英雄"的成长史，而是一个好人、一个本来前途无量的青年中层军官，在不合理的制度下，被逼无奈堕入社会深渊的人生悲剧和社会悲剧。我们尤其需要反思的是，为什么在这样的制度下，会产生"高太尉""高衙内"，会让好人变坏，善人变恶。

在这个问题中，最沉重也最值得"思辨"的是，如果在今天，遇到社会上的不公的时候，我们又能怎么办。如果这些问题没有得到反思，像林冲甚至像李逵这样的"英雄好汉"还会再度出现。

从这个意义上讲，林冲的命运，乃至梁山好汉的命运的确值得我们思考。然而我们要做的不是把这些人区分为"英雄""好汉"，去赞美或贬抑，而应该是去寻找一条不一样的道路，一条更文明、人性的道路。

我们是不是可以让学生拓展一下，读一读甘地和曼德拉？让他们知道这世上也有人是用非暴力的方式来反抗的，还有人甚至愿意宽容迫害自己的人。我们要让学生明白，并不是只要自认为结果和动机是正义的，就可以肆意地站在所谓正义、英雄的立场上去伤害别人。实现正义，其手段也必须是正义的，即所谓"程序正义"。

4. 关于"批判性思维"

最后要探讨的，是当下我们究竟如何来进行思辨性阅读教学。上引余老师对思辨性阅读的定义中特别提到了批判性，这两年批判性思维或批判性阅读的概念在中学语文教学里也大量使用，这是一个极为复杂的问题。

德尔菲报告将批判性思维定义为"一种有目的的、自我校准的判断"，"这种判断导致解释、分析、评估、推论及对判断赖以存在的证据、概念、方法、标准或语境的说明"。

这里将批判性思维视作一种反思式的思维过程，而另外一些研究则从思维者情感态度的角度来描述。无意做概念的剖析，我想指出的是，批判性思维乃至思辨性阅读应该包含两个维度：第一是强调思维过程的反思性，第二是强调理性态度的重要性。语文学科的内容决定它往往是感性特质的，因此在语文学科内强调批判性思维主要就是让学生能够形成对于知识生成过程诸环节要素的敏感性和反思习惯，在面对某种知识或意见时，能对其本身的可靠性进行独立的、有条理的分析与考察。

我以为要让学生形成这一思维习惯，教师首先就应该看到课文中本身存疑之处。就我个人而言，每次拿到课本，我会先对那些"经典"课文进行反思，或教或不教，然后才是怎么教。我会在学生充分讨论的基础上，坦率地告诉学生自己对一些文章的不同思考。

如梁衡的《跨越百年的美丽》塑造的居里夫人的形象，极不真实，把爱美、追求幸福跟崇尚科学对立起来，这完全是一种误解和误导，也不符合历史上真正的居里夫人，只不过是宣传某种禁欲主义的观念罢了。我也曾经指出，历史上的李白具有绝对的诗才，但他并非治国安邦之才，他的性格也不像他自己所说的那样有骨气，实际上为了做官，他一直都在"摧眉折腰事权贵"。对鲁迅的《拿来主义》，我也曾与学生们一起探讨逻辑上存在的混乱。这些看似惊人的观点，是我基于大量背景、资料等考证，在独立的解读基础上得出的，是基于常识和理性的思考。结论可以商榷，但是希望展现给学生的是这个思维的过程，要求学生养成质疑的精神和科学的态度。

说到底，经典之所以为经典，就是要让众人讨论，经得起历代的批判。就连王羲之《兰亭集序》这样的名篇，也曾被施蛰存先生批评为"七拼八凑，语无伦次，不知所云"——虽然本人不同意他的看法。可见越是经典，就越要容得万家之言。我们教学生思辨，就是要扩展他们思考的空间，让他们思维的全部过程得以展现，然后才谈得上深化和升华。我把这叫作培养学生"独立之精神，自由之思想"。

二、关于《水浒传》的阅读与教学，兼与黄老师商榷（余党绪）

我和黄老师的分歧，集中在三个问题上：《水浒》今天还算不算经典，

《水浒》能否进入教学，应该怎样分析林冲这个人物形象。

1. 经典不仅关涉价值，还关涉事实

《水浒》是不是经典？黄老师在评课时持断然的否定态度。我觉得，经典不仅关涉价值，也关涉事实。《水浒》在文化观念和生命态度上存在严重问题，我和黄老师的看法是一致的。其实，但凡有点现代人权、民主和法治常识的人，都不会无视其触目惊心的血腥、暴力和野蛮；即便按照儒家的仁爱观念看，《水浒》也缺乏必要的道德基础。当初刘再复、王学泰等学者给《水浒》"消毒"，著作问世时尚能引起一些波澜，而今这些看法已渐成共识，足见中国社会这些年来的进步。黄老师否定《水浒》的经典地位，主要是基于这些看法。

"经典"是一个历时性的概念，其内涵之复杂可以想见。如果仅以作品所宣扬的观念尤其是某一个维度的观念作为标准，那么，几乎所有的经典都是值得怀疑的，包括黄老师推崇的《论语》。黄老师主张"把学生教得像一个人"，我读黄老师的文章，听黄老师的课，深感黄老师要教的那个"人"，是一个独立、自主、有创造精神的现代人。显然，这与《论语》所构想的"仁人君子"还是有些差别的。但谁能如此苛求两千多年前的孔夫子呢？谁又能由此否定《论语》的经典地位呢？

从价值观念上辨析甚至否定《水浒》，并不足以撼动《水浒》事实上的"经典"地位。经过几百年的传播，《水浒》的故事、人物、观念乃至语言都已渗透到民族文化与现实生活中，有着深广的文化影响力。这是一个事实判断。我想表达的是，无论这是好事还是坏事，是积极的还是消极的，这都是事实。对内容如此芜杂却流布广泛的《水浒》，若我们只图将其逐出经典而一快心事，不仅是无效的，恐怕也是无益的。当然，黄老师后来也修正了自己的一些看法，强调了《水浒》在学术和审美意义上的经典价值。

对待传统文本，我们需要一点"拿来主义"的意识和勇气。黄老师在评课中也批评了《拿来主义》。我倒觉得，除了鲁迅惯常的杂文笔法可能招致当代读者的某些不快之外，他关于文化开放的思想至今看来依然是非常智慧的。"拿来主义"与"中体西用"的保守逻辑不同，与日常习用的"取其精

华，去其糟粕"的逻辑也不一样。所谓"取其精华，去其糟粕"，必须得有一个先在的判断标准，以此来决定精华与糟粕的取舍。比如，鱼翅，姨太太，鸦片，烟枪，到底是糟粕，还是精华？如果先有了自己的标准，那结果，必然是"顺我者"精华，"逆我者"糟粕。今天想吃鱼翅，鱼翅便是精华；明日想娶房姨太太，姨太太就不再是糟粕。鲁迅批驳的，就是这种文化上的专断与保守；而鲁迅主张的，就是不管三七二十一，先要"拿来"，然后在实践中加以选择、消化和扬弃。

黄老师批评说，"拿来主义"其实是可以当枪使的。每个人都可以把自己讨厌的东西说成是姨太太，把自己喜欢的说成是鱼翅，把自己想要又不敢要的说成是鸦片。首先，别人把鲁迅当枪使，这不能怪罪鲁迅。其次，黄老师所批判的"拿来主义"，似乎不是鲁迅的本意，更多的还是黄老师自己的"理解"。在本次评课中，黄老师反复批评我将李逵当"好汉"，批评我将梁山人物简单地分为英雄与好汉，等等。其实，无论是在本次教学中，还是在日常表达上，我都固执地认为李逵就是个彻头彻尾的恶人，梁山上的绝大多数人不仅不是英雄，连好汉都算不上。我心悦诚服加以肯定的，只有林冲一人。[①] 或许是我教学处理上有疏漏吧，黄老师"误解"了我的意思。

鲁迅的"拿来主义"，否定的是那种先入为主的文化态度，张扬的是一种自信和开放的文化姿态。对经典，也需要一点"拿来"的气度。读经典，并不是因为它都是"正能量"，都是成人成己的真理，都是救国救民的良方，而在于它所提供的文化信息与生命信息，能够让我们与之展开有价值的、有结构的对话，并从中得到多元的借鉴和启发。

当然，经典并不是一成不变的。或许有一天，《水浒》真的淡出了人们的视野。如果真是那样，也未必不是一件好事。

2. 童话养育不出现代公民

承认《水浒》是一部有严重问题的经典，那么，拒绝《水浒》这样的作品进入教学，是否明智呢？我的答案是否定的。《水浒》是一个客观存在，

---

① 参见：余党绪《经典名著的人生智慧》（修订本），上海教育出版社 2019 年。

你拒绝不拒绝，它都在那里。《水浒》一直被选入教材，课标将其列入初中生阅读的推荐书目（这一点，我也认为值得商榷），像《鲁提辖拳打镇关西》《林教头风雪山神庙》等篇目，反复出现在各种版本的教材中。事实上，将《水浒》逐出教材的声音也一直存在，但并未从根本上动摇它在教材中的地位。这不能简单归结为人们的观念落后，或者胆识不足，这恰好说明了《水浒》作为文学经典的复杂性以及人们对其认知的复杂性。因此，简单的拒绝和否定，我认为并不可取。

基础教育应该为学生发展奠定文化、人格和精神的基础。我们的责任在于帮助学生理解，帮助学生选择，帮助学生成长，而不是代替学生理解，代替学生选择，代替学生成长。因此，应该在法律、道德与社会习俗的底线之上，尽可能给学生提供多元的阅读内容和多元的文化滋养，让学生在复杂的文化矛盾与冲突中学会思考，学会判断，学会选择。黄老师基于个人的教育理想和文化理想，试图按照自己的理解，给学生建构一个只有阳光、空气和水的温室，将雾霾、粉尘和垃圾都给清除掉。这个出发点是值得我尊重的，因为教育确实应该保持必要的乌托邦，让学生与社会保持一定的距离，与现实保持适当的疏离，在相对单纯和理想的环境中成长。但问题是，这个"乌托邦"应该保持在必要的限度之内。否则，当我们将学生与那些我们认为有害的东西隔绝开来的时候，我们也就剥夺了孩子们直面现实与真相的机会，也因此而使他们失去了思考、理解和选择的机会，这样的学生，最有可能患上精神软骨病。一个在美妙的童话中长大的孩子，能否养育出强壮的文化人格？独立自主，责任担当，批判精神……这样的现代公民能在温室中培养出来吗？

何况，谁敢保证自己精心营造的文化环境，一定能满足时代、社会和孩子的需要呢？教育不是万能的，而教师个体的局限更是显而易见。摒除自己不认可的内容，只给学生提供自以为有益的东西，按照自己的理想和自我的逻辑去"塑造"学生，这样的教育，必然有一个先在的假设：教育是万能的，教育者就是真理的化身，所以，任何越过了认知范围和价值判断范围的东西，都要屏蔽在外。但是，谁能保证这不是一种可爱的"偏见"呢？

黄老师在评课中说，他拒绝教《林教头风雪山神庙》这样的课文。他说，视而不见本身也是一种态度。的确，沉默也是一种语言。何况，教与不教，这也是教师的自主权，别人无权干涉。但我认为这不是唯一正确的做法。相反，直面文本，直面文本中的破绽与矛盾，引导学生分析和理解这些问题，更有其积极意义。正像黄老师介绍的《跨越百年的美丽》，这篇文章结尾的那些议论，确实暴露了作者在思想观念上的诸多缺陷，譬如机械的二元对立逻辑（"有的人止于形，以售其貌；有的人止于勇，而呈其力；有的人止于心，而有其技；有的人达于理，而用其智"）。如果教师不去做细致的"去蔽"工作，学生可能会一直被这些深藏在语言中的逻辑毛病和观念陷阱遮蔽下去。[①]

比起无视，直面有时候需要更多的良苦用心。我相信，这样的良苦用心，或能激发学生更真切的思考。

3. 生命之殇：英雄与好汉的界线

最后一个问题，如何看待林冲这个人物形象。

我这节课的设计，是基于沪版教材《林教头风雪山神庙》的一个练习：

> 金圣叹说："《水浒》所叙，叙一百八人，人有其性情，人有其气质，人有其形状，人有其声口。"同是英雄好汉，但各人的身份、特点以及上梁山的方式均不相同，试从《水浒传》中选出另一位英雄跟林冲进行比较分析。

如此干脆地将"一百八人"称作"英雄好汉"，这让我不能接受。在我的理解中，《水浒》中能够称得上英雄的，恐怕只有林冲一人，鲁智深尚能算义勇侠客，武松勉强算个好汉。李逵之流，那就是地痞和恶棍。教材一概称他们为"英雄好汉"，激发了我讨论"英雄"与"好汉"的欲望，我希望借此教学来给《水浒》"消毒"。在传媒发达的今天，我和学生经常看到各种虐杀的信息：杨佳袭杀警察，马加爵杀戮室友，郑民生刀砍小学生，韩磊摔死幼儿，陈严富砍杀师生，还有一桩一桩的灭门惨案……我们几乎已经麻

---

① 参见：余党绪《呼唤课堂理性》，《语文学习》2006 年第 9 期。

木了。这一股杀戮之气、血腥之气究竟从何而来？我不能说与《水浒》这本书有什么直接关系，但这蔑视生命、发泄仇恨的暴戾之气，与鲁迅所批判的"水浒气"有没有关系呢？与我们对英雄、复仇、造反、杀戮、江湖义气的理解有没有关系呢？

面对《水浒》，思辨，或许比无视更有价值。

我的逻辑是，在一百零八将中，林冲才是有着正常的生命感觉和正常的生活热望的人。他一忍再忍，直到忍无可忍，不能简单理解为懦弱、逆来顺受，这是一个渴望正常生活的人的正常选择。他最后忍无可忍，不得不杀了仇人，足见社会之邪恶，足见恶人之不可恕；但他并不因此就滥杀无辜，他守住了为人的底线。而这一点，恰恰是同样一忍再忍最终忍无可忍的武松堕入罪恶的地方（"一不做，二不休，杀了一百个，也只一死"）。我认为林冲有血性，也有理性；林冲冷血，但不嗜血。尊重生命的人，才称得上英雄；而武松，最终越过了这条底线，所以，好汉武松在"血溅鸳鸯楼"的那一刻，沦落为暴徒武松。如果这样的武松也算英雄，那么，人性何在，天理何在？我让学生直面小说中的杀戮行径和行凶场面，黄老师持有异议。我理解黄老师的一片苦心，但我想说的是，我的教学对象都是年近 18 岁的高三学生，《水浒》的暴力描写本身又是个客观存在。以前我们可禁、可删、可改写，而今，谁还能彻底屏蔽掉这些内容？重要的是，我们应该以什么样的眼光去看待这样的暴力！

我设计的意图很明显：无论是谁，无论你功业多么伟大，无论你多么神武英明，无论你有多少冠冕堂皇的理由，如果不尊重生命，敬畏生命，那么你就不配称为英雄。鲁迅在他的《拿破仑与隋那》中感慨：横扫欧洲的拿破仑，屠戮的生命何止千万；牛痘接种创始者英国医生隋那，从"天花"手中拯救的生命又何止千万。悖谬的是，拿破仑被我们奉为英雄顶礼膜拜，而以救人为己任的乡村医生隋那，有几个人还记得他？

我觉得，在文学与历史领域，如果不能确立一个基本的人道底线，那么，孩子们在无数次的反复与强化后，将会混淆英雄与恶棍、英雄与独裁者，这是很可怕的。我在几所中学做关于《水浒》的阅读辅导时，已经感受到了这种混乱。有的学生认为李逵真的很可爱，是"一片天真烂漫到底"，是"天机所发，触处成趣"，是"梁山泊第一尊活佛也，为善为恶，彼俱无意"。我不知道这些天真烂漫的孩子究竟是道听途说人云亦云，还是心有灵犀有所共鸣！此时此刻，他们忘记了人是有思想的动物，有灵魂的动物，有精神的动物，有教养的动物，人的高贵正在于此，人的价值也在于此。人是能主宰自己的动物，如果为善或为恶都出于"无意"，人与猪狗还有何异？

在教学中，我表达了我在认知和情感态度上的变化：对林冲，以前我"怒其不争"，现在我发自内心地欣赏；对武松，以前我欣赏他快意恩仇，现在我厌恶他滥杀无辜。

我和黄老师的分歧，首先便是黄老师完全否定了林冲的血性。他认为，从本质上看，林冲也是个杀人犯，我对林冲杀人行为的谅解与宽容，是对暴力的美化，由此质疑我的教学是否会误导学生。我的观点是，我们不能简单地否定人的血性。一个没有血性的人是懦弱的，一个没有血性的民族，也注定是没有尊严的。林冲三番五次被"打出常规"（孙绍振语），落入绝境，我们还要求他恪守理性与法律，这难道是人道的吗？这是不是对恶的纵容？黄老师举出曼德拉的例子，言下之意是：曼德拉不是做到宽容了吗？是的，马丁·路德·金的实践，曼德拉的伟业，都给我们昭示了人类的另一种斗争法则。但黄老师似乎忘了一点，这是元末明初施耐庵写的宋朝林冲的故事。怎么能用基督教化的忍让去要求一个宋代的林冲？西方人读古希腊神话，读《荷马史诗》，以至于读莎士比亚的戏剧，也是用现代法治民主观念去读的吗？我们可以指责中国文化缺乏更高的超越精神，但是，这就是事实；我们也应该培养年青一代多一点超越精神，这是我们的使命。但我们能因此而否定林冲的血性吗？

有人说中国人有三个梦，所谓的明君梦、清官梦与侠客梦，以此嘲弄中国人懦弱、糊涂和缺乏血性。其实，我们从来不乏用生命捍卫尊严、用鲜血维护道义的英雄。就林冲而言，他值得我肯定的，不是他最终杀了人，不是他杀陆谦时的那种残忍和决绝，而是他在法律与理性的框架内保持了最大的克制，尽了自己最大的努力，给了生命最大的敬畏和礼赞。黄老师也承认，林冲是梁山人物中唯一一个被"逼上梁山"的人。既然如此，我们何须再苛求这样一个值得悲悯的英雄呢？

讨论一个人，讨论一个文学形象，必须把这个人当作具体的"人"，而不是一个抽象的概念。我们不能先设定了一个抽象的人，把包括人的七情六欲在内的人性内容全部抽空，只剩下我们所理解和认可的"理性"，并以此作为检验和评判所有人的标准。于是，任何不合"理性"的地方，都被赋予消极的意义；任何超越我们所能容忍的理性限度的，都加以否定。如果这样对待文学作品，还要文学干什么呢？我们只需去恭读法律条文，恭听修身养性的圣人教诲就是了。

这让我想起了关于《三国演义》的一个评价。有人说《三国演义》中没有一个好人，那些意在图王的霸主们，哪一个能给人民以真正的民主与自由？这话没错，但按这个逻辑，《三国演义》最好的归宿，就是一把火烧了算了。

黄老师下课时问了我的一个学生：如果你是林冲，你将怎么办？学生半开玩笑地回答：像林冲那样。黄老师以此来说明我的教学取向有问题。首先，我觉得这样的反馈还是有点简单化；其次，我也想问问包括黄老师在内的所有的人：如果我们不幸遭遇了林冲的遭遇，我们该如何选择呢？

第五讲

整本书阅读的课程化及其学理考查

一、整本书阅读要不要课程化

讨论整本书阅读教学，课程化是个绕不过去的问题。不大有人反对整本书阅读，但确有很多人对课程化持有疑虑。这其中，统编中小学语文教材总主编温儒敏老师的观点影响很大。关于课程化，温老师有很多表达，总体倾向是一致的，如"我不太主张名著阅读（整本书阅读）课程化"，整本书阅读"千万不要太过课程化"，还提出整本书阅读要"降温"等。我想，温老师要"降"的，肯定不是学生读整本书的"温"，这与其教育理念不符。他说："提高语文教学效果有各种各样的办法，但最管用的是读书，是培养读书兴趣，这是关键，是'牛鼻子'。"[①] 那么，温老师要"降"的，就只能是课程化的"温"，是整本书阅读教学的"温"了。

在语文教学改革中，温老师坚守常识，他的理性精神与稳健态度对于课改有着特殊意义。整本书阅读的推进，积极进取当然重要，而稳妥或许更难，这样才能避免大干快上式的一哄而上、一哄而"下"乃至一哄而散，以往这种运动式课改留下的教训也不少了。在语文课改历经多轮反复而最终证明收效有限的情况下，整本书阅读抓住了"读书"这个语文教育的关键（即温老

---

① 温儒敏：《温儒敏谈读书》，商务印书馆 2019 年，16 页。

师所说的"牛鼻子"），回归语文教育的朴素传统，自然引发了社会的广泛共鸣。同时，整本书阅读也激发了很多一线教师的热情。长期以来，在没有课时保障与课程支持的情况下，他们怀着对名著阅读的热情，引导学生课外阅读，还开展了一些力所能及的教学；而2017年《普通高中语文课程标准》将整本书阅读作为第一个学习任务群，让名著阅读从课外走进课内，自然让这些"吃螃蟹"的先行者们兴致勃勃。而且，在国家推动"全民阅读"的背景下，政府部门与社会组织对整本书阅读也加以渲染，以此助推社会阅读。一时间，整本书阅读成了人们聚焦的热点，看起来好像热火朝天。温老师此刻提出降降温，不要头脑发热，可谓用心良苦。

温老师谈语文，主要着眼于读书；温老师谈读书，主要着眼于学生的阅读兴趣。说这是温老师语文教育思想的立足点，应该大体不差。温老师对整本书阅读及其课程化的疑虑，立足点也主要在阅读兴趣上。我梳理了他的相关言论，大致可归纳为三点：

第一，整本书阅读的价值，在于培养学生终身阅读的兴趣，不必负载太多功利目的，而应让学生充分享受阅读的乐趣。他甚至提出"对孩子而言，阅读应当是快乐至上的"[①]。值得注意的是，温老师所说的"功利"，不仅包括世俗意义上的物质利益与考试分数，也包括学科范畴的知识教学与能力训练。比如针对"不动笔墨不读书"的说法，他提出"处处扣着写作来阅读是很累的"[②]。确乎如此。读写虽为一体，毕竟各有其道，非得处处关联，时时挂钩，既不现实也无必要，还可能导致学生对阅读的厌恶，结果既损害了阅读，也损伤了写作。

第二，在阅读指导上，少一些规定动作，少布置"活动"与"任务"，多给学生自由，包括书目选择、阅读方式、阅读过程与阅读结果（即理解）的自由，核心精神就是减少课程介入对自由阅读的干预，减少集体教学对自主阅读的干扰。事实上，阅读不仅是语文的事情，也不仅是课内的事情，将所有的阅读都纳入指导范畴，这是不必要的。温老师主张多读点"闲书"，

---

① 温儒敏：《温儒敏谈读书》，商务印书馆2019年，4页。
② 温儒敏：《温儒敏谈读书》，商务印书馆2019年，67页。

"少点功利"，与课程化并不构成矛盾。纳入教学的，就该考虑课程化，以保证教学质量；该自由阅读的，就尊重学生的兴趣，让它成为学生"自己的园地"。

第三，不要用不合理的题目与测评败坏了学生的阅读兴味。温老师反复提醒，刷题不能代替读书，测评更要慎之又慎。从已有的《红楼梦》等测评情况来看，我们对相关测评还存在很多认知盲区与误区。[①] 毫无疑问，温老师的反复提醒，抑制了不少人用"指挥棒"来"制造"整本书阅读热潮的冲动。差之毫厘，谬以千里，测评事关重大，不可不慎之又慎。

尽管如此，温老师并没有否定课程化，更没否定教学。他说："整本书阅读教学效果好不好，就看学生是否爱上读书，自己能找更多的书来读，而且多是整本书阅读。"[②] 教学还是要的，目的在于让学生"爱上读书"，未必要拘泥于某本书的精耕细作。温老师还主张读书要"连滚带爬"，有人据此说温老师反对整本书阅读教学。但事实上，温老师原话是这样的："不要每一本书都那么抠字眼，不一定全都要精读，要容许有相当部分的书是'连滚带爬'地读的，否则就很难有广泛的阅读面，也很难培养起阅读兴趣来。"[③]这里讲的是精读与泛读的选择，主张"相当部分的书"可以泛读，并没说每本书连滚带爬即可。其实，温老师也主张有些书是"要啃"的。他说："经典因为有时代的隔膜，年轻人阅读比较困难，要不断克服某些阅读障碍，其丰富的内涵也需要认真反复地发掘体味，这都不会是像阅读流行小说那样痛快的。必须先要有'啃书'的思想准备，克服那种浅尝辄止的毛病，才能真正进入良好的阅读状态。"[④]

之所以讨论"课程化"问题，实在因为这是整本书阅读教学必须解决的一个前提性问题。所谓课程化，就是站在育人的高度，基于教学的规律，对教学价值与内容的理性设定，对教学方式与结果的合理预设，以达成"合目

---

① 参见：余党绪《无可挽救的颓败　无处安放的青春——整本书阅读之〈红楼梦〉（五）》，《中学语文教学参考》2022 年第 28 期。
② 温儒敏：《温儒敏谈读书》，商务印书馆 2019 年，65 页。
③ 温儒敏：《温儒敏谈读书》，商务印书馆 2019 年，30 页。
④ 温儒敏：《温儒敏谈读书》，商务印书馆 2019 年，79—80 页。

的性"与"合规律性"的统一。课程赋予教学行为以价值，以意义，以规律。要"纳入教学"，就必须有相应的课程考量；有课程设计，才会有合理的教学行为。课程化肯定会抑制个体的意志与自由，但前提是对学习主体的尊重，对教学规律的顺应。没有课程的保障，教学只能各自为战，看起来繁花似锦，实际上镜花水月。有了课程的考量，教学才有了评价与改进的依据，才有了批评与交流的基础，才能求同存异，凝聚共识，不断前行。几十年来，语文课改多是热闹一阵子，又归于寂寞；进一步，又退两步。说到底，就是因为在语文的课程性质上共识不够。缺乏共识基础的课改，必然沦为跷跷板式的折腾。

整本书阅读并不是泛义上的阅读，作为课标设定、教材落定的教学任务，它的课程性质不言而喻。在特定意义上，否定整本书阅读的课程化，一线的课程设计与教学探索就失去了合理性。在当下的教育环境下，整本书阅读的开展举步维艰，如果其教学的合理性还存有争议，无异于釜底抽薪。这恰恰是很多先行先试的老师们所面临的窘境。现在的一线有点茫然，教也不是，不教也不是。与其这样半推半就，欲迎还拒，倒不如回到以前的课外阅读状态，至少还有自由选择的快乐与坦荡。多少年来，有那么多人，默默地探索名著阅读。他们并不是为了践行课标，或落实文件，不过是无法忘却名著阅读的梦想而已。

事实上，所谓整本书阅读"热"也只是个表象。从学生阅读与教师教学看，"热度"都还谈不上，更谈不上"降温"。无论学生还是老师，对整本书阅读的热情总体不高，这才是事实。但造成这个局面的，肯定不是课程化，更不可能是过度课程化。课程化尚处在起步阶段，它面临的是合理与否的问题，而非过度与否的问题。进一步说，不读书，这首先是一个社会问题，然后才是一个教育问题。要唤起一代人的读书热情，也不是课程化就能解决的。在读书问题上，教学只能承担教学应该承担的责任。

兴趣与课程的关系也要辨析。在具体教学中，兴趣与教学的矛盾始终存在。之所以要读《乡土中国》，读《红楼梦》，并不是因为学生有兴趣，而是因为这些书具有无可替代的文化意义与教育价值。然而，正如温老师所说，因为"时代的隔膜",因为"阅读障碍"的存在,学生对它们的兴趣可能反不如那些"流行小说"。正如赫塞所说,"我们先得向杰作表明自己的价值,才会发现杰作的真正价值"。学生对名著不感兴趣,除了个体的心理与性格特点,更主要的恐怕还在于缺乏与经典相匹配的价值诉求、知识结构和思维素养。在经典名著的阅读上,我们或许该换个思路:不是因为学生有兴趣才教学,而是通过教学来激发他们的兴趣,通过理解来培养他们的志趣。正如温老师所说:"读书的兴趣需要长期培养,需要磨性子,是一个漫长的涵养过程。"[①] 若课程扼杀了学生的阅读兴趣,那是课程本身的缺陷,而非课程化的原罪。

在整本书阅读课程化的探索中,人民教育出版社中学语文编辑室做了很多有益的尝试,他们率先推出"名著阅读课程化"读物,开整本书阅读课程化之先河。中语室原主任、中语专委会理事长王本华老师说:"要把名著阅读作为语文课程的一部分,有规划,有指导,给时间,出成果,而不是把它当作可有可无的点缀,也不能在教学中放任自流,随意而为。"[②] 言简意赅地阐明了整本书阅读课程建设与教学实施的要求。

整本书阅读是语文课程的有机组成部分,课程化不是"要不要"的问题,而是该"怎么样"的问题。

二、整本书阅读课程化的学理思辨

整本书阅读是课标推出的学习任务群,这是它的基本属性。讨论它的课程化,应尊重这个属性,尽量克制个人的感受与偏好,多在教育政策与教学规律的公共平台上讨论,寻求对话与共识。在当下教育环境中讨论整本书阅读课程化,有三个维度必须兼顾,可视作三个学理依据。

一是课标关于整本书阅读的基本精神。课标界定了整本书阅读的目标、

---

① 温儒敏:《温儒敏谈读书》,商务印书馆 2019 年,196 页。
② 王本华:《名著阅读课程化的探索——谈谈统编语文教材名著阅读的整体设计与思考》,《语文学习》2017 年第 9 期。

内容及教学安排，这是整本书阅读的直接依据与标准。该读不该读，该教不该教，能教不能教，教到啥程度，课标都有明确说法。其实，对照课标，很多分歧与争论是没有必要的。比如要不要教学。课标在强调了"不以教师的讲解代替或限制学生的阅读与思考"之后，明确指出"教师的主要任务是提出专题学习目标，组织学习活动，引导学生深入思考、讨论与交流"。我看了一些反对教学的文章，发现分歧可能出在对"教学"的理解上。有人理解的"教学"，就是"教师的讲解"。那么，设计专题，组织活动，算不算"教学"呢？显然，不是整本书阅读不要教学，而是我们关于教学的观念需要更新。尤其是面对《红楼梦》这样的著作，必须承认，习以为常的那一套教法实在难以为继了。

在整本书阅读的教学目标上，课标不仅强调"经验"积累，也强调了"方法"建构。在表述上，经验与方法总是如影随形，前后呼应。经验是个体的，与主体的精神结构、心理特征、人生经历密切相关；同时，经验也是感性的，往往依存于具体情境，可意会而难以言传。与经验相比，方法则具有更多的公共性与规范性，可以离开具体的个体与情境而存在，便于借鉴，可以迁移。经验的丰富主要靠感受与积累，而方法的训练主要靠运用与转化。课标将经验与方法相提并论，显然是在强调，整本书阅读不仅要增加阅读体验，积累阅读经验，还应寻求个体经验的公共化，感性经验的理性化，掌握一些具有普遍意义的方法，从能力走向素养。

在文本理解上，课标要求也很明确，不仅强调"通读"，还要"理解"。尤其是对"指定书目"。比如长篇小说，课标提出要"反复阅读品味，深入探究"，"探究人物的精神世界，体会小说的主旨，研究小说的艺术价值"，显然是希望发挥名著阅读在学生的文化发展与精神成长中的积极作用，发挥其在语文核心素养培育中的独特价值。这就进一步凸显了课程开发与教学设计的重要性。

当然，就教材安排的《乡土中国》与《红楼梦》而言，要达到课标要求，难度确实很大。但做不到不等于不该做，做不到更不能成为反对教学的理由。这是两码事。若经调查与论证，确认《红楼梦》《乡土中国》不适合高中教学，可考虑替换书目，而不是将整本书阅读束之高阁。最糟糕的是，明明教材做了安排，而教学却可以堂而皇之地敷衍了事。这种形式主义大概不是人们所希望看到的。

二是"整本书"的特点。既然是整本书阅读课程化，当然要尊重"整本书"的特点。作为一个教学概念，整本书阅读主要区别于长期以来占主导地位的片段阅读与篇章阅读，除此并无更多内涵。基于这个术语，试图演绎出一套阅读教学的规律，多半是大而无当。课标给出的思路是分类教学，明确提出了"应完成一部长篇小说和一部学术著作的阅读，重在引导学生建构整本书的阅读经验与方法"。这个表述暗含了从"一本书"到"一类书"的建构逻辑。的确，与其泛泛地讨论整本书阅读规律，不如具体到小说类、学术类等具体类别，可望形成一些有用的具体方法。但是，从一本书到一类书，经验的迁移也隐含着诸多风险，运用不当，适得其反。经典名著的特点正在于它的独一无二性与不可替代性，即使同为"一类书"，彼此之间可以借鉴的方法也很有限。像《红楼梦》这样的作品，它的经典性并不能使之自然地成为阅读其他同类作品的"样本"和资源。相反，它的独特性倒很容易成为通向其他经典的障碍。阅读，面对的是具体文本；阅读教学，自然也必须从具体文本开始。

说到底，读好"一本书"才是根基。读好"一本书"，才谈得上读好"一类书"；为了读好"一类书"，也只有先读好这"一本书"，舍此别无他途，多想无益。总是冲着读"一类书"的经验而去，结果是既得不到经验，书也不可能读好。同样，总是冲着整本书阅读的教学规律去，而不愿意在"一本书"的教学研究上下功夫，好大喜功的结果必然也是劳而无功。

基于上述分析，聚焦"这本书"的内容与特点，发掘"这本书"独特的教育价值与内涵，是做好课程化的前提。我将其概括为"按照整本书的规律教，教出这本书的个性来"。

三是语文核心素养。作为语文的组成部分，整本书阅读归根到底要服务于核心素养的培育。我们向来重视名著阅读在涵养人文、陶冶情操上的"无用之用"（偏向于"审美鉴赏与创造""文化传承与理解"），而对它在读写与思维中的"有用之用"（偏向于"语言建构与运用""思维发展与提升"）则认识不足，甚至还有意无意地将二者对立。这也是很多老师不太重视整本书阅读的一个现实原因。事实上，整本书阅读的无用之用与有用之用是相辅相成的。没有语言与思维的根基，审美与文化的大厦也难以建成；没有审美与文化的超越导向，语言与思维的落实也会变得琐碎而贫弱。

整本书阅读面对的是大文本与复杂文本，宏观把握更重要，我提出"整本书阅读还得在'整'字上下功夫"[①]，强调的就是这一点。因此，要学会取舍，分清主次，抓大放小。篇章教学能解决的，未必要借助整本书，否则事倍功半；通过整本书阅读才能解决的，那就知难而愈进，或可事半功倍。但是，强调整体并不以牺牲局部为代价，强调系统并不以牺牲要素为代价。文本的所有意义都蕴含在细微的语言与细小的结构之中，再宏大的教育价值也只能来自文本，通过文本，依存于文本。

有些老师担心整本书阅读的宏观取向会削弱它的语文色彩，这个担心并非杞人忧天，但根源还在于我们的阅读观念。阅读的对象是文本，而非语言，这一点很多人是有误解的。语言是构成文本的材料，但在具体文本中，却因创造者而拥有了灵魂。当我们面对文本的时候，语言的内容与形式融为一体，统一于创造者的主体精神。非得将语言切割为音、形、义，或者将文本分割为工具性与人文性，文本必然被肢解为一堆毫无生机的材料，而文本的意义及价值也就无从说起。相反，如果确立了牢固的文本观念，养成了尊重文本的意识，将一切推断与结论牢牢地扣住文本，核心素养的培育就不会偏离正道，凌空蹈虚。

这就是整本书阅读课程化的三个考查维度。课程化的总体思路应该是：依据课标规定，基于"这本书"的特质，以核心素养的培育为旨归。

必须说，这三个要求没有一个是容易达成的。但是，若能确认整本书阅读及其教学的价值，我们就可以在具体的书目选择、具体要求、推进策略上持续着力。当然，若整本书阅读的价值终被证明是虚妄的，那就另当别论。

[①]　余党绪：《整本书阅读还得在"整"字上下功夫——詹丹〈重读《红楼梦》〉读后有感》，《中华读书报》2020 年 9 月 16 日。

三、整本书阅读教学实践的反思

课程化并不意味着把教学搞得很难，很复杂，或者僵化死板，而是要让它更合乎培育核心素养的目的，更合乎教育的基本规律，更合乎学生的实际状况。依据上述三个考查维度，检视目前的整本书阅读教学实践，有四个问题需要进一步探索。

1. 整本书阅读的教学价值，宜着眼于高站位

相对于篇章阅读，整本书阅读意味着更复杂的学习，理应花费更多时间与精力。但现实的尴尬在于，大家情愿将时间用来刷卷子，也不肯在整本书阅读上花工夫，给定的有限课时也多被蚕食。这显然与整本书阅读的价值定位相关。打个比方，如果学生从《红楼梦》中得到的，跟从篇章阅读中得到的相差无几，从效能角度看，我们就有理由质疑开展《红楼梦》阅读的必要性。列举读名著的一千条理由，也不如给学生一个具体可感的愿景。只有找到了《红楼梦》无可替代的教育价值，老师们才会心甘情愿地投入时间与精力；只有让学生感受到整本书阅读与素养发展之间的正向关系，他们才会投入更多心血。在这个问题上，没必要批评他们功利，这样的功利诉求本来无可非议。

整本书阅读的价值究竟是什么？

从学习经历看，彭正梅教授"打大仗"的说法值得关注。他说，只有经历了真正的战斗，人才能获得成长。"读一本书实际上就是一次战斗，你不断地在森林里寻找，然后才能打到猎物；而读一篇小文章，那就像是吃个小点心。"[1] 他还用"打大仗"比喻读整本书，用"打小仗"比喻篇章阅读，意思是再多的小仗也代替不了大仗，只有大仗才能带来"突变"与"质变"。若将《红楼梦》阅读比作"打大仗"，那它能给学生的语文素养带来哪些质的突破呢？它能给学生的思维方式带来哪些独特的冲击呢？它能给学生带来哪些革命性的人生启迪呢？"打大仗"的思路有助于我们精准定位《红楼梦》

---

[1] 邹一斌主编：《鲁迅的七堂语文课》，华东师范大学出版社 2022 年，88 页。

的教学价值。目前看，主导我们的依然是"打小仗"的思路，纠缠于"打小仗"，陶醉于吃"小点心"，结果必然是人困马乏，却带不来价值感。

从学习性质看，郭华教授的深度学习理论值得借鉴。郭华认为，深度学习是核心素养培育与发展的基本途径，是我国课程教学改革走向深入的必需。她特别强调，虽然深度学习的深浅是相对而言的，但学习内容必须具有挑战性，非经教学不能理解。[①] 这对于理解整本书阅读教学很有启发。《乡土中国》《红楼梦》的难度与高度绝非一般课文可比，放任自流，则阅读意义非常有限；只有借助专业的课程与教学引导，学生才可能克服价值观念、思维方式与知识结构上的缺陷，走到文本深处，触摸作品精华。

深度学习与"打大仗"的思路是一样的，都强调要发挥整本书阅读的复杂性与挑战性，在学生的学习经历与精神磨砺中留下深刻的印记，使之成为学生成长过程中的"关键事件"。这应该是整本书阅读区别于一般篇章阅读的重要特点。

2. 整本书阅读的教学内容，重在通读指导与总体理解

提倡"打大仗"与深度学习，并不是要一味地追求高度与难度，教学还是要立足学生实际，不能好高骛远，悬鹄过高。目前看，"通读原著"与"总体理解"依然是教学的重中之重。

如前所述，引导学生通读整本书，本身就是教学。通读《红楼梦》这样的书，不仅需要"阅读打卡"这种众所周知的管理手段，更需要借助专业的教学知识与技术，设置任务，提出问题，引导学生一步步走进文本，完成通读任务。这样的教学设计，同样需要教师的学术积累与教学想象力。

总体理解，是把握大文本的一般规律。像《红楼梦》这样的著作，内容复杂，思想多元，既不可能面面俱到，也不可能一劳永逸。这就要改变教学观念，放弃那种全盘占有、毕其功于一役的妄念。正是在这个意义上，温儒敏老师的"兴趣论"值得我们深思。经典是需要我们用一生的时光反复进入的文本，中学教学的目的，旨在开启经典阅读的大门，播下名著阅读的种子，

---

① 郭华：《带领学生进入历史："两次倒转"教学机制的理论意义》，《北京大学教育评论》2016 年第 2 期。

培养学生反复阅读、终身阅读的志趣。蒙以养正，教学重点应放在通识性与共时性的内容上，难、偏、生、怪的内容还是少涉及为好。

有一种现象值得关注。打着快乐阅读、趣味阅读、创造阅读的旗号，将不可靠的多元解读与无意义的学术争端引入教学，这是需要考辨的。水煮三国，戏说红楼，自娱自乐倒也无妨，但教学还是要保持基本的学术品质。一句话，阅读可以连滚带爬，但教学不可没头没脑。

强调通识与共识，其实给教师提出了更高要求。按照郭华教授"两次倒转"的深度学习机制，教师既要站在科学与理论的前沿，高站位，宽视野，明了知识的来龙去脉与价值意义，同时还要精通学习规律，为学生提供可行的方法指导与路径支持。就《红楼梦》来看，教师要密切关注《红楼梦》研究的成果与动态，摒除那些似是而非的所谓新见与异见，筛选出相关的通识与共识。这比那些借多元解读之名、行肢解文本之实的读法要艰难得多，也有意义得多。

需要反复强调的是，强调总体理解，与快乐的原生态阅读、充分的沉浸式阅读、有重点的文本细读并不构成矛盾。

3. 整本书阅读的教学方式，不妨在大单元教学上做更多探索

名著（整本书）是自然形态的大单元，整本书阅读具备大单元教学的所有要素、功能与意义。目前，围绕大单元教学的争议很多，但其理论出发点与现实针对性还是要肯定的。李松林教授认为，"大单元"教学的价值，在于改变目前教学中普遍存在的"散、低、浅"的现状，而这些与核心素养的培育是相抵牾的。[1] 语文教学长期存在着价值站位低、思维层次浅、知识散乱零碎等痼疾，大单元教学有助于改变这种低阶、低效的教学状态。但总体看，一线的大单元教学探索并不理想，相反还带来不少争议或非议。我建议，在大单元教学的推进中，应该多从观念上理解和借鉴，少从技术上强求与推广；不要急于确立新的教学范式，而应着眼于现有教学资源的改造与传统方法的借鉴，以减少不必要的震荡与摇摆。

---

[1] 李松林：《以大概念为核心的整合性教学》，《课程·教材·教法》2020 年第 10 期。

名著阅读蕴含着丰富的大单元教学资源。比起以篇章为基础的大单元设计，《乡土中国》《红楼梦》在大概念的挖掘与提炼、结构性学习的设计、关联与整合的思维训练等方面，具有得天独厚的先天优势。比如大单元教学与独立文本解读之间的关系，一直困扰着我们。现在的很多大单元教学，是以牺牲文本的独立意义为代价的。所谓的关联与思辨，受到外在目标与任务（大概念与大任务）的影响，先入为主的主观主义与"为我所用"的实用主义盛行，导致了对文本的割裂与肢解。多年前让于漪老师痛心疾首的"碎尸万段"式阅读，又借大单元教学之名沉渣泛起，这是值得警惕的。但在整本书阅读中，各部分、各要素之间的关联是先在的和有机的，统一于"整本书"的意义与主旨。只要有"整本书"的意识，尊重文本的客观性与独立性，关联的逻辑性与思辨的真实性就有了坚实的保障。我们有理由认为，整本书阅读可能是当下最便捷、最现实的大单元教学，通过整本书阅读来探索大单元教学，或许是震荡与风险最小的探索之路。

我在整本书阅读探索中，以"母题"作为大概念，在母题统领下设计"结构性专题"，围绕专题学习中的"关键问题"，引导学生展开基于文本的、有深度的思辨读写。"三题定位，思辨读写"的课程设计，可看作是一个大单元教学的框架。在具体的教学实践中，我也提出"小切口，大关联，强思辨，重整合"的教学思路，以体现大单元教学的理念。总之，所有的课程开发与教学设计，都是为了引导学生更好地读书，都是为了以精要的教学引领学生走进名著。

整本书阅读是复杂文本的学习，"思辨"尤应特别强调。经典名著内涵复杂，意义丰富，非思辨无以求真；传播久远，街谈巷议，道听途说，非思辨无以辨伪；影视改编、游戏恶搞，非思辨无以还原。以思辨介入整本书阅读，既是名著阅读的需要，也是培育核心素养的需要。

4.整本书阅读测评，应着眼于"整体"与"高阶"

作为课标设定的学习任务，对整本书阅读进行测评是必要的。测评是否合理，其要依然在于三个维度。测评重在一个"整"字，万不可陷入碎片化、片面化和表面化的误区。同时，测评应与"打大仗"、深度学习的定位相呼应，着眼于高阶能力比如思辨能力、整合能力、评价能力的考查，以彰显整本书阅读在核心素养培育上的独特价值。在测评方式上，信息的死记硬背必须杜绝，单一的知识识记尽量避免，测评的开放性与学术的合理性也应保持一致。

以《红楼梦》为例。江苏高考卷多年考查《红楼梦》阅读，题目多以"人物论"为命题点，前后涉及薛宝钗、贾母、刘姥姥、晴雯等。2013 年题目是这样的：

> 《红楼梦》中抄检大观园时，在入画的箱子里寻出一大包金银锞子、一副玉带板子和一包男人的靴袜等物，在司棋的箱子里发现一双男子的锦带袜、一双缎鞋和一个小包袱，包袱里有一个同心如意和她表弟潘又安写的大红双喜笺。入画和司棋分别是谁的丫鬟？在处置入画和赶走司棋时，她们的主子各是什么态度？

题目考查学生对迎春与惜春的理解。但凡通读过《红楼梦》的人，对迎春的善良与懦弱、惜春的孤僻冷漠与耿介孤直应该会有印象。她们的性格在"抄检大观园"这个大事件中得到了鲜明的表现。在命题者的诸多提示下，考生应能做出判断。这个题目重在考查学生的"通读状况"以及对人物的"基本理解"，方向值得肯定；它将人物置于具体的社会关系与具体情节中，旨在唤醒学生的阅读印象与记忆，其导向是理解而非死记，命题方式也值得肯定。相比之下，现在有太多命题，沿袭传统测评的思维惯性，考查学生能否记住金钗们及其丫鬟的名字，能否记住小姐们所居馆舍的美名，甚至要求学生一字不错地默写通灵宝玉上的八个字"莫失莫忘，仙寿恒昌"，宝钗金锁上的八个字"不离不弃，芳龄永继"。若是专业阅读，这样的要求自有其道理；但对于中学生而言，这不是要把学生逼进信息的汪洋大海吗？

江苏卷聚焦《红楼梦》的文本值得学习，但过分黏滞于文本，则难度可能脱离学生实际，有些命题的学理依据也显不足。如 2020 年的题目：

> 《红楼梦》第五十回"芦雪广争联即景诗　暖香坞雅制春灯谜"中，众人联句，起句为王熙凤所作，她说，"你们别笑话我，我只有一句粗话"，"就是'一夜北风紧'"。请结合这句诗简析王熙凤的形象。

这个命题可用"轻率"来批评。凭王熙凤的一句"诗"，就能"简析王熙凤的形象"？放在《红楼梦》文本系统中，这句诗确实能引发诸多联想；但孤零零的一句话，要分析人物形象，大概只能生拉硬扯贴标签了。对照其参考答案，也可发现命题的疏漏："诗句浅白，表明其学识浅薄；诗句能领起全篇，表明其聪明颖悟，有一定领导才能；诗句意境肃杀，表明其心怀忧惧。"俞晓红教授就此分析说：

> 第一句尤可；第二句分开看也不错，"诗句能领起全篇"和"聪明颖悟，有一定领导才能"都是客观存在的事实，但这两者之间并不存在必然的因果逻辑关系……第三句就更离谱，如果王熙凤真的"心怀忧惧"，而且还能出于个人意志、借助吟诗表达给众人听，那她就不是这样一个不识字、以中饱私囊为务的王熙凤，而是一个才富志高、贾探春式的形象了。[①]

确乎如此。其实，答案的第一句话也有问题。王熙凤不识字，"学识浅薄"，但这与"诗句浅白"之间没什么必然关联。学识渊博的人未必能吟出好诗，而好诗也未必要有深厚的学问。何况，"诗句浅白"也不见得不是好诗。艺术创作与学问之间的微妙关系，凭常识也能知道并非总是正向相关。说王熙凤"学识浅薄"没错，但这是整个文本系统告诉我们的，"一夜北风紧"这句话不足为凭。另外，每个人对诗句的评判标准不同。单就这句诗讲，或许有人认为王熙凤真是个天才，她虽然不识字，这句诗却是真的妙极！这样的题目既架空了文本，也架空了思维。想必学生要做的，就是将记忆中的标签　贴往此处而已。

归根到底，测评的内容和方式都服从于测评目的，还得回到课标。我将整本书阅读分为四个层次：通读，即读"整本书"；理解，读懂故事与主旨，强调个人的体验；思辨，合理地辨析与判断，追求理解的公正；创新，在前述基础上读出个性，读出新意。整本书阅读重在"阅读"与"理解"两个层面。第三个层次，有条件的学生可针对主要人物与关键情节，做一些体验性

---

① 俞晓红主编：《悦读红楼》，安徽教育出版社 2021 年，180 页。

的思辨研究。对于创新，保持开放的期待即可，不必刻意追求。与这四个层次相对应，我们在命制测评题时，也不妨问问测评所关注的阅读境界：

通读了吗？

读懂了吗？

读对了吗？

读出新意了吗？

测评之路，道阻且长，唯有秉持开放而理性的态度，才能积累经验，不断前行。

附教学随笔

《红楼梦》整本书思辨性阅读断想

一、从经典精读到整本书阅读

上海师大附中的《红楼梦》教学起步于 2000 年。这一年，刚上任不久的校长张正之委托我起草一个学校语文课程方案，其中的一个突破就是"经典精读"。从此，《红楼梦》等经典名著进入了附中课堂。2006 年，我对两轮实验做了阶段性总结。[①] 关于经典精读，文章是这样表述的：

基本理念：推荐在民族文化和人类文化中有原创意义和永恒价值的文学与文化经典，引导学生进行有效精读；充分挖掘和发挥经典著作的人文、艺术与教育价值；经典教学以原著阅读为主，采用多种辅助手段与材料提高教学效率。

主要做法：在高一、高二年级，每个学生必须精读 4 部以上经典；主要以必选选修课的课堂教学形式进行，以课堂教学来保证经典精读的实效；考核采取"学期论文制"的形式；教学中要挖掘经典著作对于开

---

① 余党绪：《统整课程　统整研训——新课程背景下教研组建设的思考与探索》，《上海师范大学学报（基础教育版）》2006 年第 4 期。

阔学生的文化视野、提升学生的人文素养、提高学生的思想与写作水平的价值。

那些年，我和同事们在经典精读上做了多方面探索。从类型看，既有《红楼梦》（徐芳）、《哈姆雷特》（王艺）、《家》（瞿化鸣）这样典型的"整本书"，也有《诗经》（王学义）、《论语》（潘波）、韩愈散文（陈萍）这样的文集类"整本书"。同时，我们还尝试了经典的多种读法，比如"李白与杜甫"（陈凯伟）、"苏轼与辛弃疾"（谭荣生），就是诗歌的比较性联读。我先后开设过《呐喊》《彷徨》《三国演义》《俄狄浦斯王》《悲惨世界》等经典的精读课程。

骄傲地说，读经典名著的学校不少，但像我们那样，20多年前就用课程与教学来保证与支持的，恐怕不多。在很长一段时间里，附中语文课程被简称为"4+1+X"，那个"1"就是"经典精读"。"经典精读"是附中学生的必选选修课，也是附中语文老师必须承担的学校课程——聘用协议里就有一条，教师必须开发一门经典精读的校本课程。这个"精"很关键，有些人喜欢按照自己的理解，顺口将这门课说成"经典阅读"。只要我发现了，总要不厌其烦地纠正。精读，不仅区别于课外阅读，区别于一般的泛读，更强调在老师的指导下开展有计划、有深度的学习。

《红楼梦》教学由徐芳老师承担。徐芳老师用每周一个课时、持续一个学期的时间，引导学生读书讨论，还做了很多专题学习。跟预想不同，《红楼梦》选修课受到学生热烈欢迎，不仅原著读得津津有味，续写的红楼片段也让人称赏。徐芳老师是个红迷，她带着虔诚的热情，还有教学的勇气，教了一轮又一轮，后来出版了一本关于《红楼梦》的著作，叫作《红楼三昧》。我就是在徐芳老师的感染下，出于课程设计的考虑，断断续续地又看了几遍《红楼梦》，也看了一些红学著作。当然，更重要的，开始思考《红楼梦》的阅读教学。应该说，那十几年的教学实践，还有作为"经典精读"的主张者与推动者的观察与思考，为我积累了丰富的素材与案例。不夸张地说，当前整本书阅读教学中的诸多争议，课程建设中的各种偏差，教学中出现的各种问题，我们在这十几年的探索中大都看到了，甚至还经验过了——像"你不教，学生还读点书；你一教，学生反而不读了"这样的冷嘲热讽，20多年前我就领教过。

徐芳老师主张将《红楼梦》当作三本书来读，即谜语书、百科全书、教科书。关于谜语书，徐老师写道：

> 而《红楼梦》的谜团也实在太多，几乎每一个人物的结局都是谜，怪只能怪曹雪芹死得太早，留下了这半部红楼、无数谜团。但不幸中的万幸是：《红楼梦》前八十回留下了无数的暗示，好比是一个"隐喻的海洋"，更是一个"巨大的谜面"，为众多研究者、猜谜者带来了破译的希望和解谜的依据。在《红楼梦》的教学中，猜谜已不再是游戏，而是研究，一种饶有兴趣的研究。①

把《红楼梦》当作谜语书，但不以猜谜的心态与方法来读书，这是很有见地的。这里的"猜谜"就是文本细读，它尊重的是文本的事实与逻辑，依靠的是合理的想象与推断。

关于"教科书"，徐老师说：

> 因为职业的关系，我还将《红楼梦》当作一本独特的语文教科书来读。说它独特，是因为再没有一本语文教科书能像它那样……《红楼梦》的天地实在很大，对于我们语文老师来说，它真是一本求之不得、独具特色、精彩纷呈的语文"教科书"！②

这一点我特别赞同。直到现在，还有人将整本书阅读看作语文课程的点缀或外挂，甚至是食之无味的累赘。而在十几年前，徐老师就意识到《红楼梦》与语文课程的关系，主张经典名著与语文课程的互动与融合。让经典阅读有助于学生语文核心素养的构建与发展，而不要总在抽象意义上鼓吹经典阅读的"无用之用"，这是我的观点。这个观点的形成，也得益于徐芳老师的实践——我在她的《红楼梦》的教学中，看到了融会贯通与得心应手的语

---

① 上海师范大学附属中学编写：《核心概念：发展——附中这八年》，上海人民出版社2009年，159页。

② 上海师范大学附属中学编写：《核心概念：发展——附中这八年》，上海人民出版社2009年，160页。

文妙境，既有"无用之用"，也有看得见、摸得着的"实用之用"。

关于百科全书的说法，我也跟徐芳老师做过一些讨论。徐芳老师特别看重《红楼梦》的文化价值与内涵。她说《红楼梦》"是迄今为止最理想、最全面、也最有趣的'百科全书'"[1]，只是把《红楼梦》当作小说读，太可惜了。在徐老师的教学中，有大量的传统文化的引入与研习，这让她的教学充满了浓厚的文化气息。不过，我也看到，徐老师并没把《红楼梦》上成文化普及课，她凭借敏慧的文学感悟力，将文化研习与文学理解融为一体。那么，只把《红楼梦》当作小说读，是不是可惜呢？我觉得《红楼梦》就是一部小说，无论它的文化内涵多么厚重，其核心依然是人物的精神、性格与命运。把《红楼梦》当作小说读，本身并不可惜，可惜的是在阅读中忽视了小说深厚的历史背景与文化内涵，结果只读出了一些自以为是、习以为常的感受。这是遗憾的，却是非常普遍的现象。我确实看到了太多脱离人物性格与命运而津津乐道于文化知识的课堂。每每看到这样的教学，我就会想到当年与徐老师交流的情景。

此外，徐芳老师在教学方式上也做了很多探索，比如她让学生勾画大观园结构布局图，给贾府绘制家谱，鼓励学生"斗胆"续写《红楼梦》等，可谓别开生面。当下，很多专家极力推进任务驱动、情境设计、项目研究等学习方式，这当然值得肯定；但如果脱离了具体的教学实践，"硬"推是推不动的。其实，《红楼梦》这样的整本书阅读，天然拥有践行这些新的学习方式的空间。这样说，倒不是因为谁的学术嗅觉更灵敏，而是在《红楼梦》这种人文本的教学中，我真切地感受到这些学习方式的独特价值与意义。

整本书阅读教学是一件新生事物，但经典阅读教学并不是零起点。在《红楼梦》整本书阅读教学中，已有的探索经验理应成为我们借鉴的资源。我们常说要站在巨人的肩膀上，但巨人的肩膀未必那么好站，站在同行，尤其是有经验的同行的肩膀上，也许更有现实的可行性。

---

[1]　上海师范大学附属中学编写：《核心概念：发展——附中这八年》，上海人民出版社2009年，160页。

二、让整本书阅读成为语文课改的发动机

随着新课标的颁布以及新教材的推出，《红楼梦》成为教材的一个学习单元。《红楼梦》就不再只是红迷或曹粉聚讼的对象，而成了公共教学的内容。新教材带来的震撼是前所未有的，随之而起的各种异议或非议自然也多了。为什么要读《红楼梦》？为什么偏偏是《红楼梦》？《红楼梦》还要教吗？要教到什么程度？等等。这些问题本身是开放的，你想说服别人，很难。20 年前自己还年轻，也曾试图去"统一思想"，结果就不用说了。我想，重要的不是说服别人，而在于说服自己。说服了自己，才能心无旁骛、扎扎实实、持续不断地去探索。

师大附中的语文学科正是在经典精读、长文阅读、思辨性写作等探索中迎来了发展的一个高峰。那几年，就算是高考成绩，也让人刮目相看。这里面，有没有经典精读的功劳？我没法实证，但我一直相信规律。符合规律的事情，结果总不会太差。在短暂的人生中，我们应该选择的，是规律而非功利。长远看，合乎规律的才是合乎功利的。孔子说："人之生也直，罔之生也幸而免。"遗憾的是，很多人似乎相反，投机念头太多，总想靠"罔"而生。在语文教学上，不愿意在读书上下苦功夫，下慢功夫，下细功夫，总希望多快好省，总想找到某种一通百通的灵丹妙药。这样的想法早晚都会受到规律的惩罚。

《红楼梦》这样的文学经典，最需要的，就是苦功夫、慢功夫和细功夫。

没人否定经典的价值，但为什么将它做成一个教学单元，就引起了那么多的质疑乃至反对？想来想去，大概还有一个原因，就是对当下的语文教学不信任，担心不合理的课程与教学介入反而破坏了学生的阅读兴味。其实，这样的担心既经不起事实的检验，也经不起逻辑推敲。如果说话的人是为了警醒自己，还可说他有自知之明；但若以为别人也都如此，那就大谬不然了。就《红楼梦》而言，你不教，读的人真的很少，少得可怜；你教了，点拨点拨，引导引导，读的人就会慢慢多起来。但凡真正投入过一点精力在《红楼梦》教学中的人，大概不会反对我这个说法吧？

找几个极端的例子来否定一切，原不该成为教育工作者的思维方式。经

典教学一定会出现各种错误与笑话，但不能因噎废食。而且，教学中出现的问题，也只能在教学的探索中解决。

在我看来，将整本书阅读纳入语文课程，这是 2017 年版课标的重大贡献，它给语文学科带来的影响远未显现出来。可以断言，当下的某些时髦名词或概念一定是过眼云烟，而整本书阅读不仅会长久存在，还会显示出越来越强大的生机与活力。道理很简单，它关注的是经典，是名著，是人类文化的精华，是文学世界的明珠。只要语文学科在，只要语言文学教育还有价值，经典名著的光辉就不会褪色。

除了经典本身不可替代的永恒价值，以整本书阅读的方式来读经典，也给传统的语文教学带来了全方位的与深层次的冲击。我在《整本书阅读或可成为语文教改的发动机》一文中，从教学价值的确定、教学内容的选择、教学资源的组织及教学方式的革新等四个角度进行了论证。这篇 7 年前的文章，今天再读，依然不觉得有什么夸大其词的地方。

我之所以热情洋溢地从事整本书阅读的探索，也有前车之鉴的考虑。从事语文教学 30 余年，遭遇了一轮又一轮的改革，做的时候轰轰烈烈，事后看看，能够转化为积极成果的还是有限。回顾历次语文学科改革，真正撼动了语文教学格局的，大概也只有世纪之交的那场围绕"人文性"与"工具性"而展开的大讨论了，因为它触及学科的性质问题。相比之下，多数改革都着眼于教学形式的革新，这样的改进思路近乎舍本逐末，缘木求鱼。一般说来，波及全局的改进，如果着眼的仅仅是技术，是细节，是形式，基本上都会落空，甚至可能陷入形式主义或技术主义的泥潭。

整本书阅读不是这样。它着眼的是教学内容，教学上的形式革新或技术变革都源于对新的内容的响应。《红楼梦》文本的复杂性，需要思维的高阶性来匹配，这为综合性学习、深度学习提供了更切实的实践空间。有些人习惯于螺蛳壳里做道场。尽管螺蛳壳里也能雕琢出精美的、精致的"道场"，但毕竟缺乏大格局，缺乏大思维，结果多半是精致的小气，精美的肤浅。

为什么一定要读《红楼梦》？换个思路也许更容易理解。如果只挑一本古典文学让高中生阅读，除了《红楼梦》，还有哪一本更合适呢？似乎也难有更好的选择。我觉得问题不在于该不该选择《红楼梦》，而在于为什么只有这么一个选择。可否在整本书阅读单元里多推荐几部著作？比如《三国演义》，或者《论语》。让师生们有更多选择，情况会不会好一些？无论如何，让所有学生在同一时间读同一本书，至少不是一个最佳选择。

但是，毕竟起步了。这就是希望。

三、读书的志趣只能在读书中养成

新课标非常强调整本书阅读在兴趣培养与方法养成中的作用。温儒敏老师谈整本书阅读，也多围绕这两个关键词展开。比如兴趣，温老师一方面鼓励学生要尊重自己的兴趣，多读些"闲书"，一方面也强调兴趣的培养，将培养兴趣作为教学的重要目的。"整本书阅读教学效果好不好，就看学生是否爱上读书，自己能找更多的书来读，而且多是整本书阅读。"[1]

歌德有言"说不尽的莎士比亚"，其实经典名著都是说不尽的，能说尽的也就算不上经典了。面对经典，与其执着于一点一滴的得失，倒不如激发学生的读书兴趣，培养他们终身阅读的志趣。有了志趣的保证，经典之于人生的价值才能实现更多。温老师将兴趣培养看得那么重，从一开始就警惕阅读中的功利主义与短视心理，这是一种远见卓识。

兴趣的培养与教育的引导并不矛盾，要辩证看待二者的关系。兴趣有不同层次，学生对《红楼梦》感兴趣固然可喜，但《红楼梦》的整本书阅读不能建立在学生天然的兴趣之上。《红楼梦》成为教学的内容，取决于这部伟大经典所蕴含的文化与教育价值，而不取决于某个专家或某些学生的兴趣。在整本书阅读上，不要片面地强调和依赖学生的兴趣，而要通过有效的引导和开发让学生"读出兴趣来"。哪怕引导他们一只脚迈入红楼的世界，也算是一种成功。至于学生能读多深，能理解多少，这个至少不是最重要的。事实上，我们也绝无可能让每一个学生都喜欢《红楼梦》，甚至也不可能让每

---

[1] 温儒敏：《温儒敏谈读书》，商务印书馆 2019 年，65 页。

一个学生都通读《红楼梦》，更不可能让每一个学生都理解《红楼梦》。这就是教学。教学永远是不圆满的。

很多学生对《红楼梦》不感兴趣，与"怕"字相关。文本大得让人怕，意义多得让人怕，红楼迷宫让人怕，教材上设置的学习任务其实也让人怕。怎么办？消除学生的恐惧心理非常重要。如果将教学的最终目标定位在兴趣的激励上，这些问题也许不难解决。比如以下建议。

第一回就读不进去怎么办？建议：读第二回。

前五回读不懂怎么办？建议：从第六回开始。

有些诗词读不懂怎么办？建议：跳过去。

人物太多记不住，怎么办？建议：随身带个人物表。

大观园到底长啥样？建议：拿一张大观园布局图。

主题那么复杂，怎么办？建议：就从一群年轻人的悲剧开始。

…………

还有一个就是方法的训练。《普通高中语文课程标准（2017 年版 2020 年修订）》反复强调"阅读经验"的积累与建构。温老师也强调经验与方法的获得。他说，读整本书贵在"焕发阅读兴味，并提示读这一类书的方法。比如，怎样读长篇小说，怎样读社会科学著作，怎样读传记，怎样读历史，都应当在基本方法上有所交代"[1]。温老师的表述比较谨慎，"提示读这一类书的方法"，用的是"提示"；"在基本方法上有所交代"，用的是"有所交代"这个短语。我感到，温老师大概是担心人们对阅读方法的迷恋盖过了对阅读本身的热爱吧？

有人却由此推论说：《红楼梦》本身不是目的，培养读书的兴趣与方法才是目的。这句话当然没错，但似乎隐含了一个潜在而危险的推论：具体的文本不是目的，万能的方法才是目的。这话误导了很多人。在语文学习中，一直有一种对经验与方法的膜拜情结，总以为有一些灵丹妙药，入口即化，拿来可用，施之四海而皆准。但事实上，这样的阅读经验少之又少，略等于无。

---

[1] 温儒敏：《温儒敏谈读书》，商务印书馆 2019 年，64 页。

像精读与略读，稍有阅读经历的人，都明白该精读的就精读，该略读的就略读的道理。但关键在于，什么地方该精读，什么地方该略读，"精"到什么程度，"略"到什么程度……离开了具体的文本，即使将这些策略讲得天花乱坠，其实际意义也极为有限。在知识分类上，阅读经验属于"缄默知识"的类型，它依附于具体的阅读实践。离开具体的文本谈阅读经验，意义不大。

对《红楼梦》的兴趣只能在《红楼梦》的具体阅读中培养。一旦小说的某一点触动了学生的心弦，他的兴趣可能就一发不可收。阅读的方法也只能在具体的文本解读中建构。一旦他开始领略曹雪芹创造之用心，寄托之深远，构思之缜密，方法的种子就落在了心田。

四、整本书阅读教学重在通识与共识

在整本书阅读教学中，让阅读真实发生，这是一个极具诱惑力的命题。无论是连滚带爬，还是精研细读，总之要真实地读书，这是大家的共识。但怎样的阅读才算是真实发生了呢？阅读因人而异，因书而异，阅读的真实性恰恰是最难判断的。因此，我觉得还应加上一句话：让学习真实发生。学习意味着理解、构建、转化乃至运用，学习的结果是可测评可判断的。归根到底，强化阅读中的学习因素，赋予阅读以学习的意义，才能让阅读真实发生。

阅读为本，思辨为要。那么，《红楼梦》的理解与学习应该关注什么呢？我的观点比较明确：立足于宏观与总体的把握，聚焦核心，这是整本书阅读的一般规律；关注通识性与共识性的理解，重在基础，重在常识，《红楼梦》"这本书"尤应如此。

教师中有很多红迷曹粉，通读小说一二十遍的也不乏其人。但读得熟，不等于理解得深；读得多，也不等于理解得透。关键是，熟悉文本的，不一定就能教好《红楼梦》。就像某些人，对《红楼梦》如数家珍，却被各种眼花缭乱的信息所迷惑，终究不能跳出文本，遑论以教学的眼光审视文本并在其中发现教学的资源。因此，有必要对《红楼梦》的学术研究做一些梳理，以此作为教学的学术担保。

在《红楼梦》整本书阅读教学中，应该对那些意图颠覆、惊听回视的言论保持必要的警惕。前些年刘心武先生关于秦可卿的研究，近些年为大家熟知的欧丽娟教授的观点，都让我们眼前一亮。刘心武是知名作家，他的文学感觉与艺术想象其实也值得红楼爱好者的尊重。欧老师是专业的红楼研究者，她的学术造诣非我辈门外汉所能置喙。而且，她面对的是大学生，在开放而多元的课堂上，卓尔不群的态度和与众不同的观点本身就是教学的宝贵资源，更能引发学生们的思辨。不过，面对中学生，在中学课堂上教授《红楼梦》，我们就不能简单照搬他们的思路及分析了。

以欧老师为例。欧老师拨乱反正的姿态与论断让人耳目一新，她对林黛玉、晴雯、薛宝钗、袭人、贾宝玉、探春、王熙凤、王夫人等都做了新的评价。对某一个人物做出新的评价，并不新鲜；但像欧老师那样，基于为礼教更名与辩护的立场，基于她极力倡导的客观与理性，对众多人物做出了系统性的、反驳性的评价，却是罕见的。这大概也是她网络走红的重要原因吧。

应该看到，欧老师的很多论述都充满新意。她讲贾探春，讲赵姨娘对探春的"血缘勒索"，就发人深省。再如关于"晴雯之勇"的分析，也有见地。应该看到，"晴雯之勇"确实包含了不逊、粗暴和暴凌的色彩。不能不承认，在过去很长一段时间里，因晴雯出身卑微，或因与宝玉的亲密关系，或因"晴为黛影"的说法，我们对她做了有意无意的美化，似乎要刻意塑造一个完美的底层少女形象。欧老师的分析至少对我有着显著的点醒作用，促使我反思先前的理解是否带有个人偏见。不过我也看到，欧老师大概对晴雯的印象实在太坏，如同她对黛玉一样，未能看到作者寄寓在晴雯身上的理想色彩，对晴雯因卑贱的出身与地位而表现出来的某些精神创伤与性格弱点，也缺乏必要的体谅与宽容，这就有点偏激了。

"大旨谈情"是关于《红楼梦》主旨的主流看法。欧老师另辟蹊径，极力地渲染"礼教"的积极价值。客观看，礼教之于社会的积极价值是不可否认的，在晚近以来批判纲常礼教与家族罪恶的思潮下，对《红楼梦》中与家族、礼教相关内容的批判确有偏激之处。其实，曹雪芹也并无否认礼教之意，即使在贾宝玉身上，遵从礼教与对抗礼教也是并存的，宝玉的叛逆并不表现在对礼教的无视与践踏上。相反，他在礼仪规范上的乖巧与周到，还让老太太引以为傲。欧老师看到了这一点，她的解读确有纠偏之功。但问题是，她似乎要从一个极端走到另一个极端，将"理"推向价值的极致，将薛宝钗、王夫人等"完美化"，为王熙凤"脱罪化"。我读欧老师的分析，感觉不是王熙凤设计害死了尤二姐，倒像是尤二姐把王熙凤给害惨了。在"弄权铁槛寺"一节，她否认王熙凤收受贿赂、中饱私囊的动机，她的理由是王熙凤讲过"我也不等银子使，也不做这样的事"。可问题是，小说在第十六回明明白白地写着："这里凤姐却坐享了三千两，王夫人等连一点消息也不知道。自此凤姐胆识愈壮，以后有了这样的事，便恣意的作为起来，也不消多记。"一味为王熙凤"洗白"，显然有违文本提供的事实。

欧老师意欲为薛宝钗平反。几百年来，"拥钗"与"拥黛"两派尖锐对立，言论都有走向极端的偏差。比如陈其泰说"宝钗之为小人，则无一人知之者"，季新斥责她的谋婚之举为"娼妓行为"，这些理解把人物脸谱化了。欧老师发现了薛宝钗的诸多美德，比如她极力践行儒家道德，自觉锻造人格，这些分析都是实事求是的。但欧老师似乎不能容忍薛宝钗身上有任何缺点，要把薛宝钗的所有"污点"都洗刷得干干净净。于是，她的论述就出现了前后矛盾。比如第二十七回"滴翠亭杨妃戏彩蝶　埋香冢飞燕泣残红"，薛宝钗有没有"嫁祸"？欧老师认为，薛宝钗既没有嫁祸动机，也没有嫁祸行为，更没有带来什么恶果，一切都像田园牧歌一样，优雅，风轻云淡，诗意盎然。

事实究竟是怎样的呢？其实原文讲得很清楚：

> 宝钗在外面听见这话，心中吃惊，想道："怪道从古至今那些奸淫狗盗的人，心机都不错。这一开了，见我在这里，他们岂不躁了。况才说话的语音，大似宝玉房里的红儿的言语。他素昔眼空心大，是个头等刁钻古怪东西。今儿我听了他的短儿，一时人急造反，狗急跳墙，不但生事，而且我还没趣。……"

文本自己会说话。宝钗不仅瞬间听出了小红的声音，而且深知小红本来就是个"眼空心大""头等刁钻古怪"的人。同时，正如欧老师所强调的那样，宝钗偷听到的内容，事涉小红与贾芸的隐私，伤风败俗，性质恶劣，弄不好是要出大事的。"人急造反，狗急跳墙"，宝钗难道不明白这个理儿？正是预感到了小红有"生事"的可能，宝钗才灵机一动，表演了这一出金蝉脱壳之"戏"。真像欧老师所说的那样"无祸可嫁"吗？显然不是，宝钗分明感到了危险的真实性。那么，明知小红可能"狗急跳墙"，还拿黛玉做挡箭牌，这样的行为到底是高尚呢，还是不太厚道？

欧老师对宝钗急中生智的谎言，予以极高评价，说它不仅"纯粹是出于游戏好玩之故"，而且表现了宝钗"巧于应变的急智、灵活、聪明与慧黠"。宝钗的谎言真的完美无缺吗？就是按照欧老师"心理惯性"的说法，她最近的记忆应该是"宝钗扑蝶"，她完全可借"捕蝶"来掩饰自己的偷听，这样既保全了自己，又人畜无害，这才算是"好玩"的"游戏"！

宝钗有没有嫁祸林黛玉？其动机确实难以坐实，但看她的行为，我们至少可以说，此等言行不大光明。尤其将这种行为与她自我标榜的礼教规仪和贵族教养比较一下，就更能看出宝钗言行间的矛盾了。

教学意义上的文本解读，应该是基于文本，立足反思，追求真知，事实与逻辑是所有推断的基础。诚如欧老师所说，文本解读不应放任自己的感觉，不应放任自己的情绪，不应放任自己的观点。否则，辨析就成了辩护，论证就成了印证。

五、按照整本书的规律教，教出这本书的个性来

作为公共教学，《红楼梦》教学应有一些基本的前提假设与预设目标（见表1）。

表1　《红楼梦》教学前提假设与预设目标

前提假设	预设目标
没人喜欢《红楼梦》	有些人喜欢了
没人读过《红楼梦》	多数人通读了

续表

前提假设	预设目标
没人要做红学家	红学家也是可以期待的

公共教学应有"保底"意识。"底"在哪里？我概括为三句话：充分的原生态阅读，精要的专题性研讨，必要的聚焦式教学。

充分的原生态阅读。引导学生读原著，读整本书，可能的话最好还要相对集中地读，以获取鲜明而完整的阅读感受。目前看，要求每个学生通读《红楼梦》还不大现实，但通读全书理应成为努力的目标。在这个过程中，教师不仅要做好兴趣激励，还要做好过程管理以及必要的方法指导。有些专家嘲笑阅读打卡之类的管理手段，这大概是不太了解学校的阅读现状，以文学式的浪漫想象代替了教室里的残酷现实。原生态阅读涉及校内校外、课内课外，甚至线上线下，进程管理不仅是必要的，在我看来是缺之不可的。

精要的专题性研讨。课标明确要求教师"提出专题学习目标，组织学习活动，引导学生深入思考、讨论与交流"。可见，专题学习是规定动作。事实上，要对《红楼梦》有一个总体的、清晰的了解，围绕核心内容与文本主旨做一些专题研讨是必要的。考虑到课时因素（9课时），专题学习不要贪多求全，以"精要"为上。就目前的案例看，专题学习的主要问题在于缺乏设计意识，主观随意性强，似乎随便找几个好玩的话题搞点活动，就算专题学习了。结果是漂浮在文本的表面，或依附于文本的片面，看起来热闹，其实偏离了文学阅读的轨道，或者偏离了文本的核心。比如把《红楼梦》分解成一个个传统文化项目做专题学习，文本的文学属性被异化，本质上恰恰是对《红楼梦》的背离。

必要的聚焦式教学。对于那些影响全局与整体的关键问题，可以做一些聚焦式的教学，旨在引领学生达成一些共识，通过教学还可进一步校正阅读与理解的方向。

下面是我设计的一个教学方案。此方案以"文学母题"来界定教学的价值与重点（切入点），以"结构性议题"确立专题学习内容，以关键问题驱动课堂教学（教学抓手），可概括为"三题定位，思辨读写"。[①]

以母题确立教学切入点。 王国维说《红楼梦》乃"彻头彻尾之悲剧"，鲁迅说"悲凉之雾，遍被华林"，悲剧大概是关于《红楼梦》理解的最大共识。据此，我们可将《红楼梦》归入死亡（毁灭）母题。《红楼梦》悲在何处？根据学界关于《红楼梦》圈层世界的论述，可将悲剧分为四个层次，由内而外，分别是青春毁灭的悲剧（大观园为象征）、家族颓败的悲剧（贾府为代表）、封建社会的败落与生命寂灭的悲剧。

哪个层次的悲剧才是高中整本书阅读教学的重点？显然，面对花季少年，讨论"虚无""好了"这些话题，不大合适，也难展开；封建社会的崩溃，既不是文本的重点，一般说来也不是学生兴趣之所在。因而，青春的悲剧与家族的悲剧才是学生应该关注的。考虑到中学生的年龄特点以及认知状况，可再进一步聚焦，以"青春的毁灭"作为切入点，以此透视家族的衰败乃至社会的坍塌。大观园是小说情节的焦点，故事的内核，也是小说叙事的旨归，聚焦大观园的悲剧，不会造成对其他意义的遮蔽。选择"青春的毁灭"作为教学切入口，既是一种合理的教学策略，也是一条文本解读的便捷路径。

以结构性议题组织专题学习。 最便捷的做法，就是根据小说的三要素，围绕人物、情节与环境，引导学生做一些专题性的梳理与探究。我也尝试以"青春"的内涵组织专题学习，这样的专题学习更有利于学生对文本主旨的总体把握。青春意味着才华、梦想、爱情与旺盛的生命力，即使在礼教的桎梏下，大观园依然散发出了热烈的光彩。悲哀的是，这个社会容不下青春，这个家族容不下青春。结果，爱情破灭了，梦想飘散了，才华虚掷了，生命力也暗淡了……青春的毁灭是注定的，而毁灭青春的社会也注定是没有未来的。据此，我们设计了如下"结构性议题"（见图4）。[②]

[①]　"三题定位，思辨读写"的相关内容，详见本书第六讲，也可参见：余党绪《走向理性与清明——整本书阅读之思辨读写》，上海教育出版社2019年。

[②]　相关内容参见：余党绪总主编，谢澹主编《青春与毁灭——〈红楼梦〉思辨读写导学全案》，西南大学出版社2021年。

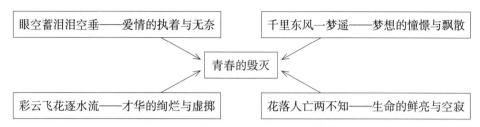

图 4 有关"青春的毁灭"的结构性议题

四个议题从不同维度解释了青春的内涵，议题之间互相解释，互相呼应，共同指向"青春的毁灭"。在专题梳理与探究的过程中，学生必须不断地反复地进入文本，不断地分析与反思，这就有望在阅读、思辨与表达（即"思辨读写"）之间形成一种互动与融合的良性状态。

一般说来，专题学习应由学生独立完成，或者小组合作探究。教师可组织大家交流，全班共享学习成果。

以关键性问题驱动课堂教学。建议以"人物论"为教学重点。《红楼梦》最大的艺术成就，在于塑造了一系列栩栩如生的人物形象。理解人物，是进入《红楼梦》的捷径；而《红楼梦》的研究，无论从何处切入，最后都会聚焦到人物论。从文体角度看，人物是小说的核心。要理解人物，就要关注相关的情节与环境，因为人物的性格塑造与精神表现都是在情节推进与环境刻画中完成的。可以说，关注人物，必然会关注到文本的所有因素，即"整本书"。同时，从大量的教学案例看，"人物论"往往也是学生最感兴趣、教师最能把握的内容。

在"人物论"中，重点关注的应该是贾宝玉、林黛玉、薛宝钗、王熙凤等最重要的形象。通过这些人物的遭际与命运，《红楼梦》的悲剧性得以聚焦与凸显，《红楼梦》的主旨与内蕴也得以明朗。

基于上述思考，我将《红楼梦》的教学归纳为"按照整本书的规律教，教出《红楼梦》的个性来"。这既是基本要求，目前看也是我们应该追求的境界。

第六讲

三题定位，思辨读写

——基于思辨读写的整本书阅读教学

整本书阅读推出之后，总是被关注，不时遭质疑。质疑的声音不小，实践的声浪更大。分歧并未随着时间减少，而共识却正在实践中慢慢形成。

确认整本书阅读的课程性质，这是新课标的一大贡献；但究竟怎样课程化，有哪些具体的教学路径与方法，尚待继续探索。课标的精神是明确的，那就是引导学生读好书，读整本书，有思考地读书，进而读出经典名著的内涵与意义，以促进学生的文化发展与精神成长。我用"按照整本书的规律教，教出这本书的个性来"概括整本书教学的要领与追求，以强调"整本书"的教学特质与经典名著的不可替代之价值。

根据课标精神，考察当前整本书阅读的教学现状，主要存在下面几个问题：

第一，读书依然是最大的难题。读原著，读整本的原著，这是整本书阅读教学的前提与基础。但目前，以做题代替阅读，以片段、节选或梗概的阅读代替整本书的阅读，以观看影视剧代替阅读，这些现象大量存在。如何引导学生读书，读整本的原著，这是整本书阅读教学研究必须关注的问题。

第二，追求阅读的量，而忽视阅读的质；读书而不思考，思考而缺乏深度，这是整本书阅读教学必须直面的大问题。此外，在一线教学中，全盘占有、一网打尽、一步到位、毕其功于一役的妄念也干扰着整本书阅读教学。

第三，阅读与转化运用的关系尚待辨析。谈整本书阅读，多渲染其超功利、超现实的人文价值，而对它在现实的语文素养培育中的重要作用少有提及。这对整本书阅读教学的推进并不明智。应该让经典名著在学生的现实学习中发挥作用，让学生感受到经典是有用的，不仅有大用，而且有小用；不仅有"无用之用"，更有"有用之用"。这不仅合乎学生的学习心理，也符合语文学科的实践性特点，更有利于整本书阅读的可持续推进与长远发展。

在整本书阅读中，原生态阅读、批判性思考、转化性运用，缺一不可。有鉴于此，我将"基于思辨读写的整本书阅读"的要领概括为：读书为本，思辨为要，注重转化。

考虑到篇幅所限，如何读与如何用，这一讲不予赘述，但并不意味着它们不重要。它们同样重要，尤其是原生态阅读，目前可能更重要，这一点必须说明。

在课程开发与教学设计中，我选择以母题、议题与问题（所谓"三题"）作为组织与推进的要素：以母题确立文本的核心价值，以议题确立学习内容，以问题驱动思辨读写。为便于记忆，将此策略简称为"三题定位，思辨读写"（见图5）。

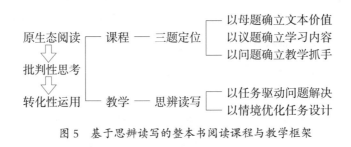

图 5 基于思辨读写的整本书阅读课程与教学框架

一、以母题确立文本的核心价值

母题本是神话学的概念，用来界定"构成神话作品的基本元素"的原型、题材或意象。学者陈建宪这样定义"母题"："在传统中独立存在，不断复制。它们的数量是有限的，但通过不同排列组合，可以转换出无数作品，并能组合入其他文学体裁和文化形态之中。母题表现了人类共同体（氏族、民族、国家乃至全人类）的集体意识，并常常成为一个社会群体的文化标识。"[1]

文学母题的内涵近似于神话母题，指的是在文学作品中反复出现的人类基本的行为、精神现象等，如死亡、成长、野心、爱情、冒险、堕落等。在阅读及教学的意义上，母题的价值主要在于它所隐含的那一套思想理念及其研究思路。

◇承认人类的共同性与相通性。人类虽然存在时代、地域和民族的分野，但"基本的行为、精神现象"却是一样的。文学母题有着深厚的人性基础与社会基础，这是人类能够跨时空、跨民族、跨文化沟通的基本前提。

◇人类所关注的基本问题也是相似的。母题在数量上是有限的，在研究上必须将林林总总的问题归并整合到有限的母题中。这是一种颇具哲学思辨色彩的思维方式，直抵问题之根本。

◇人类关注的问题是相似的，但对问题的理解与解决之道却各有不同，这就是人的差异，这就是时代的差别，这就是民族的个性。母题研究不仅强调文本阅读，更强调跨文本阅读，甚至跨文化阅读，以此来发现各文本的差异与个性。正是这样的诉求，给思辨教学提供了极为丰富的空间。

文学是变动不居的，而母题是永恒的。英国哲学家艾耶尔在谈到哲学进步时说："哲学的进步不在于任何古老问题的消失，也不在于那些有冲突的派别中一方或另一方的优势增长，而是在于提出各种问题的方式的变化，以及对解决问题的特点不断增长的一致性程度。"[2] 不同的空间，不同的时代，不同的生命，都用自己的方式诠释着母题，为母题增加新的内涵与元素。

母题与教育有着高度的契合性。基础教育的基本功能，就在于引导学生思考人的基本问题，人生的基本问题，社会的基本问题，为学生的可持续发

---

[1] 陈建宪：《论比较神话学的"母题"概念》，《华中师范大学学报（人文社会科学版）》2000年第1期。

[2] 艾耶尔：《二十世纪哲学》，李步楼、俞宣孟、苑利均等译，上海译文出版社1987年，19页。

展奠定文化与精神的基础。在宏观的层面，母题具有普适的基础性、广泛的开放性与多维的关联性，母题的探讨有助于增进学生对社会、历史与文化的理解；而在微观层面，母题又具有个体的切己性，体现了生活的同构性与生命的共通性，母题的探讨有助于学生的精神发育与社会成长。

以母题切入经典阅读，有助于解决阅读教学中的随意性、碎片化以及由此而导致的肤浅、片面等问题——这些正是整本书阅读普遍存在的问题。

首先，以母题切入文本，可聚焦文本的独一无二之处，避免阅读教学的随意性。面对文学经典，我们常有一种无从下手的茫然与惶恐。在教学上，有的老师全凭一己之兴趣，信马由缰；有的老师则不分巨细，面面俱到。以母题切入，聚焦文本的核心，则可抓大放小，重本轻末，在有限的时间里聚焦核心内容。同是冒险母题，《鲁滨逊漂流记》与《西游记》的区别在哪里？这就是一个界定文本个性的研究思路。通过比较，可发现前者的关注点在人的生存智慧，后者则重在人的精神成长。再如《红楼梦》，我将其界定为"毁灭"母题。有了"毁灭"这个切入口，课程设计就有了方向，我们必须思考三个问题：谁毁灭了？怎样毁灭的？毁灭的意义何在？这样，就可在有限的时间内，聚焦三个与"毁灭"关联最紧密的内容：在《红楼梦》的圈层世界中，聚焦大观园；在大观园的世界中，聚焦人物，即宝、黛、钗等青春人物；在人物理解中，聚焦思辨性，辨析人物的精神世界。这三点，从不同角度揭示了"毁灭"的社会根源、文化意义与悲剧价值，显示了"毁灭"的思想内涵与审美意义。这样的设计思路，避免了大而无当，全而无用，也在一定程度上避免了劳而无功。

其次，以母题切入文本，可提供理解与学习的路径。一旦将整本书阅读纳入教学的范畴，专题学习就是必然的选择，事实上这也是课标的规定动作。专题从哪里来？如何设计专题？目前的专题学习普遍存在价值指向不明的毛病，似乎随便找几个话题讨论一番，就算专题学习了。以母题切入，专题设计就有了依傍。冒险，野心，成长，爱情，毁灭……所有的母题都隐含着某些稳定的故事结构与意义指向，这就为专题设计提供了基本的思路。

另外，以母题切入文本，可为经典名著的转化运用提供方向。在转化运用中，母题是最好的导航仪。通过母题，经典文本能够与各种读写运用场景发生自然的关联，极大地方便了学生的迁移运用。

如何确立"母题"？我根据十几年的探索，提出了三个基本原则，即基于文本，学生本位，人生关怀。

文本是提炼母题的基础与根据。确定母题，必须以文本为基础，必须基于文本自身的内容与结构，而不能主观臆造或者强行粘贴。不能抓住作品中的某个片段、某些细节甚至个别词句，就妄加断言。

确定母题，除了严格遵循文本，还要充分考虑学生成长与发展的价值需求，考虑学生的认知能力与接受水准。在整本书阅读教学中，通过经典名著来讨论这些与学生成长密切相关的问题，传达一些基础性的价值理念，对于学生的发展是很重要的。

确立母题要考虑的第三个因素，就是人生关怀。一本书，只有当它与现实的人生发生深刻而丰富的关联时，它对读者的价值冲击和思维撬动才是最直接和最有力的。确立母题，应充分考虑作品与人生之间的深层关联，这样才能在学生与文本之间建立更加深切的联系。

以下母题是我在经典阅读中探索的成果总结。[①]

◇冒险与生存：《鲁滨逊漂流记》

◇成长与成功：《西游记》

◇功名与道义：《三国演义》

◇野心与尊严：《红与黑》

◇反叛与规训：《水浒传》

◇使命与命运：《哈姆莱特》

◇苦难与罪恶：《悲惨世界》

◇堕落与拯救：《复活》

◇命运与担当：《俄狄浦斯王》

在文学阅读中，母题具有高度的关联性与整合性，这对于整本书教学是

---

① 具体内容参见：余党绪《经典名著的人生智慧》（修订本），上海教育出版社 2019 年。

极其重要的，对于阅读教学也是有启发与借鉴价值的。20多年前于漪老师曾用"碎尸万段"形容过阅读教学中的碎片化问题。长期的碎片化阅读，导致学生缺乏关联、贯通和迁移的能力，也缺乏在系统中关注知识、思考问题的能力。整本书阅读贵在一个"整"字，我们需要总体的、贯通的、系统的阅读与理解。这样的阅读，需要一个具有强大整合性、关联性的"抓手"来统领文本，引领学生的理解。毫无疑问，母题可以担当这样的"大概念"的作用。

二、以议题确立学习内容与结构

《普通高中语文课程标准（2017年版2020年修订）》指出："阅读整本书，应以学生利用课内外时间自主阅读、撰写笔记、交流讨论为主，不以教师的讲解代替或限制学生的阅读与思考。教师的主要任务是提出专题学习目标，组织学习活动，引导学生深入思考、讨论与交流。"

在学习内容的选择与确定上，我更习惯于使用"议题"，通过"结构化议题"的设计，来规划学习内容。议题，即有待分析、论证从而做出判断的命题。以批判性思维的眼光看，一切未加论证的命题，都只能算是"议题"，议题的特点在于它的"未完成性"。

将整本书的学习内容"议题化"，以"议题"来组织学习，实现从文本内容向学习内容的转化，这是思辨读写的基本策略。

那么，如何确立议题呢？我提出三个基本策略，即体现母题逻辑，尊重文本个性，形成认知结构。

如前所述，母题在历史的承继与演化中，已经积淀出了某些相对稳定的故事模式与意义结构，这是确立议题必须参考的基本逻辑。《鲁滨逊漂流记》既可以看作成长小说，也可看作是冒险小说。基于"成长"，它一定是历时性的，涉及起点与终点，涉及价值与意义；基于"冒险"，它必然涉及冒险的动因、过程与意义等因素。无论哪个角度，《鲁滨逊漂流记》的议题都应该有一个不断推进的逻辑结构隐含在其中（见图6）。

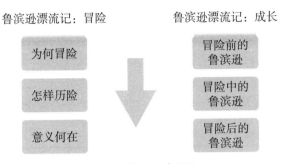

图 6　议题的内在逻辑

　　同样的母题，在不同文本中的表现是不一样的。依循母题的内在逻辑，只能确定课程的大体框架；而具体的课程内容，则必须在充分把握文本个性内容的基础上进行选择。同样表现野心家，《麦克白》凸显的是单个的野心家，更多表现欲望、自大、嫉妒等人性因素；而《三国演义》表现的则是一群野心家，彰显的是时代、社会与文化对于野心家的催生作用。因而《三国演义》的议题设置，应尽量围绕"群像"展开（见图 7）。这才能从特定角度解释小说所描写的那个特定的背景：东汉末年——乱世与末世，那正是野心家滋生的肥沃土壤。

图 7　《三国演义》的母题与议题

　　还有一点，结构性议题的讨论，必须有助于学生形成正确的认知结构。比如《骆驼祥子》的议题设置，我们就要充分考虑到"堕落"这个题材本身的复杂性，考虑到祥子这个堕落标本可能存在的对学生的消极意义。在引导学生充分认识到社会罪恶的同时，还要特别引导学生关注祥子本身的缺陷。

这样的教学，才能让学生全面、客观地理解人与社会的关系，避免形成"堕落了，责任全在社会"的认识误区。

下面是我及学员开发的统编教材推荐阅读名著的部分议题（见表2）。

表2　经典名著的母题与议题

书名	母题	议题
《朝花夕拾》	回望与告别	1. 童年的"趣"与"憾" 2. 父子的"爱"与"隔" 3. 情感的"敬"与"愧" 4. 成长的"痛"与"悟" 5. 传统的"迷"与"思"
《西游记》	成长与成功	1. 云路与本路 2. 修行与修心 3. 个体与集体 4. 人事与天命 5. 内因与外因
《红星照耀中国》	初心与使命	1. 一颗红心——初心与决心 2. 一条正道——大道与远道 3. 一代伟人——巨人与赤子 4. 一支铁军——练兵与用兵 5. 一种气象——故土与新风
《昆虫记》	凝视与惊异	1. 昆虫世界的温情——母爱 2. 自然法则——适者生存 3. 生命的意义——延续 4. 命运共同体——生物圈 5. 生命的触动——热爱与敬畏
《钢铁是怎样炼成的》	信仰与力量	1. 不屈服的天性 2. 不动摇的信仰 3. 不妥协的战斗 4. 不迷茫的爱情 5. 不褪色的钢铁

续表

书名	母题	议题
《艾青诗选》	悲悯与燃烧	1. 生命的叩问 2. 忧郁的力量 3. 悲壮的炬火 4. 高亢的号角
《水浒传》	江湖与庙堂	1. 庙堂失序与江湖理想 2. 个体失路的偶然与必然 3. 快意恩仇与暴力滥杀 4. 水浒女性的是是非非 5. 侠义与忠义 6. 江湖聚义的善与恶
《儒林外史》	功名与困局	1. 群丑会集与笑中带泪 2. 八股至上与吟诗弄月 3. 醉心官场与回归日常 4. 拿腔作势与名士风流 5. 人生困厄与自我超脱
《简·爱》	抗争与自立	1. 出身的烙印 2. 性别的标记 3. 爱情的审视 4. 职业的考量 5. 信念的力量
《乡土中国》	何处来，何处去？	1. 城市中的乡土基因 2. 差序格局与团体格局 3. 礼与法的博弈 4. 权力结构与改革考量 5. 满足欲望还是服从需要
《红楼梦》	青春与毁灭	1. 眼空蓄泪泪空垂——爱情的执着与无奈 2. 千里东风一梦遥——梦想的憧憬与飘散 3. 彩云飞花逐水流——才华的绚烂与虚掷 4. 花落人亡两不知——生命的鲜亮与空寂 5. 忽喇喇似大厦倾——悲剧的外因与内因

在教学中，这些议题对于教师的课程安排与学习活动的组织，发挥了积极的纽带作用。在实践中，这些议题可根据具体学情做取舍，根据兴趣分轻重。还可分组学习，或学生选择研习，然后进行集体交流，让大家共享学习成果。

三、以问题驱动学生的思辨读写

如前所述，议题的讨论可通过学生的自主学习、小组合作、课题探究等方式展开。但在整本书阅读教学中，仅有这些还是不够的。教师还有一个重要职责，即对阅读与理解中的关键问题与疑难问题进行聚焦式的分析与指导，以发挥教师的学术引导之力。

所谓关键问题和疑难问题，即对文本理解具有枢纽性意义的问题，或者有碍于文本理解的共性问题。很多时候，这两类问题是相同的。比如：

《三国演义》：为什么罗贯中主观上要塑造一位仁爱的君王，而很多读者却认为虚伪的刘备并不可爱？

《红星照耀中国》：为什么那么多优秀的中华儿女都不约而同选择了中国共产党？

《骆驼祥子》：为什么祥子不想堕落，拒绝堕落，最终还是堕落了？

《红楼梦》：为什么大观园里那些青春的生命（包括礼教的自觉践行者薛宝钗）最后都毁灭了？

《红楼梦》：林黛玉到底是不是"小性儿"？（疑难问题）

…………

解决了这些问题，文本的理解与母题的阐释才有了扎实的基础。像林黛玉的"小性儿"，厘清这个问题，不仅有助于更全面地理解林黛玉，也有助于更准确地理解其他人物（比如宝玉、宝钗与贾母），更准确地理解《红楼梦》的思想主题与艺术价值。而在这个过程中，思辨不仅是必需的，而且是必然的。母题与议题的引导，目的在于聚焦文本的核心；而要真正把握文本核心，非思辨无以达成。在这个意义上，"思辨读写"才是所有课程设计与教学安排的目的。

　　以"林黛玉的小性儿"为例，我们构建了一个以思辨为核心、以读写为基本活动方式的课堂教学样态。事实分析、因果分析、价值分析甚至审美分析，都渗透在对林黛玉的理解中（见图8）。"黛玉的小性儿"几乎是"全民共识"，但若深入文本内里，就会发现，"小性儿"不可一概而论。

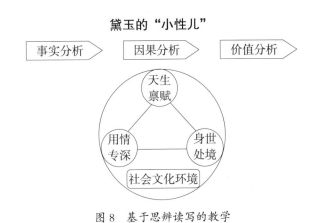

图 8　基于思辨读写的教学

　　首先，总体来看，黛玉有小性儿，但并不总是小性儿。姊妹们相处，游戏也好，赛诗也罢，黛玉总体上是个活泼和开朗的人。几次起社，她对宝钗、湘云由衷赞美，可见她是个单纯而真诚的人。妙玉嘲笑她"竟是大俗人"，黛玉理解妙玉"天性怪僻，不好多话，亦不好多坐"，便不去计较。黛玉爱开玩笑，譬如嘲笑湘云"爱哥哥"，都是少女之间的顽皮，无伤大雅，不必大做文章。至于她戏谑刘姥姥是"母蝗虫"，确实"尖酸刻薄"，这与其贵族身份和教养相关；从审美角度看，林黛玉与刘姥姥，其趣味与格调，实在是大异其趣，有天壤之别。

　　其次，黛玉的有些小性儿，应该算是正常的情绪反应，不应做过多道德比附与价值审查。比如在王熙凤打趣诱导下，湘云直说黛玉长相酷似龄官，黛玉确实生气了。但这里有两个因素不可不注意，一是戏子是个敏感的身份，连赵姨娘这等上不得台面的奴才都能骂芳官"你是我银子钱买来学戏的，不过娼妇粉头之流！我家里下三等奴才也比你高贵些的"。说一个贵族小姐酷似戏子，必须承认是不够尊重的。

还有一个不可忽视的因素，那就是在场人的反应，这也是黛玉恼羞成怒的重要原因。小说写道：

> 凤姐笑道："这个孩子扮上活像一个人，你们再看不出来。"宝钗心里也知道，便只一笑不肯说。宝玉也猜着了，亦不敢说。史湘云接着笑道："倒像林妹妹的模样儿。"宝玉听了，忙把湘云瞅了一眼，使个眼色。众人却都听了这话，留神细看，都笑起来了，说果然不错。一时散了。
>
> ——《红楼梦》第二十二回"听曲文宝玉悟禅机 制灯谜贾政悲谶语"

在明知答案的情况下，宝玉、宝钗、湘云等人出于各自微妙的心理，挤眉弄眼，欲言又止，闪烁其词，黛玉成了一个被"围观"、被"指点"的对象，这些行为也确实构成了对她的冒犯。她的郁闷与不满合乎人之常情，不宜简单斥责其为"小性儿"。

再次，有些小性儿与其微妙的处境相关。尽管黛玉锦衣玉食，但在贾府依然是个寄人篱下的外人，老太太、宝玉对她自然是真感情，其他人的态度却很微妙。且孤苦伶仃，无父无兄，更加剧了她悲苦自怜的身世之感。像第七回周瑞家的送宫花，黛玉刻薄说："我就知道，别人不挑剩下的也不给我。"黛玉的反应确实有点过激，但也暴露出她内心的不安全感和孤身一人的自卑情结。这样的黛玉与其说让人生厌，还不如说让人生怜。

最后，也是最关键的，黛玉的小性儿更是恋爱中的少女正常的心理与精神状态。试探、吃醋、嫉妒、失落、伤感、愤怒、悔恨……这都是正常的恋爱心理。何况她爱得那么深，那么专，而且恋爱对象贾宝玉又是一个"情不情"的贵族公子，身边还有薛宝钗、史湘云这样的潜在竞争者！要让黛玉不动声色，镇定自若，也太难为她了。事实上，宝玉挨打之后，黛玉的小性儿越来越少了，一个重要的原因，就在于她终于明白了宝玉的真心。

当然，所有这些因素，都离不开时代文化与社会风俗的影响。宝黛的冲突大多不因感情本身，而是源于情感的不敢表达与不能表达："因你也将真心真意瞒了起来，只用假意，我也将真心真意瞒了起来，只用假意。如此两假相逢，终有一真。其间琐琐碎碎，难保不有口角之争。"这恰好说明了那个时代对爱情的恐惧，对青春的恐惧。处在那样的时代，陷入热恋的少男少女的渴求与焦虑是可想而知的，这样的情绪必然会以变形的方式曲折地表达出来。黛玉的多愁善感在现代人看来难免有点夸张，但这恰恰折射出那个时代氛围的压抑与黛玉处境的悲凉。

这是一个全面的、综合的、系统的分析过程，抽丝剥茧，层层深入。只有经过了这样的分析，我们才能拂去遮蔽事实的尘埃，体验发现的惊喜：原来是这样！

这样的课堂，以文本为根基，以细读与思辨为基本手段，通过事实、因果和价值的分析，既达成对文本的深度思考，也训练了学生的思辨能力。

在教学研究中，我们对文学文本的问题类型也做了区分（见表3），以此来构建问题教学的研究框架。[1]

表3　文学文本的问题类型

问题类型	设问目的	问题聚焦点
澄清性问题	"还原"文本的事实与逻辑	1. 人物的精神性格 2. 故事的情节逻辑 3. 环境的具体特性
探究性问题	推断写作意图与价值预设	1. 作者传达的观点 2. 作者的隐含观念 3. 作者的创作动机
反思性问题	反思自己的理解与评价	1. 是否超越了情感 2. 是否超越了成见 3. 是否读出了个性

为了推动学生的深刻体验与深度思考，在问题讨论中，我们根据整本书的特点，特别强调任务设计与情境安排，基本理念是：以任务驱动问题解决，

---

① 相关内容详见本书第三讲第三部分。

以情境优化任务设计。

在整本书阅读中，问题即在文本之中，因此，基于文本、指向文本、回到文本，应该是任务设计与情境设置的基本原则。这样，即使在最具体的教学和最细微的文本理解中，整本书的特性依然得到了尊重。

在母题的引领之下，开发议题，设计问题，引导学生的思辨读写，达成对文本的深刻理解。于是形成了这样一个课程教学的框架（见图9）。

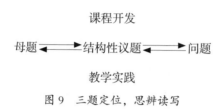

图 9　三题定位，思辨读写

整本书阅读教学研究虽然很热，但毕竟刚起步，需要研究与解决的问题还有很多。比如：

◇文学母题的教育价值与教学意义，以及母题阅读的更多策略与技能。

◇整本书的思辨读写如何测评？

◇任务设计与情境安排，可否进行细化研究？不得不承认，目前流行的很多任务设计，热闹有余而内涵不足，不足以发挥引导阅读与思考的作用。

附教学案例

刘备的虚伪

师：刚才好多同学说《三国演义》看完了，很难得！今天我们关注一个人——刘备。先请大家看看我的标题：刘备的虚伪。我这个标题有刺激性吧？本来我想先问有没有喜欢刘备的，再展示我的标题。现在，我倒了过来，先把"刘备的虚伪"这个标题给大家看，然后再请大家选择。那么，喜欢刘备的请举手。（仅一人举手）我已经说他虚伪了，你还举手吗？我先不问为什么，但我肯定你是个有主见的人！做这个选择，是需要判断力的，也需要有独立的立场。很多时候，我们的判断不一定是对的，但有自己的态度，本身就是价值。其实，更多的同学不喜欢刘备，你们也未必就没有自己的想法。也许你们只是在坚持自己的想法。当然，我们讨论之后，也许喜欢刘备的人不再喜欢刘备了，不喜欢刘备的人喜欢上他，这同样需要判断力。

要研究"刘备的虚伪"，必须对刘备有一个整体的了解。

一、从织席贩屦到九五之尊

师：我想请诸位看一下这个坐标图（出示 PPT），对刘备一生做一个大致梳理，看看他到底是伟人还是人渣，到底是仁爱忠信还是虚伪，同时也检测一下自己读原著的效果。28 岁的时候他干了什么？

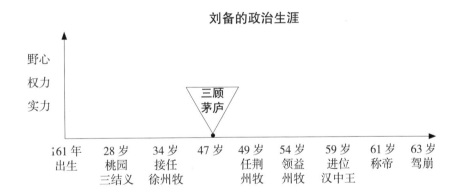

刘备的政治生涯

生 1：桃园三结义。

师：桃园三结义。刘关张聚首结义，发誓要上报国家，下安黎庶。发这宏愿的那一年，刘备 28 岁。第二个点是 34 岁。

生 1：徐州。

师：徐州！接任徐州牧。下一个点，49 岁在干什么？

生 1：接任荆州牧。

师：对，从徐州牧到荆州牧，我们看到了刘备从一个织席贩屦的百姓到割据一方的诸侯的变化过程。大家看，我在徐州牧与荆州牧之间，还标了一个大红点。我的意思是，这之间发生了一件给刘备带来根本性转变的事情。这是什么事？

生1：三顾茅庐。

师：三顾茅庐，非常好！大家注意，那一年刘备多少岁呢？49岁的时候，刘备从曹操手里把荆州给弄过来了。本来想从刘表手里弄，后来转了个弯，从曹操手里把荆州给抢了过来。从三顾茅庐到荆州牧，中间隔了几年？小说给出的时间是两年——记不住不要紧，我是专门来上这个课的，所以才记得住。可以推断，三顾茅庐发生在刘备47岁。下面这个点呢？54岁发生了什么？

生1：任益州牧。

师：对，刘备终于占领了梦寐以求的成都，领益州牧。接下来，59岁发生了什么？

生1：汉中王。

师：对！进位汉中王。尽可能用回目中的字眼，比如"进位汉中王"。小说第七十三回的回目就叫"玄德进位汉中王　云长攻拔襄阳郡"。61岁呢？

生1：称帝。

师：是的。那么63岁呢？

生1：死了。

师：对，称帝两年后，刘备驾崩。一场夷陵大战，刘备一败涂地，最后死在白帝城，带着遗憾与不甘，离开了这个世界。我用了"驾崩"，这可是皇帝的专用词。多少人做皇帝梦啊！好！从织席贩屦到九五之尊，这是刘备一生的大概情况，63年享受了荣华富贵，也经历了种种坎坷与磨难。

二、实力与野心齐飞

师：再看这个纵坐标，横坐标是年龄，纵坐标应该是什么呢？如果让你来填，随着年龄的增长，刘备所拥有的什么东西也在往上飙？请同学们思考，说说自己的发现。

生2：我想填"资本"，就是他的实力。他占领的土地，军力，谋臣武将的数量都在增加，综合性实力在增强。

师：好，军力，文臣武将，地盘，很好！我们之间很有共鸣，我用的词跟你一样。还有吗？

生2：野心。

师：为什么？

生2：随着实力的增长，我发现刘备有了更高的追求。

师：你的意思是，实力增加，野心也随之大了。我有一个问题。有人说刘备从小就有野心，小说第一回，刘备在涿县就说"我为天子，当乘此车盖"①，说刘备从小就有做天子的野心。我们来细想一下：这算不算野心？

生2：未必是。童言无忌，我们小时候也说过这样的话。

师：好。这就是判断力。一个小孩子说我将来要干什么，这怎么能当真呢？更不能被认定是野心。野心是什么？

生2：野心就是有了一定条件后产生的强大的欲望。

师：这回答有意思。"欲望"这个词，意味着"野心"是主动追求的；野心是"强大"的，超越了自己的本分；同时，还得付诸实施，只在脑子里想一想，不能算野心。那你觉得，刘备在什么时候产生了野心，并且一步一步地、尽心竭力地去实施？

生3：三顾茅庐吧。

师：三顾茅庐。非常好，我们的判断一样。此前，小说反复说刘备"素有大志"，但条件不具备，基本上还是"空有大志"。到了47岁，经过诸葛亮一番点拨，刘备产生了实实在在的野心，目标就是谋取天下。我们还记得"隆中对"吧？"若跨有荆、益，保其岩阻，西和诸戎，南抚彝、越，外结孙权，内修政理；待天下有变，则命一上将将荆州之兵以向宛、洛，将军身

---

① 罗贯中：《三国演义》，人民文学出版社1973年。后文同，不再一一标注。

率益州之众以出秦川，百姓有不箪食壶浆以迎将军者乎？诚如是，则大业可成，汉室可兴矣。"诸葛亮给他做的战略规划是：先占荆州，再夺益州，再图中原。这个过程，就是刘备实现野心的过程。

再看坐标，随着年龄的不断增长，刘备的实力、权力也在增加，他的野心也在膨胀。除了实力与野心，还有什么随着年龄的增长，也在不断增长呢？

生4：虚伪。

师：虚伪。你是不是受到了我的课题的启发？大家看看，我的课题叫"刘备的虚伪"。

生4：我自己在阅读过程中，就有这样的感觉。刘备开始还比较坦诚，后来越来越狡猾。看到老师的这个题目，我觉得我当初的感觉是对的。

师：非常好，我的感觉和看法可以与你互相印证。没有人是天生虚伪的，不可能从生到死，何时何地，都虚伪。刘备的虚伪有个变化过程。试想，如果虚伪一次，就被打击一次，失败一次，他还会虚伪吗？一定是因为虚伪能给他带来好处。下面我们就聚焦"刘备的虚伪"，做一些文本的实证分析。

三、徐州牧：青年英雄刘备

师：我给大家提供了一个表格。（出示PPT）我前面强调过，47岁是刘备人生的转折点，那么，我们将47岁作为分隔点，将刘备占徐州与47岁之后的刘备夺益州进行对比，看看刘备发生了怎样的变化。这两件事，有没有相似点？刘备为什么要去徐州？

	有无占领动机	谢绝理由	真实原因
徐州			
益州			

生5：为救人而去。当时曹操围困徐州，而且发誓要屠城，刘备受邀去搭救陶谦。

师：对！那么，刘备到益州，又是为了什么呢？表面看不也是为了救人嘛！到益州搭救刘璋。这两个地方，刘备开始都宣称不想占有，谢绝了，可最后都到手了。两件事高度相似，有可比性。大家看表格，在对待徐州与益州的问题上，我们重点考虑三个问题：第一，有无占领动机；第二，谢绝的理由；第三，真实的原因。这三个问题弄清楚了，就能大体上判断刘备是否虚伪了。

要准确把握一件事，全面的、综合的分析很重要。什么是综合分析？就是要全面考察一件事涉及的各个因素，漏掉了某个因素，事件的性质可能就变了。譬如，如果你看到余老师在街上和别人"动手"，你们会有怎样的反应？肯定有人说，这个老师师德有问题。但可能，老师并不是在打架斗殴，而是见义勇为。为什么你会做出"打架"的判断呢？因为你只看到"动手"这个动作，却不知道为什么打，打的是谁，在什么背景下打的，打的结果又是怎样。打架斗殴与见义勇为的外在行为是相似的，都是"动手"，但目的、对象、结果却有本质的不同。因此，要对一个事件做出正确的判断，就必须对事件进行全面而综合的分析。分析刘备，也该如此。那么，对徐州，刘备有无占领动机呢？

生6：没有。

师：在文本中找根据。哪位同学能用比较连贯的语言告诉我，刘备没有占领徐州的动机？大致范围在《三国演义》的第十一、十二回"三让徐州"那部分。

生6：我认为是没有的。刘备是孔融请来的。本来陶谦请孔融来徐州化解危机，孔融又去邀请刘备帮忙，刘备是被动的，这是第一。第二呢，他来的目的是为了打曹操。刘备自己也声称，说如果占领了徐州，将陷于不义之地。

师：大家关注一下，类似"陷我于不仁不义"这样的话，小说中出现多次：占徐州，说过；占荆州，说过；占益州，也说过。大家课后再去翻翻书，验证一下。刘备自己说没有占领徐州的动机，是为了"大义"，就能证明他没有动机吗？

生6：我觉得刘备一辈子都在讲仁义，他做事都是为了自己的荣誉。

师：这个判断还是有点粗浅啊。说刘备"一辈子都在讲仁义"，涉及一辈子，盖棺定论，更要谨慎啊。听其言还要观其行，刘备可是时常把道义挂在嘴上的啊。咱们还是先来具体分析徐州这件事。

生7：我想替这位同学做点补充。这时候，徐州被曹操的兵马包围，如果这时候刘备从陶谦手里接过徐州，就要和曹操发生正面冲突。而刘备的兵马只有三千人，哪怕再借一些，也根本不是曹操的对手。此时占领徐州，对刘备来说就是个烫手山芋。

师：非常好！你看，刘备谢绝领受徐州牧，是有他自己的考虑的，刘备不是傻瓜。这是你补充他的，那么，你有新的见解吗？

生7：暂时没有。

师：好，请坐。这位同学，你的同学为你补充了理由，你能继续表达你的观点吗？你刚刚讲了三个原因：第一，刘备是被邀请的，被动的；第二，他来徐州，就是为了搭救陶谦；第三，他始终把"义"挂在嘴边。好，我们再把刘备占领徐州理一遍。曹操的父亲被陶谦手下杀害了，曹操要报仇，一路烧杀抢掠，挖掘坟墓，发誓要屠城。曹操"屠城"的恶名，应该就是在徐州落下的。大家还记得否，刘备在新野的时候，曹操大军南下，刘备烧了新野，带着十万老百姓逃亡。老百姓为什么要逃亡？一个重要的原因，就是曹操有屠城的恶名，老百姓都怕他。曹操包围了徐州要为父亲报仇，陶谦就找孔融帮忙，孔融再找刘备帮忙。刘备显然是管闲事儿的。大家知道孔融是怎么说服刘备的吗？

生6：激将法。

师：怎么个激将法？

生6：刘备一生仁义当头，所以故意提"仁义"，说刘备是仁义之人。

师：哦，孔融给刘备戴高帽子！激将法，你要是不去，你就不够仁义。孔融这一招很灵的。这说明刘备心里有道德荣耀感，还有道德追求。一个彻底"摆烂"的人，激将法对他还有用吗？此外，以孔融当时的地位，他邀请刘备，对刘备也是一种肯定。刘备当时的反应是怎样的？

生6：刘备说，孔融竟然还知道有我刘备这个人。

师：刘备的处境、兵力决定了他的地位还比较低。刘备出身卑微，兵微将寡，孔融说刘备是条好汉，邀请他帮忙，刘备有点受宠若惊。好，我们来总结一下：刘备去徐州，是受孔融的邀请，目的是搭救陶谦，可以说，他去徐州是为了荣誉而战，为了道义而战，为了帮忙。从这个角度讲，刘备确实没有占领徐州的动机。再者，刘备谢绝的理由是为了"义"，实际上，他"三让徐州"，也确实有个"义"的问题。此时的刘备身上还有热血青年的担当。当然，也有客观的原因，徐州此时也不能要，要不得，作为枭雄，刘备不可能没有这个战略眼光。

四、益州牧：老奸巨猾刘备

师：我们再看看刘备夺益州，他有占领动机吗？

生8：东吴的鲁肃多次讨要荆州，诸葛亮总是说，如果他们占领了益州，就把荆州还给东吴。这说明他们一直在谋取益州。

生9：三顾茅庐之时，诸葛亮制定的战略，是先占荆州，后图益州，再图中原。刘备的称帝之路都是诸葛亮策划的，可见他们一直惦记着益州。

生10：当时的刘备还没有自己的领地，他处于无家可归的状态。

师：他不是还有荆州吗？

生10：荆州原来是孙权的，所以东吴一直讨要荆州。刘备在这里没有安全感，也没归宿感。

师：你很了解刘备啊。刘备一生，哪一块土地才真正算是他的？大概也只有后面的西蜀。从现实处境来看，刘备确实要找个稳固的立身之地。不过，我觉得还有更多细节告诉我们，刘备他们不仅有这个动机，而且已经在不动声色地做工作了。你们读到这些细节了吗？

生11：从张松的身上可以看到。张松想把西蜀卖给曹操，但在曹操那里碰壁，于是他借道荆州，却发现赵云已然在路上等候他。

师：好，这位同学读得非常细！事情怎么这么巧呢？赵云怎么就知道张松要路过呢？这说明刘备他们一直关注着张松的举动。那么，小说中有没有伏笔？请同学们找一找。

生12：（翻书）第六十回第一段最后一句话："孔明便使人入许都打探消息。"

师：这位同学厉害！你找的这个细节很重要。整本书阅读，我们要关注细节，看到细节与细节之间的关联。现在我们看，这个时候刘备有无占领动机啊？（生：有。）肯定有！但谋士们劝他占领益州时，刘备又拒绝了。他谢绝的理由是什么？

生12：他和刘璋是同宗兄弟。

师：这话可信吗？大家看看刘备与刘璋兄弟碰面的场面，刘备动不动就哭啊，相拥而泣啊，说明刘备身上的野心与虚伪已经很明显了！那刘备为何迟迟不动手？真实的原因是什么呢？大家可翻看第六十、六十一回。第六十回最后一段，庞统、法正劝刘备夺西川之时，刘备说了什么？

生13：先说与刘璋同宗，接着说"更兼吾初到蜀中，恩信未立"，就是说他这是刚到蜀地，怕民心不服。

师：你们有没有恍然大悟的感觉？刘备此时带领五万兵马初到蜀中，在老百姓中还没有威信，贸然动手把原主人灭了，道义上过不去；况且刘璋还是自己的同宗兄弟，何以面对百姓，面对天下啊！后面，刘备一站稳脚跟，找着机会就跟刘璋翻脸了。他向刘璋讨要军粮，刘璋给少了，他马上翻脸开战。不是"兄弟同宗"吗？可见，兄弟只是个借口。我们总结一下，刘备占徐州是为了道义，此刻的刘备是个有作为的政治家，是道义的担当者；但是占领益州，则是为了实现自己的野心，道义只是一个装饰，一个托词。拒绝占领益州真实的原因，是他恩信未立。这个时候的刘备，是个伪君子，十分虚伪。

五、丑恶的登基表演

师：最后，咱们再以刘备当皇帝为例，看看刘备的表演达到了何等娴熟的程度。我们比较一下刘备登基与曹丕登基的描写。（PPT 呈现）

曹丕听毕，便欲受诏。司马懿谏曰："不可。虽然诏玺已至，殿下宜且上表谦辞，以绝天下之谤。"帝不得已，又令桓阶草诏，遣高庙使张音，持节奉玺至魏王宫……曹丕接诏欣喜，谓贾诩曰："虽二次有诏，然终恐天下后世，不免篡窃之名也。"……

…………

至期，献帝请魏王曹丕登坛受禅，坛下集大小官僚四百余员，御林虎贲禁军三十余万，帝亲捧玉玺奉曹丕。丕受之。……读册已毕，魏王曹丕即受八般大礼，登了帝位。

先看看曹丕登基。曹丕当皇帝本来没有合法性，他逼迫汉献帝让出皇帝宝座，把帝位禅让给自己。为了制造合法性，曹丕连续两次谢绝，以显示当皇帝并非自己的本意。第一次，司马懿劝他"殿下宜且上表谦辞，以绝天下之谤"。第二次，他和贾诩商量继续推辞，否则"不免篡窃之名也"。第三次，汉献帝亲自出马，曹丕才"很不情愿"地登基了。

那么，刘备呢？我们来看看他的操作。（PPT 呈现）

……孔明与太傅许靖、光禄大夫谯周商议，言天下不可一日无君，欲尊汉中王为帝……汉中王览表，大惊曰："卿等欲陷孤为不忠不义之人耶？"……三日后，孔明又引众官入朝，请汉中王出。……汉中王曰："孤虽是景帝之孙，并未有德泽以布于民；今一旦自立为帝，与篡窃何异！"孔明苦劝数次，汉中王坚执不从。……

…………

汉中王惊曰："陷孤于不义，皆卿等也！"孔明曰："王上既允所请，便可筑坛择吉，恭行大礼。"

刘备早就做着当皇帝的美梦，可诸葛亮等人要他登基建国的时候，他却再三推辞，而且很坚决。第一次是"大惊"，表演色彩很重。"卿等欲陷孤为不忠不义之人耶？"刘备自己何尝不知道当皇帝是件不忠不义的事情。第二次推辞，却又说"孤虽是景帝之孙"，这句话很值得揣摩，为什么要特地声称是"景帝之孙"？说明他还是觉得自己更有当皇帝的资格嘛。第三次，诸葛亮设计装病，刘备也就顺水推舟，答应了。但还不忘说："陷孤于不义，皆卿等也！"这就是一出表演啊！大家看看诸葛亮三番五次的苦劝，那也是表演啊，君臣二人配合得太好了！

刘备与曹丕，他们的表演是不是很相似啊？曹丕是反派人物，所以小说揭穿了他的表演；而刘备呢，拥刘贬曹的罗贯中自然不肯揭穿他，难道读者看不出来吗？

大家发现了没有，如果说徐州时期的刘备算得上青年英雄，那么，益州时期的刘备就算是老奸巨猾的政客了。

六、真小人与伪君子

师：咱们再回到这个纵坐标上，可填写第四个词语：虚伪。很多人都不喜欢虚伪的刘备，易中天甚至说"宁要真小人，不要伪君子"。但是，我想说的是，说刘备虚伪，是说他总体上有虚伪的一面，但不意味着刘备一辈子都是虚伪的，他的任何言行都是虚伪的；刘备是虚伪的，但刘备的虚伪也不是天生的，虚伪是在生活中习得和选择的。

我还要强调，刘备是虚伪的，但虚伪的刘备并不见得比"真实的曹操"更可怕。"真小人"，说到底就是彻底不要脸的人，把道德廉耻当工具的人，完全不在乎别人评价的人，这样的人才是真正地可怕。而刘备这样的，即使有心做点坏事，也还是在乎良心的谴责，在乎社会的舆论。这至少使他不敢没有任何底线地干坏事。因此，对易中天的这句话，我们要保持思辨。

最后，我更想强调的是，对刘备进行道德审判容易，但分析虚伪背后的社会与文化原因更有意义。

第七讲

在思辨中读写，在读写中思辨

《俄狄浦斯王》是一部伟大的古典悲剧，亚里士多德称之为最完美的悲剧。权威的译本是罗念生的本子。罗先生是著名的希腊古典文学的翻译和研究专家，在这个领域做了很多开创性的工作。《俄狄浦斯王》的中文译本23000多字，剧情紧凑，语言凝练，充满了命运的拷问和哲理的思辨，比较适合高中生阅读，也便于教学的开展。

《俄狄浦斯王》是我在思辨读写教学中体验与收获比较多的一个案例。我用了6个星期的时间组织学生阅读、讨论、写作，最后以一节公开课结束。整个过程体现了以思辨推动读写，以读写推动思辨的理念。

《俄狄浦斯王》叙述的是俄狄浦斯的命运悲剧。为了逃脱"弑父娶母"的诅咒，俄狄浦斯逃避了父母之邦，本以为可借此逃过命运的劫数，却不想坠进了更深的深渊。悲剧提出了很多哲学上原创性和终极性的问题，黑格尔甚至认为俄狄浦斯是哲学认识的原型和代表，是历史上第一位"哲学家"。阅读这部戏剧，对学生也算是一次思想的播种和精神的洗礼。

一、在思辨读写中把握"它原本"

整本书阅读首先要解决的，是原著的通读，我称之为原生态阅读。所有的课程设计与教学安排都应立足于促进学生的经典阅读，正如温儒敏老师反复强调的那样，要治"不读书的病"。这个阶段的任务，是忠实地把握文本内容，知道"它原本"的样子。我们在原著研读上常常粗枝大叶，在理解上却热衷于花样百出，这其实是舍本求末，得不偿失。

《俄狄浦斯王》有一个著名的谜语，就是"斯芬克斯之谜"。吊诡的是，能猜透"斯芬克斯之谜"的俄狄浦斯，却猜不透关于自己命运的谜。

其实，作为一部戏剧，《俄狄浦斯王》的整个情节就像是在猜一个关于俄狄浦斯的谜。他在猜，其他人在猜，读者与观众也在猜。这个谜可表达为：

我是谁？

我从哪里来？

我到哪里去？

这是一个典型的哲理寓言。人类的一切探索，归根到底还是为了认识自己；一部人类文化史，说到底，就是一部人类自我认识的历史。这个"猜谜"的戏剧结构，就是《俄狄浦斯王》首创的"追溯法"。戏剧追溯的，就是俄狄浦斯的前世今生；作品追问的，就是俄狄浦斯的罪恶与命运。

"追溯法"使得《俄狄浦斯王》谜团重重，云山雾罩，只有在一番抽丝剥茧、拨云见日的功夫之后，方能理清其人物与情节。正是这种情节与结构的特性，给读写教学提供了多种可能。我的思路是：通过读写活动，推动学生反复阅读、提炼、梳理与推断，达成对"它原本"的把握。

1. 改倒叙为顺叙

"追溯法"表现在叙述方式上就是倒叙。忒拜城惨遭瘟疫，整个城邦陷入了恐怖与萧条。绝望的人们聚集在王宫前，恳请仁慈贤能的国王解民于倒悬，救民于水火。俄狄浦斯王也心急如焚，他说："可怜的孩儿们，我不是不知道你们的来意；我了解你们大家的疾苦：可是你们虽然痛苦，我的痛苦却远远超过你们大家。你们每人只为自己悲哀，不为旁人；我的悲痛却同时是为城邦，为自己，也为你们。"[1]

先知忒瑞西阿斯说，瘟疫是上天对忒拜城的惩罚，因为忒拜城的前国王

---

[1] 罗念生译：《罗念生全集》（第2卷），上海人民出版社2004年。后文同，不再一一标注。

死于非命，而真相却一直扑朔迷离，杀人凶手还逍遥法外。要摆脱瘟疫之灾，必须找到那个凶手，让他受到诅咒与惩罚。

于是，对凶手的追查一下子抓住了观众的心。随着剧情的一步步展开，真相终于大白，原来追查凶手的人，就是凶手，元凶正是那个一直在追查凶手的俄狄浦斯。

"倒叙"是一种叙述方式，有助于制造悬念，强化剧场效应，却让因果链条因此而变得迷乱与暧昧。历史归根到底是按照时间顺序展开的，只有理清了情节的时间关联，才可能厘清人物的性格逻辑、思想逻辑与命运逻辑。

将故事改为顺叙，剧情简述如下：

俄狄浦斯的父亲、忒拜城的国王拉伊俄斯因为害怕神的诅咒而将出生三天的婴儿遗弃。拉伊俄斯的仆人因可怜这个孩子而将他送给了科任托斯国王的牧人。科任托斯国王收养了这个孩子，称他俄狄浦斯。

俄狄浦斯在知道自己将要"弑父娶母"之后，决意离开科任托斯，无意间却来到了生身父母的国家。

在一场冲突中，他杀了人，却不知此人正是他的父亲。接着因猜中了"斯芬克斯之谜"而被拥戴为国王，与前王后结了婚，无意间又犯下了"娶母"的滔天大罪。

上天降下瘟疫予以惩罚。俄狄浦斯决心追查凶手。真相大白之后，他刺瞎双眼，自我放逐。

改写的主要用意，是在时间关系的梳理中，发现事件的因果关联，厘清情节的逻辑关系。所谓情节，就是一系列具有因果关联的事件的排列与组合；理清情节，就要追溯前因，推导后果，确立各个事件之间的因果关系。艺术中的因果，有理性的，有感情的；有社会的，有个人的；有人性的，也有文化的。因此，构建因果关联的过程，也是一个社会、历史、文化与人性的认知与判断过程。

譬如，俄狄浦斯为什么要逃离科任托斯？当然是为了彻底摆脱"弑父娶母"的命运。从这个因果关系，既可看到俄狄浦斯不甘心束手就擒，积极抗争，也可看到他反抗的盲目性与局限性——他万万没想到，他逃离的，并不是他的亲生父母。

又如俄狄浦斯杀死拉伊俄斯。通过细读，可还原当时的场景：在三岔路口，拉伊俄斯仗着人多势众，在将要"用双尖头的刺棍"杀死俄狄浦斯之际，俄狄浦斯才痛下杀手。这证明了俄狄浦斯"杀父"不仅是无意的，是误杀，而且在法律与道德上也是可以得到谅解的。

再如，俄狄浦斯被拥戴为忒拜城国王之后，就合法地迎娶了守寡的伊俄卡斯忒。从这个细节，可窥探人类早期的某些婚俗。

2. 明线与暗线的转换

剧本的明线是俄狄浦斯追寻凶手，暗线则是俄狄浦斯逃避和反抗命运。明线聚焦的是凶杀案的真相，暗线追问的则是俄狄浦斯的罪孽与无辜。将暗线改为明线的转换性写作，可以发现文本新的意蕴。比如，从明线看，斯芬克斯及其邪恶的谜语，可以显示俄狄浦斯的智慧，为俄狄浦斯荣登王位提供合理的根据。而从暗线看，"斯芬克斯之谜"则是一个极好的象征：这个连"我是谁"都不知道的王子，竟然能猜破关于"人"的谜；这个因战胜斯芬克斯而成为忒拜城恩主的人，却将给忒拜带来灭顶之灾。这就是命，这就是命中注定。什么是命运？就是某个超越了你的智慧与德行的力量，始终牢牢地抓住了你。无论你怎样扑腾，你都在命运的罗网之中。

在转换写作中，在明线中被有意略掉的一些信息会受到更多关注。譬如，为什么俄狄浦斯会有"弑父娶母"的命运？是谁发出了如此恶毒的诅咒？这就要追溯他的父亲拉伊俄斯先前的恶行了。原来，拉伊俄斯曾因诱拐行为而激怒众神，先知诅咒他必死于亲子之手。出于对这个诅咒的恐惧，俄狄浦斯一出生，拉伊俄斯就弄坏他的脚骨，命人将他抛入荒野。

有人说，《俄狄浦斯王》讲述的是一个父债子还的故事，也不是没有道理。

3. 叙述视角的转换

剧本主要从俄狄浦斯的视角展开，过程就是他对真相的追问。他人的旁证，合唱队的歌唱，推动着俄狄浦斯一步一步接近真相：

通过先知忒瑞西阿斯，他第一次将自己与凶手联系起来；

通过伊俄卡斯忒，他知道了先王拉伊俄斯曾经遭受的诅咒以及他们害死幼儿的罪孽，特别是婴儿脚跟被钉死这个细节，显然给他带来了震动，因为俄狄浦斯这个名字就是"肿胀的脚"；

通过科任托斯的报信人，他知道了自己只是科任托斯国王的养子，是这个报信人当年救了他；

通过牧人（即拉伊俄斯的仆人），他终于将全部事实链条关联起来，"弑父娶母"的正是他自己。

人是以特定身份与地位参与社会生活的，这决定了每个人的视角都是独特的，也是有局限的，这也是悲剧产生的因素之一。不同的人叙述，故事就会呈现不同的面貌。比如牧人。是牧人奉命砸伤了俄狄浦斯的双脚，但他又怀着恻隐之心，将俄狄浦斯托付给了科任托斯国王；又是牧人亲眼见证了俄狄浦斯杀死拉伊俄斯。他并不知道这个凶手就是当年遗弃的婴儿，但当今国王是杀害前国王的凶手，他却心知肚明，所以他才坚决离开了宫廷。除此之外，牧人对俄狄浦斯的其他情况一无所知。可以设想，当他作为"最后一根稻草"彻底坐实了俄狄浦斯"弑父娶母"的罪恶时，他该是怎样的惊悚和困惑。

叙述角度的转换，可以填补情节中的很多空白，让松散的情节逻辑变得更加可靠、细密与坚实。在我的教学中，学生做了许多尝试，甚至还有人站在先知忒瑞西阿斯、伊俄卡斯忒的弟弟克瑞翁的角度，讲述这个让人悲悯的故事。

当然，王后伊俄卡斯忒的视角是最值得关注的。这个为儿子生了儿子的不幸女人，清楚地知道俄狄浦斯当年被诅咒的隐情，也参与了钉死俄狄浦斯脚跟的勾当。一开始她很坚决地追究杀害她前夫的凶手，但后来，当她发现真相越来越残酷的时候，她开始退缩了。以她的口吻叙述这个故事，就有了更多想象与揣摩的空间。

下面是学生在公开课上以伊俄卡斯忒的口吻讲述的故事，限于篇幅，仅截取相关片段——

　　……多年后，城邦遭受了瘟疫……我有一种不祥的预感。但是，我告诉自己，不能这样想下去，一切都会好的，这只不过是谣言罢了，没什么，没什么，我这样告诉自己。这时，报信人来了，他说波吕玻斯已经死了，而且是老死的。俄狄浦斯感觉一阵放心，这说明父亲不是他杀死的，诅咒并没有在他身上应验。报信人请求他，请他回去继承王位时，他却一口拒绝了，因为他还恐惧另一半咒语，"娶母"是多么深重的罪孽啊。谁知报信人连忙说，敬请放心，他说波吕玻斯只是他的养父，他的生父在他出生不到三天，就把他的脚跟钉死后扔掉了。我不敢再听了，我告诉俄狄浦斯不要再问下去了，一切我似乎都知道了。

但俄狄浦斯说他一定要追究真相。这时，我的仆人也被找回来了。天哪，他承认他当时发了善心，把快要断气的俄狄浦斯送给了这个报信人。啊，我已经疯了，这么多年的事情就要这样败露了，我真的没脸活在世界上……天啊，我快疯了，我该怎么办？天啊，我这个人，竟然为我自己生了个丈夫，为我的儿子生了儿女，我哪还有脸活在这个世界上？……

下面摘录一个师生对话的片段——

师：有一处"俄狄浦斯"的称呼，不太恰当吧？

生1："把快要断气的俄狄浦斯送给了这个报信人"，这句话中的"俄狄浦斯"不当。此时此刻，伊俄卡斯忒心里已经明白，那个婴儿就是俄狄浦斯，但毕竟俄狄浦斯自己没有承认。何况，她怎么好意思在众人面前承认？

师：她明白了事实，但不敢面对事实？

生1：随着事态的发展，她逐渐意识到了事情的真相，俄狄浦斯应该就是她的亲生儿子。她开始阻拦俄狄浦斯的调查，这说明她不敢面对，也很不安，因为这直接涉及她个人的幸福和她的地位。这才符合她的心理和性格。

师：你的发言都很准确。刚才我听故事的时候，发现××同学讲到事情终于真相大白的时候，用了一个词，我觉得不恰当。各位听出来没有？

生 2：败露。

师：能解释一下吗？

生 2：败露，一般指搞阴谋的人，一不小心被人给发现了。

师：对，是阴谋才能用败露。那你能找个词替代吗？

生 2：水落石出。伊俄卡斯忒之前也被蒙在鼓里，她也是在俄狄浦斯寻找真相的过程中一点点了解真相的，一开始她并不想故意隐瞒或者歪曲什么。

师：好，"败露"这个词不恰当，应该用"暴露""水落石出""事实越来越清楚""真相越来越显露"这样的表述，才合乎剧本的原意。

厘清戏剧逻辑，还原事件的真相，并不是一件容易的事情，因为人都容易被世界的表象和自己的价值预设所误导。因此，不能先入为主，而是要尽可能追求与剧中人的"共情"与"共理"，尽可能善待他，理解他；当人性与逻辑都不能自圆其说的时候，我们再质疑他。

在这个过程中，很多思辨的问题也产生了：

俄狄浦斯担任忒拜国王十多年，与伊俄卡斯忒育有四个子女，难道前国王拉伊俄斯的情况，他的死、他的长相、品性等，俄狄浦斯都一无所知？

伊俄卡斯忒与俄狄浦斯夫妻相处，难道就没注意到他脚踵上的伤疤？在《奥德赛》中，当奥德修斯回家时，老仆欧鲁克蕾娅凭借他腿脚上的伤疤便认出主人。难道伊俄卡斯忒还不如奥德修斯的老仆？

最暧昧的是，伊俄卡斯忒在真相即将大白于天下时对俄狄浦斯的劝解："最好尽可能随随便便地生活。别害怕你会玷污你母亲的婚姻；许多人会曾梦中娶过母亲；但是那些不以为意的人却安乐地生活。"她的内心是一种怎样的羞耻与矛盾？

二、在思辨读写中形成"我认为"

把握了"它原本"，还需形成"我认为"，前者重在把握"内容"，后者重在把握"主旨"。整本书阅读要在对话中达成对文本的分析和理解，形成自己的态度、判断与观点。通俗地说，就是要形成"我认为"。

《俄狄浦斯王》公认的主题是关于命运及对命运的反抗。值得注意的是，古希腊悲剧的主人公与中国古典悲剧不同，他们都是有着强大的个人意志与英雄品质的人物。像俄狄浦斯，他的悲剧命运，正是通过他自己的一次一次的选择和一个一个的行为来"实现"的。俄狄浦斯不是一个认命的人，他首先是一个有决断力与行动力的英雄。正如罗念生说："他们之所以遭受苦难，与其说是由于他们自身的过失，毋宁说是由于他们的美德。"①

鲁迅说，悲剧就是将人生的有价值的东西毁灭给人看。表面看，是命运毁灭了俄狄浦斯，不妨追问一下，命运又是什么呢？在文化讨论的意义上，我们不能将"命运"省事地归结成一种神秘莫测的力量，而应在理性的层面加以深入的分析。在我看来，命运本质上就是人类难以突破的局限性。这些局限性来自环境，来自生命，来自人性，来自个人，正是这些局限造成了似乎无可逃遁的悲剧。

从俄狄浦斯的命运看，他的悲剧根源于其父的造孽。这象征了出生与成长背景对于人生的影响。俄狄浦斯终身背负着"弑父娶母"的诅咒，这与他个人的德行无关，而是因为他不能选择的出身。

人在德行与智慧上的局限，也是悲剧的重要根源。俄狄浦斯的每次选择都经过了仔细的权衡与比较，经过了深入的思考与判断。而且，他每次都义无反顾地选择了道德，选择了善。但结果依然是罪恶，是毁灭。如果说俄狄浦斯这样伟大的人物都存在德行与智慧上的缺陷，那么，人类自以为是的美德与理性不是更值得警惕吗？

但人类的伟大正在于对命运的抗争。正如俄狄浦斯，虽然罪不由他而起，他却敢于追索真相，冒着风险也要"认识你自己"，且敢于承担责任，甘于自我放逐。这正是《俄狄浦斯王》所昭示的伟大的人类精神。

在题旨的理解过程中，"思辨读写"依然是个有效的策略。在《俄狄浦斯王》的教学中，我采取的是"主题引导下的故事改写"。同样的故事，在

---

① 罗念生：《罗念生全集》（第8卷），上海人民出版社2004年，49页。

不同的主题定位下，其讲述方式也是不一样的。为了让学生形成"我认为"，我要求他们变换主题来讲述故事，推动学生在情节的取舍、叙述的详略、阐释与议论的方向上，做到事实与逻辑的互洽。比如以"追索真相"为主题，所有的情节叙述及阐释就必须合乎"追索真相"的逻辑。如果在文本事实、人性情理或者社会逻辑的任何一个环节上达不成逻辑上的互洽，那么，要么是主题界定有问题，要么是事实及其阐释有缺陷。这个写作过程，逼使学生不断地反思，反复地推敲与思辨，寻找戏剧的事实与其主题的逻辑关联。

下面呈现两篇学生习作的片段，从中可看出事实叙述及阐释的细微差别。

关于"勇于担责"：

> 我们有理由相信，当先知说出"你犯了弑父娶母的罪"，俄狄浦斯就已预感到追查凶手就是飞蛾扑火，但他对真相的热爱与对城邦的道义，还是驱使他冒着生命的风险，继续前行。
>
> 俄狄浦斯的内心一定掀起了滔天大浪：这不就是早年在科任托斯时神示的内容吗？
>
> 王后出场后，道出了"脚肿"的秘密。难道俄狄浦斯自己不知道自己的脚病吗？
>
> 王后讲述了先王死亡的场景，那个致命的"三岔口"，天下竟有这样的巧合吗？
>
> 当报信人指出俄狄浦斯是科任托斯国王的养子时，还有什么理由再继续怀疑呢？
>
> 倘若为了自保，俄狄浦斯可以在追查的任何一个环节停止，或拖延，或阻碍。尽管在命运女神的注视下，这样的延宕没有实质的意义，但绝大多数凡人，都会因为难以遏制的欲望、恐惧和懦弱，做出逃避的选择。俄狄浦斯没有。俄狄浦斯之所以伟大，就在于他有着凡人的肉身，却做着神一样的壮举。

关于"认识自己"：

> 古希腊有这样一个神话故事：一个叫斯芬克斯的人面狮身女妖，坐在忒拜城附近的一座悬崖上，路过的人都必须猜一个谜语，猜不出来就

要被她害死，无数人因此而丧生。

什么样的谜语如此刁钻？谜语是这样的：有一种动物，早晨四条腿走路，中午两条腿走路，晚上三条腿走路，腿最多的时候，也正是他走路最慢、体力最弱的时候。这是什么动物？一个名叫俄狄浦斯的英雄猜出了谜语，斯芬克斯羞愧难当，跳崖而死。为了感谢俄狄浦斯，忒拜人推举俄狄浦斯做了国王。你知道谜底是什么吗？

这是一个关于人类自身的谜语，谜底就是"人"。在所有关于"人"的谜语中，"斯芬克斯之谜"是最值得回味的一个，因为，能够猜透斯芬克斯之谜的英雄俄狄浦斯，却未能猜透他自己的人生之谜。

两篇文章，都在情节的叙述中阐述主题。讲"担当"的，特别强调俄狄浦斯在"弑父娶母"的罪恶中是不自知的，同时又强调了俄狄浦斯追凶的主观意愿，是为了让城邦免于毁灭。在主观故意的情况下犯错误，承担责任还容易理解；在不自知或被迫的情况下犯错误，要不要承担责任，就存在分歧了。俄狄浦斯完全可凭"不自知"为自己辩护，并逃避惩罚，就像大多数人一样，可他还是义无反顾地继续前行。俄狄浦斯的英雄气质多么耀眼！

关于"认识自己"，文章以"斯芬克斯之谜"开头，揭示了这个谜语看似简单实则深刻的内涵。俄狄浦斯能猜透"斯芬克斯之谜"，却猜不透自我身世，本身就值得回味。人类不也一样吗？万事万物好像尽在掌握之中，我们似乎能够规划整个世界，可对于人类自身，对于人类的精神与欲望，对于人类复杂的灵魂与心理，我们究竟了解多少，又能把握多少呢？可见"认识自己"之难。

三、在思辨读写中体验"如何用"

整本书阅读，要善于将经典转化为自己的生活资源、文化资源，当然也包括表达资源。要善于将阅读成果迁移和运用到实际生活与表达中，即便像高考写作这样明显带有功利色彩的写作训练，也不妨借用和化用。没有必要将怡情养性与活学活用对立起来，撇开"活学活用"可能包含的投机色彩，倒不失为一种反馈与反刍阅读的有效办法。

《俄狄浦斯王》是表达的资源宝库。在《俄狄浦斯王》的学习中，我的学生以此为资源，写了很多作文。其中一篇是 2013 年上海卷高考作文题。题目是这样的：生活中，大家往往努力做自己认为重要的事情，但世界上似乎总还有更重要的事。这种现象普遍存在，人们对此的思考也不尽相同。请选取一个角度，写一篇文章，谈谈你的思考。

下面是一篇习作的结尾：

当我们站在俄狄浦斯的角度上选择时，恐怕我们谁也无法比俄狄浦斯本人做得更好。这早已无关个人的智慧、勇气。在无限的时间与空间的长轴上，我们所有的人也不过是井底之蛙，只能不断探索，但永远也无法到达尽头。我们只能做自己认为"重要"的事，这当然是对的；但我们应当铭记的是，总还有"更重要"的事要做，或许这"更重要的事"恐怕我们穷极一生也发现不了，但我们仍应时时警醒自己作为个体的渺小与局限。

下面是公开课上关于此文的对话片段：

师：你是怎样把这个作文题目与《俄狄浦斯王》关联起来的？

生：俄狄浦斯王很伟大，但他毕竟是个人。人都有自己的不足、缺点，没办法站在上帝的角度看问题，没办法看清现在的决定对十几年后的影响，这让我觉得两者之间是有关联的。

俄狄浦斯就像大多数人一样，一直在做自己认为"重要"的事情。他出走科仕托斯，他觉得是重要的，这样离开自己的父母，免得"弑父娶母"。但他没想到的是，他们并不是他的亲生父母。他这样做，反而是走近了他的亲生父母，导致了悲剧命运的到来。

师：你的意思是，人只能做自己认为重要的事情，客观上是不是真的重要，是不是还有更重要的事情，我们未必能够确定。大家想想"事后诸葛亮"这个俗语，为什么只有到了事后，才能当诸葛亮呢？

生：事情发生的时候，人们往往被事态所迷惑；只有到了"事后"，远离了事态，才能看清真相。我联想到"当局者迷，旁观者清"。旁观的人往往放得开，所以他脑子清楚；但如果他也在"局中"，或许也会迷惑。

师：你对这个题目有了新的诠释。大部分同学写的都是"检讨式作文"，譬如我们很自私，很渺小，因为我们把自己的柴米油盐当作重要的事，却忘记了国家大事、天下大事，所以我们总是错过"更重要的事"。这样写当然也没错，但你的立意更有哲理性。你看到了人类理性与智慧的可靠性，也看到了理性与智慧的局限性。

整本书阅读教学，理想的境界是阅读、理解和实践运用的共生与融合。后来，我将"它原本""我认为""如何用"三个环节，提炼上升为"原生态阅读""批判性理解""转化性运用"，并以此作为整本书阅读思辨读写教学的基本框架。

〔附教学分析〕

理性的声音与理性地倾听
——高中必修（下）第八单元教学刍议

一、教学价值：理性的声音与理性地倾听

思辨性阅读的核心价值，在于训练和培养学生的理性判断力。高中语文教材必修下册第八单元，承载的主要就是这个任务。单元选择了四篇文章，即《谏太宗十思疏》《答司马谏议书》《阿房宫赋》《六国论》。单元任务叫"倾听理性的声音"，具体要求为"领会作者观点及其现实针对性，把握其解决现实问题的理性思维方式，鉴赏文章的说理艺术，学会在辩证分析与合理推理的基础上进行理性判断，养成大胆质疑、缜密推断的批判性思维习惯"。

"在辩证分析与合理推理的基础上进行理性判断"，这是思辨性阅读的基本内涵。其中，"辩证分析与合理推理"是手段，"理性判断"是目的。

所谓判断，即对事实做出真假判断，对价值做出是非判断。在语文教学中，还涉及语言的艺术判断，这是一种基于事实与价值，同时又超越事实与价值的审美判断。

之所以将单元核心任务界定为"倾听理性的声音"，大概是因为四篇文章都带有说理色彩。《阿房宫赋》虽为赋体，但在充沛的气势与华丽的辞藻之下，作者要传达的依然是兴亡之"理"。"理性的声音"，即教材编写者所理解的四篇文章的"共性"。这当然没错，但也要看到，任何写作都不可能是完全理性的，任何文本的创造都是由活生生的人在具体的情境下完成的。因此，当我们在强调"倾听理性的声音"的时候，也有必要强调"理性地倾听"，引导学生辨析这"理性的声音"中所隐含的非理性因素，即作者特定的价值选择与情感偏向，以及由此而带来的表达上的某些"非理性"的印记。

"理性的声音"，强调的是文本特质；"理性地倾听"，强调的则是读者的阅读素养。在教学的意义上，培养学生"理性地倾听"也许更为重要。

借助说理性文本进行思辨性阅读教学，主要是出于教学的典型性与效能性的考虑，但容易造成一个印象，似乎只有说理性文本才能进行思辨性阅读。显然，这样的误解普遍存在。思辨性阅读，不取决于文体，而取决于阅读的目的。且不说本单元的《阿房宫赋》，即使是一首情意绵绵的诗歌，我们也可以透过情感的迷雾，对诗歌的内涵与诗人的情思进行理性的分析，进而做出有关真假、是非与美丑的断言。只是因为诗歌的文体特性，比如跌宕的诗句、跳跃的思绪和朦胧的意象，让理性的寻绎变得更加复杂罢了。

思辨性阅读，必须由感性走向理性，由混沌走向清明，由理解走向判断。

说理文同样存在理与情、逻辑与历史的纠缠。《谏太宗十思疏》《答司马谏议书》是书信体。书信体往往有特定的读者对象，有特定的事由与目的，当然也有具体的语境。在《答司马谏议书》中，尽管王安石保持了相当的理性与克制，但读者还是能读出文字中的意绪。譬如，"如君实责我以在位久，未能助上大有为，以膏泽斯民，则某知罪矣；如曰今日当一切不事事，守前所为而已，则非某之所敢知"，王安石的自信、强悍以及对司马光指责的不屑，都溢于言表，而两人"冰炭不可同器"的对抗关系也可见一斑。有人称道此文"理足气盛""劲悍廉厉"①，这是需要辨析的。客观地说，"气盛"属实，"理足"则未必。此文不仅涉及"王安石变法"复杂的历史背景，还涉及彼时微妙的政治关系与官场生态，我们的断定必须慎之又慎。王安石变法有客观的现实需求与依据，他对"新政"充满信念，他的"天命不足畏，祖宗不足法，人言不足恤"的改革勇气也值得叹赏，但不能由此认为他的改革都是无懈可击的，以"理足"二字盖棺则未免草率；而司马光的对抗，根本原因也在于理念不合，政见不一，而非出于纯粹的个人恩怨或者义气，因而也不可能说他是"无理"取闹。著名宋史专家刘子健先生对王安石不吝赞美，称他是"中国历史上的杰出人物"，"理应在世界历史上占有一席之地"。但出于历史研究的严谨，他也承认王安石的变法缺乏"一个明确的社会基础"。他写道：

> ……他（王安石）以为自己是在帮助大多数人，但是新政带来的国家财政的改善或许远超过它们给人民带来的利益。不仅官僚家庭和大地主们对引起他们反感的一些新政特征表示不满，许多中等地主和其他较不富裕的人基于他们的理由也各有抱怨。简言之，王安石的政策未能清晰而坚定地奠基于一个明确的社会基础之上。②

王安石"以为自己是在帮助大多数人"，而实际上却招致了各阶层的"抱怨"，这对于一个积极进取的改革家而言，难免尴尬。以司马光的身份、学识与公认的品格，他指责王安石"侵官、生事、征利、拒谏"，我们不可因其反对"变法"而一概加以拒斥。无论从常识的角度看，还是基于历史研究的相关成果，我们都没必要先给王安石戴上一顶"政治正确"的桂冠，将他视为"理性"的榜样。

这也说明，所谓理性、中立与客观（即"理中客"），应该是人们追求的立场与境界，而绝非自我标榜或不证自明的某种状态。如果我们承认有"理中客"的存在，那么，它只可能存在于不同立场与观点的交锋、抗衡与对话之中。

---

① 陈振鹏、章培恒主编：《古文鉴赏辞典》，上海辞书出版社 1997 年，1308 页。
② 刘子健：《宋代中国的改革：王安石及其新政》，张钰翰译，上海人民出版社 2022 年，212 页。

"声音"是否"理性"，需要读者的"思辨"；"倾听"是否"理性"，更需要听者的自我反思。

二、思辨之路：从文本到人本

在这一单元的四篇文章中，《六国论》常被看作最"理性"的文章，很多人将其视作古代"史论"的典范。不同于书信体，文章没有设定明确的读者对象，这使得苏洵要比魏征、王安石超然得多——他不必像王安石那样，面对虎视眈眈的政治对手，如何表态如何措辞都不能马虎；也不像魏征，即使我们承认唐太宗是能够倾听和纳谏的明君，即使为劝谏效果计，魏征也不能不充分考虑帝王的尊严与虚荣。苏洵的犀利胜过魏征，洒脱胜过王安石，盖因身份不同，对象有异，处境不同。一句话，苏洵的表达要自由与超脱得多。

但即使如此，也不能将苏洵此文视作一篇纯粹的学术论文。作为一个传统读书人，苏洵不可能在抽象的历史思辨与逻辑推演中忘怀自我存身的那个世界，这就是中国的读书人。这世界有没有纯粹的学术不敢断言，但于中国的读书人而言，忧国忧民的家国情怀则一定是他们难以回避的情结。

事实上，在《六国论》这篇所谓的"史论"中，我们也能读出一些不吐不快的愤激。尤其是最后一段，作者几乎要跳将出来，直接吁请了：

> 夫六国与秦皆诸侯，其势弱于秦，而犹有可以不赂而胜之之势。苟以天下之大，下而从六国破亡之故事，是又在六国下矣。

这些话是说谁呢？说给谁听的呢？设想一下，如果我们是苏洵的同代人，开卷诵读"六国破灭，非兵不利，战不善，弊在赂秦"之句，强烈的代入感与共鸣感会不会油然而生！

中国文化向来讲究"实用"，这使得形而上的逻辑演绎不太发达，为时而歌、针砭时弊的现实关怀成为主流。可以设想，苏洵的写作也是有读者预设，他就是写给当时的人看的，写给士大夫们看的，甚至是写给皇帝看的。

实用的写作目的及相应的现实考量，使得《六国论》在表达方式上悄然地靠近了讽谏意味浓厚的《阿房宫赋》。杜牧在《上知己文章启》中明确地说："宝历大起宫室，广声色，故作《阿房宫赋》。"可见，《阿房宫赋》的写作，有着明确的针对性与现实诉求。杜牧要传达的，并非什么复杂深奥的政治理念。在儒家"民本"与"仁政"的观念主导下，大兴土木、沉溺声色的危害不证自明，暴秦二世而亡的原因也不言而喻。杜牧无意展开全面而深入的分析论证，也不在乎证据上是否滴水不漏，论证上是否严丝合缝。重要的是发出自己的声音，借这篇浓墨重彩的"赋"，提醒穷奢极欲的衮衮诸公，不要忘了秦朝覆亡的前车之鉴。"赋"这种"铺采摛文，体物写志"的文体，通过密集的铺陈、繁复的渲染与极力的夸饰，造成一种疏离日常语言的"陌生感"，用来宣示态度、强化观点，天然具有独特的优势。

《六国论》名虽为"论"，在论证逻辑上与《阿房宫赋》相差无几。

"六国破灭"显然是由众多的原因所共同造成的，这是不言而喻的常识。除非发生了极端情况，很难将一个国家的灭亡归结为某个单一的原因，而苏洵竟将六个国家的覆灭都归结为"赂秦"，这看起来不仅简单，甚至还有点粗暴。其实，在诸侯争霸的战国时期，割地赔偿也不是什么罕见的事情，几乎无国不"赂"，连秦国也曾有过割地的屈辱。这说明，"赂"只是诸侯们解决战端与纠纷的手段，是战败者情不得已的选择，有时候还是纵横捭阖的一种韬略。在大国野心勃勃、小国不甘束手就擒的战国时代，有实力的强国不大会"赂"，没实力的弱国"不赂"也会亡，甚至可能"亡"得更快。将六国破灭的原因直接归结为"赂秦"，至少犯了"简单归因"的逻辑错误。

为了强化自己的论点，苏洵在证据的选择与使用上，做了很多有利于自己的"包装"。"赂秦"的韩、魏、楚三国，不幸而与强秦为邻，处在秦国"远交近攻"战略前沿，可谓首当其冲，其灭亡在很大程度上取决于秦国的称霸战略。尤其是韩国，国力弱小，地理上却处在合纵连横的咽喉要道，乃秦国东出的眼中钉、肉中刺，秦人必欲拔之而后快。在赂与不赂的问题上，苏洵显然夸大了韩国的自主权而忽视了秦国难以撼动的支配力。再如"不赂者"燕国，苏洵说"至丹以荆卿为计，始速祸焉"，似乎荆轲刺秦才刺激了秦国的掠夺之心，这个推断明显是倒因为果，避重就轻。这样推论下去，荆轲倒要为燕国的灭亡承担责任了。

苏洵将他的论证建立在一个假设之上，那就是六国原本可以勠力同心，"并力西向"，抗秦图存——事实上，六个国家一心一意，这样的状态只可能存在于历史学家的头脑中。只要默认这个假设是正确的，论证过程就变得简单了。毋庸讳言，《六国论》的论证思路正是如此——它存在着明显的结论先行的问题。

在这个意义上，苏洵此"论"与杜牧彼"赋"，在说理的逻辑上并无本质的不同。事实上，《六国论》中有些渲染与铺排，夸张扬厉虽不及《阿房宫赋》，但也越过了"论"的限度。如"较秦之所得，与战胜而得者，其实百倍；诸侯之所亡，与战败而亡者，其实亦百倍"，这个"百倍"显系夸饰之词。有论者质疑"百倍"的准确性，借用历史统计数据来揭示其疏漏，本人觉得无此必要，因为苏洵原本就无意靠数据说话；"百倍"之说，不过是惊听回视的修辞之语，不必当真。

如果仅局限在文本之内，《六国论》的上述问题可算是致命的硬伤。有人批评古代政论、史论不够理性，不讲逻辑，甚至扭曲事实。《过秦论》《六国论》因为以"论"自居，且流传广，影响大，屡遭指责和贬斥。应该承认，这些批评并非无中生有。但问题是，这样的质疑也让质疑者陷入某种紧张与尴尬：经典文本的地位屹立千年，何以一遇到逻辑就轰然倒塌了？

问题的根源，还在于文本及其解读的观念出了问题。

写作即表达，表达即生命，在文本之上，还有一个不可忽视的创作主体的存在。文章不是简单的章句构造或逻辑推演，写作有其特定的表达诉求，离开了具体的人与具体的表达语境，文章就失去了生命的意蕴，逻辑也会变得空洞而苍白。因此，局限在文本内部的思辨是不够的，或者说，这只是思辨的第一步；在客观的文本世界里，探寻主体的精神世界，思辨才能让我们发现文本的更多秘密，我们才能对苏洵及其《六国论》做出"理性判断"。在这个意义上，思辨即探究：在语言后面看见生命，在文本后面看见世界。

看看苏洵生活的那个时代，看看苏洵的生命底色，他那些针砭六国的言辞，分明是对着当朝来的。宋朝边患由来已久，割地赔款更是家常便饭。1005 年，宋辽订立"澶渊之盟"，宋每年输送白银十万两，绢二十万匹；1042 年，契丹遣使至宋索要土地，宋被迫每年输送岁币十万两、绢十万匹。

发生在 1044 年的"庆历和议"，大概给了苏洵最直接的刺激。王昊在《苏洵传》里这样阐述此事：

> 经过宋王朝的弹压，直到庆历四年（1044 年）的五月份，和议才最后定下来。

> 元昊称臣，同时又自称"夏国主"，宋政府每年输绢十三万匹，银五万两，茶二万斤给西夏……仁宗派人给元昊送去了《赐西夏诏》，总算在仪式上保持了大宋王朝的面子和尊严。

> 至此，宋、西夏间持续五年的战争结束了。但这个和平其实不过是宋政府从敌人那里赎买来的。宋王朝对西夏的软弱无力暴露无遗，苏洵已清楚看到这点，但他还没有可能马上对此表达自己的意见……但这个事件已在苏洵心中种下种子。若干年后，他在其著名的《六国论》中借古讽今，反对以贿赂赎买和平的屈辱政策，更在他的一系列"言兵"的著述中，公开提出了"断绝岁币"的激进主张。[1]

正是如此，此文显然是苏洵的"有为而作"。苏洵为文，追求"言必中当世之过，凿凿乎如五谷必可以疗饥，断断乎如药石必可以伐病"[2]。苏洵的恩人欧阳修在给仁宗皇帝的推荐中，也说苏洵"文章不为空言而期于有用"，"博于古而宜于今，实有用之言"[3]。作为传统知识分子，苏洵有着自觉的家国情怀与责任担当，他披挂的是历史外衣，上演的却是借古讽今的苦情戏。责任的焦灼，担当的义勇，让他失去了气定神闲的优游与从容，逻辑上的仓皇换来的却是呐喊的激越。苏洵一生在功名上无甚作为，形同白身，他的呼喊更能显示传统知识分子"责任与担当"的博大情怀。

拘囿于文本，我们看到的是事实与逻辑上的某些断裂；以人为本，知人

---

① 王昊：《苏洵传》，吉林文史出版社 1998 年，36—37 页。
② 苏轼：《凫绎先生诗集叙》，载茅维编，孔凡礼点校《苏轼文集》，中华书局 1986 年，313 页。
③ 欧阳修：《荐布衣苏洵状》，载李逸安点校《欧阳修全集》，中华书局 2001 年，1698 页。

论世，我们看到的则是这些断裂背后的主体动机与历史背景，而文本中的断裂也因此得以弥补。六国破灭原因复杂，谁也无法穷尽和还原历史的真相，我们所能做的，只是尽可能合乎事实与逻辑地去解释历史。问题在于，每一个解释者都是带着先在的观念与诉求进入历史的，他必然将"自我"投射到历史之中，并期待着来自历史深处的回响。在这个意义上，历史就像一座宝库，每个人只能"取一瓢饮"。苏洵看六国，他看到的就是"赂秦"，因为他的时代也面临着同样的课题。"赂秦"，这是实力的虚弱，更是战略的失误，还有掌权者的昏聩与怯懦。苏洵素喜研究战国纵横之术，他应该明白韩国的复杂处境，但无论怎样，与虎谋皮是最不可取的下下策；苏洵大概也明白，"燕虽小国而后亡"并非仅仅是"用兵之效"，譬如与它远离虎狼之秦的地理位置不无关系，但苏洵依然强调了"义不赂秦"的明智。

历史不能假设，而历史研究却不能没有假设。甚至可以说，历史研究正是基于对历史的某些假设。假如六国"义不赂秦"，"并力西向"，历史将会走向何方？这样的假设隐含了苏洵对宋王朝命运的深重忧虑，他看到了惨痛的历史正在大宋重演。这令他痛心，他不能袖手旁观，于是就有了这篇千古雄文《六国论》。

于时代而言，于苏洵而言，这就是"理性的声音"。

从文本到人本，意味着我们的思辨要借由文本这一通道，进入到遥远的历史隧道，深入到主体的生命史。在这个过程中，读者的身份是多重的。他是旁观者，这意味着他可以保持审视与反思的距离；也是参与者，他要与作家共情，与历史对话；同时，还是一个独立的判断者，他必须整合文本、作家与历史，"在辩证分析与合理推理的基础上进行理性判断"。这便是"理性地倾听"。

这样，我们就能勾画出思辨性阅读的路径：从客观文本出发，到主体世界的探究（知人论世），再到主客观结合的整合与判断。具体到说理文的思辨性阅读，可结合上述分析，勾画出一个总的阅读框架（见图10）。

图 10　说理文思辨性阅读的基本框架

三、单元教学：交际语境下的说理

《六国论》是千古名篇，它经得起一代又一代人的反复质疑与探究。在汉语语汇中，"质疑"这个词常带有几丝暧昧的色彩，似乎意味着轻慢、猜疑、亵渎和否定。推进思辨性阅读，必须澄清一个观念：质疑是通往理解与确信的必由之路，未经质疑的信从是盲目的，不加辨析的选择是愚昧的。经典尤其如此。质疑不会亵渎经典，忌讳和害怕质疑才构成了对经典的不恭，因为它预设了一个虚假的前提：经典竟然那么脆弱，一有质疑，便会轰然坍塌。

事实上，并非所有的文本都能像《六国论》那样得到合乎情理的解释，这就是经典与非经典的一个本质的不同吧。设想，倘若写作者虚情假意，无病呻吟，或颠倒黑白，编造事实，伪造历史，那么，无论怎样的动机挖掘与背景阐释，都无法洗刷文本里的逻辑污垢。必须承认，苏洵也好，杜牧也罢，他们借以断言的事实与逻辑总体上是能站立的，这也是所有以借古鉴今为旨归的创作的底线。

交际语境下的说理，必然涉及"论证性"与"交际性"的矛盾与协调。前者以事实与逻辑为基础，后者以实用性与有效性为圭臬。之所以存在这样的矛盾，根本原因还在于社会的复杂性与人的复杂性，即交际及其语境的复杂性。尤其是面对皇帝的魏征与面对政敌的王安石，"怎样说理"的重要性至少不亚于"说什么理"。无视论证性，泛滥地使用心理技巧与修辞技巧，说理可能会陷入虚假与庸俗的道德困境；无视交际性，只在乎逻辑的圆满与事实的雄辩，交际的成本与风险会成倍增加，交际的实效难以保证。当我们在纯粹的逻辑世界遨游的时候，这些都不成问题；一旦进入到真实的交际语境，这些问题不仅考验我们的知识与智力，还可能挑战我们的底线与道德操守。

但无论怎样，文采必须植根于价值，华章必须立足于道德，这是评价文章的底线。这一单元将"责任与担当"作为学习的主旋律，正是对四位作者的是非底线与道德操守的肯定，也是对四篇千古名文的褒扬。

从单元教学看，可以"交际语境下的说理"为核心任务，引导学生探究"理性的声音"，学习"理性地倾听"，并以此组织四篇课文的关联、比较与整合，重点辨析四篇文章在处理"论证性"与"交际性"的关系上所表现出的坚守与机智。这就需要细读文本，同时也要借助相关的历史文献，结合作家的生平与创作进行综合研判，领略作者的说理策略与智慧。在下列表格中，我特意增加了"交际效果"与"历史影响"两栏（见表4）。"交际效果"指的是文章在当时产生的现实效果，尤其是在交际对象那里发生的作用；"历史影响"指的则是文章给后世带来的价值。需要说明的是，这不是简单地以效果论英雄。只是希望学生明白，任何具体语境下的说理，都必须考虑具体的交际对象与交际语境，而那些产生了实际的交际效果与长远的历史影响的文章，一定有着人所不及的大智慧。

表4　对四篇文章的比较分析

文章	写作背景	作者身份	读者对象	作者与读者的关系	表达动机	交际效果	历史影响	交际语境给说理带来的影响
《谏太宗十思疏》								
《答司马谏议书》								
《阿房宫赋》								
《六国论》								

在具体的单元教学实施中，可根据学生的学力层次与教学实施的具体需要，化大单元为群文阅读。两篇书信为一组，两篇涉及战国兴亡的文章为一组。很明显，前者是强语境，而"赋"与"论"则为弱语境，有意思的是，文章的风貌与格调也呈两两相对的态势。前文对此已做了诸多比较，不再赘述。

在思辨力的培养上，单元教学有一些特定的优势。

在既定主题或任务之下，单元设计可选择异质多元的文本，让文本形成某种对话的张力。现代人的无知，不主要表现为知识与信息的绝对匮乏，而多表现为信息与知识的同质、立场与视野的狭隘、观点与态度的片面。在封闭的环境下，单篇课文的教学容易导致这样的"无知"，而单元教学则能弥补这个缺陷。四篇文章都在说理，但作者的身份不同，说理对象不同，各自的处境不同，诉求也不同，于是，他们对文体、思路与风格的选择也就有所不同。这样的单元组合表现出了一定程度的离散性，便于学生关联与辨析。

通过比较来训练学生的洞察力与判断力，也是单元教学的天然优势。文本之间的相关性，这是单元设计的前提，也是群文比较的基础。同是"交际语境下的说理"，四位作者对交际语境的考量，各自的侧重点在哪里？原因何在？魏征的书信是为了劝谏，而王安石的回信却为了拒"谏"。截然不同的目的，给他们的写作带来了怎样的影响？这些内容都需要辨析。在辨析中，是非曲直、善恶美丑的判断时刻在发生，学生的判断力也会慢慢滋长。

第八讲

有真问题，才有真思考与真判断

——从 40 年高考命题的演进看思维教育的方向

语文教学中的无效、低效和负效，大多与思考缺席相关。而思考的缺席，则往往源于没有"真问题"。没有真问题，就没有真思考；没有真思考，也就谈不上真判断。

有了真问题，才有真思考。思考的过程，就是借助分析与论证来决定自己的信念与行动的过程。

梳理一下恢复高考 40 年来的作文命题，或能发现一条越来越明晰的变迁曲线：高考命题越来越关注真实的思考与真实的判断，换句话说，越来越关注人的真实能力与素养。教育变革注定是一条漫长而曲折的道路，如果我们承认我们在不断进步，那么，我们或能在其中看到规律所起的不可阻挡的作用。

根据思维考察的不同类型，我将 40 年的作文命题分为四个阶段。需要说明的是，这个阶段划分主要是个思想史的概念，而非断代史的概念。众所周知，高考作文命题受现实政治与社会文化因素的影响很大，并非纯粹的学术考量。像 2017 年，正值党的十九大召开，高考卷要体现党和国家的这件大事，也是理所当然。但即便如此，高考命题也还是有着自己的运行规律，2017 年的命题尽管时政色彩很重，但思辨的意味依然不减，内在地延续着近几年来"任务驱动"的命题思路。

一、政策响应

这种题型出现在 1977 年的高考卷上。这一年实行分省命题，其中北京卷是"我在这战斗的一年里"，山西卷是"为四个现代化做贡献"，上海卷是"在抓纲治国的日子里——记先进人物二三事"，这些命题都表现出对现实政治和政策的直接关注。在 1977 年的特定环境中，"战斗""四个现代化""抓纲治国"等词语都有着特定的时事色彩与政治内涵。

国家大事与时事政治进入高考写作，这是可以理解的。有人对此忧心忡忡甚至反感，似乎一考时政材料，就背离了语文，弱化了语文的本体色彩。这样的担心不是没有道理。从以往的经验看，用时政材料命题，写作往往成了时政语录、媒体社论、流行语汇的大展销、大集合，而在宏大的叙事中，考生往往也丧失了自己的思考与判断。其实不难理解，时政材料涉及的都是一些刚性话题，命题与立意的站位往往很高，较难在材料中设置内在的矛盾与冲突。因此，时政材料入题的一个危险，就是大而化之。按照杜威关于"思维"的理论，没有真正的具体的问题，就不可能引发真正的思考，也不可能有属于自己的判断。从考生的角度看，面对党和国家的大政方针，比较"稳妥"的办法，就是套用社论、语录和流行语汇。这无关考生的觉悟或者个性，这是高考这种特殊的写作场景所决定的。

尽管以时政入题的命题难度很大，但时政材料并不必然扼杀学生的思考与表达，关键还是要看对材料的选择与组合。设计好了，依然产生好的效应。近几年的时政表达，更多借助命题技术给学生提供具体的表达空间，本质上拉开了与 1977 年的距离。

二、道德阐释

作为一种题型，道德阐释将道德观念、范畴或美德作为分析与阐释的对象。中国社会极其崇尚道德，这决定了道德阐释在写作教学中的重要地位。科举考试如此，现代写作测评也是这样。典型的如 1982 年的"先天下之忧而忧，后天下之乐而乐"，将传统知识分子的忧国忧民情怀作为阐释对象；又如 1998 年的"坚韧——我追求的品格"或"战胜脆弱"，则将中华民族乃至整个人类珍视的美德作为写作内容；再如 2007 年安徽卷，题目是"提篮春光看妈妈"，着意于对"母爱"的歌颂，引导学生挖掘母爱中所包含的牺牲与奉献精神，本质上也在道德阐释之列。

道德阐释无可厚非，但道德阐释的难度似乎并未得到普遍的认识。要求一个知识分子"先忧后乐"，其隐含假设、人性依据与价值诉求究竟在哪里？凭什么说这样的观念就是合理的甚至先进的？在很多人的心里，要忠，要孝，要讲信用，要有良知，似乎都是理所当然的，是天经地义的。但其实，每一个道德范畴的确立，都需要一套庞大而严谨的论证，孔孟对"仁""义"的分析，苏格拉底对"勇敢"的阐述，柏拉图对"正义"的论证，都是典型的例证。

道德阐释还有个观念上的障碍。道德有着极高的"势能"，它们是美德，是康德所说的需要仰视的"星空"，对它的追问与分析似乎意味着不恭与亵渎，甚至会被看作内心"不洁"。很多人混淆了道德认知与道德实践的区别，这种观念严重妨碍了道德的思辨，为道德蒙昧主义提供了温床。

正因为此，面对"先忧后乐"这样的传统美德，除了搜寻一些名人名言和典型事例来渲染、印证或歌颂，学生确实也难有更大的作为。

再如 2001 年关于"诚信"的话题作文，题目是这样的：

有一个年轻人跋涉在漫长的人生路上，到了一个渡口的时候，他已经拥有了"健康""美貌""诚信""机敏""才学""金钱""荣誉"七个背囊。渡船开出时风平浪静，说不清过了多久，风起浪涌，小船上下颠簸，险象环生。艄公说："船小负载重，客官须丢弃一个背囊方可安渡难关。"看年轻人哪一个都舍不得丢，艄公又说："有弃有取，有失有得。"年轻人思索了一会儿，把"诚信"抛进了水里。

寓言中"诚信"被抛弃了，它引发你想些什么呢？请以"诚信"为话题写一篇文章，可以写你的经历、体验、感受、看法和信念，也可以编写故事、寓言等。

本来，命题并不是让考生抽象地讨论"诚信"的价值，而是设置了一个生死攸关的虚拟场景，让考生在"健康""美貌""机敏""才学""金钱""荣誉"的抉择中，权衡"诚信"的价值。在日常情境下，诚信是最重要的，轻易丢不得；但在生死攸关的时刻，"诚信"是不是一定不可丢呢？这并不是一个不能讨论的问题。但在考场上，有几个学生能这样想，敢这样想，敢这样写？而且，命题者的意图，似乎也是要学生论证：诚信才是最重要的，其他一切都可抛弃，唯有诚信不可抛。

抽象的道德讨论意义不大，只有展开具体的分析，关于诚信的讨论才是有意义的。

在不同的时代与文化环境下，"诚信"的意义千差万别，甚至天差地别，抽象理解反而模糊了很多具体的分歧，像民间所谓的"说话算数"，古语所谓"一诺千金"，与现代社会的"诚信"是不是一样？不妨罗列一些学生作文中列举较多的事例。

《庄子·盗跖》："尾生与女子期于梁下，女子不来，水至不去，抱梁柱而死。"尾生为了一个莫名的"约会"而丧生，这种"诚信"是否值得称道？庄子认为，这样的信用"无异于磔犬流豕操瓢而乞者，皆离名轻死，不念本养寿命者也"，现代人又该如何理解这样的"诚信"？

商鞅"徙木立信"："令既具未布，恐民之不信，乃立三丈之木于国都市南门，募民有能徙置北门者予十金。民怪之，莫敢徙。复曰：'能徙者予五十金！'有一人徙之，辄予五十金。乃下令。"商鞅的这个举动几乎就是个"行为艺术"。这哪里是"立信"，分明是"立威"！靠强权树立起来的"信用"能算信用吗？这样的"诚信"是否有价值？

《三国演义》中的关羽，华容道"义释曹操"以报答曹操的知遇之恩，成为信义的化身。但从政治操守与社会规则看，这样的"诚信"是否合理？

梁山好汉们讲"诚信"，一言既出，驷马难追，但这种"诚信"是否经得起价值的拷问？像张顺，为了拯救病重的宋江，只身一人，将神医安道全绑回梁山，算是说话算数了；但他绑架安道全的手段，却是那么卑劣与残忍，难道成全自己的信用要靠如此无法无天的手段？类似的情节在《水浒传》中比比皆是，令人惊惧。

列举上述事例，并非要颠覆"诚信"这个美德，而是说，要想在现代语境下论证"诚信"的价值，就必须在现代法律、道德、伦理、文化观念的引领下，清晰地界定"诚信"的具体内涵，这样的分析与论证才有说服力。

同理，当生命受到威胁的时候，能否扔掉"诚信"并不是一件不证自明的事情，这取决于我们如何理解"诚信"，如何理解生死，如何理解与其相提并论的其他物事。只有当我们做好了这些分析，才能思考该不该将它扔进河里。

下面这篇关于"包容"的文章，沿着"辩护"的思路走得更远，连概念的基本内涵与阐述的逻辑都不要了。

包容

你说太阳被阴云遮住并任其阻拦自己的光热是一种懦弱，不，我说那是一种包容，是博大的包容，是只有太阳才能具备的包容……

小的时候，包容是接受幼儿园老师发给的最后一个又酸又小的苹果，是坐在最后一个位子甘愿拿到一张撕破了的试卷。承受物质上的短小与破损，也许是顺其自然，这次受屈下次可能得福；也许是本能的反应，也无所谓，命里有时终会有。

长大了一些，包容是代自己心仪的女生受过，是忍受老师莫须有的"罪名"与错误的批评，是容忍事理的阴差阳错。因为男孩子就应该血气方刚，胸怀大志，青年人就应该大行不顾细谨，大礼不辞小让，就应该兼济天下。这似乎是生命中必须经历的风雨与坎坷，是成长所必须付出的代价。

人到中年，包容是不计命运的错判，是对伤害自己的人和敌人说一声"谢谢"，是忘记别人对自己情感犯下的罪行，扪心自问。也许朋友反目是一种无奈之举，是生计所迫；心爱的人的背叛也是被迫，应该让他找寻自己的天堂；下级和同级的造谣中伤可能是一时冲动，并非有意而为……不该那么苛刻地要求别人，也许自己也正伤害着别人而没有觉察，也许自己也在期待着别人的包容与谅解。天空本就蔚蓝，阴云终要散去，海纳百川才是水的本性，死潭里只有记恨、仇视、自私与利欲熏心……

老了以后，包容是"不在乎"儿女在外面闯荡而忘却了自己；是理解周围的种种纷争，心绪平衡；是容纳一切兵荒马乱、一切流言蜚语与一切是是非非。这不是看破红尘自甘堕落，而是一种气度，一种气质，一种气节。曾经沧海，曾经辉煌，财富也好，名誉也好，误解也罢，毁谤也罢，都有心胸承载。尽管世事沉重，但有岁月的磨砺，什么都是容得下的。

其实天很蓝，阴云终要散；其实海不远，此岸连彼岸；其实草很绿，万物皆自然。其实，你不必担心太阳的光亮被遮住，你也不必担心人间有太多不平，包容那些阴郁，心中便有阳光，我们终将收获全部的美丽……

这篇以"包容"为题的作文，读起来，怎么都像是一个得道高僧或者看透红尘的智者，絮絮叨叨给阅卷老师讲人生智慧。

请看这段："其实天很蓝，阴云终要散；其实海不远，此岸连彼岸；其实草很绿，万物皆自然。"这分明是一种顿悟后的清醒，一种放下后的达观，语词间透露出老庄式的与世无争和屈原式的举世皆醉唯我独醒。这些玄虚的言辞，其实讲的都是假大空，说的都是俗套子。

思辨一：包容是懦弱吗

一个儿童接受"又酸又小的苹果"，"坐在最后一个位子甘愿拿到一张撕破了的试卷"，这是包容吗？拿到"又酸又小的苹果"和"撕破了的试卷"却心甘情愿，如果这个孩子不是傻子的话，我甚至有理由怀疑他受到了教师的虐待与歧视。

为了突出孩子的"包容"，文章用了很多词来夸张孩子所遭受的不公正待遇。各位，如果你我的儿女在幼儿园"享受"了这样的待遇，你是否会真诚地感谢老师培养了你孩子的好品质？这样的歧视和践踏，培养出来的能是包容吗？恐怕还是软弱和奴性多点吧？

2013年，我以"说理才是硬道理"为题，开了一节写作公开课。课后某位专家不同意我的意见，说孩子从小就要学会忍让，学会吃亏，退一步海阔天空，云云。专家认为，这孩子能够接受"又酸又小的苹果"且"坐在最后一个位子甘愿拿到一张撕破了的试卷"，正是在接受人生的历练，对他的成长好处多多。

我认为不无道理，但我至今不敢苟同。懦弱，无原则的忍让，装糊涂，为了谋大利而不惜吃小亏，吃亏是福，这些与"包容"是一码事吗？

包容是人类的美德，未经教化和磨砺难以养成。一个孩子在幼儿园"忍受"了那么多不公正待遇，不能简单地理解为"包容"，这是他不得不接受的，不得不"包容"的。以儿童为对象来谈论"包容"，并不具有合理性。

还有所谓"顺其自然"，所谓"这次受屈下次可能得福"，所谓"命里有时终会有"，这种毫无道理可言的宿命论，竟然博得了阅卷者的欣赏，实在是匪夷所思。

思辨二：如此说来，"胯下之辱"也是包容了

第三段写"包容是代自己心仪的女生受过"，这哪里是"包容"呢？这分明是为了讨女孩子的欢心而耍的小诡计。这让我想起韩信受胯下之辱。这能算包容吗？他忍耐这一时，是为了更好地崛起。这分明是一种心机，是一种策略，怎算是"包容"呢？

至于"忍受老师莫须有的'罪名'与错误的批评"，既然罪名是"莫须有"，既然批评是错误的，怎么就要忍气吞声？这样的"包容"还有什么意义？

面对老师尚且如此没有原则，没有是非，没有维护自我尊严与权利的意识，要是真的面对邪恶，又该如何？这样的处世哲学，究竟是圆滑，还是懦弱？是糊涂，还是智慧？

思辨三：包容就是接纳一切吗

关于老年人的"包容"，也言过其实了。

我同意，"包容"确实应该是老年人的美德，年少气头盛，年高襟怀宽。但为了强调"包容"的威力，文章说老年人应该"容纳一切兵荒马乱、一切流言蜚语与一切是是非非"。这样的人，已经成"佛"了——只有佛，大肚

能容天下难容之事。当然，还有一种可能，那就是老糊涂了。

事实上，任何人，无论年龄多大，都会有自己的底线。没有人可以做到包容"一切"。这种糊涂哲学、市侩哲学，不就是"藏污纳垢"吗？这与"包容"有什么关系呢？

思辨四：包容究竟是什么

"包容"究竟是什么？如果对"包容"的理解出了问题，这篇作文的评价当然也就不靠谱了。

"包容"，不是什么都容得下，更不是藏污纳垢，也不是毫无原则地装糊涂。当然，为了达到自己的目的，暂时的妥协和韬晦，也不是包容。

包容是对世界的深刻理解和自觉的选择。世界是多元的，人是多种多样的。所以，我们应该接纳这个世界的多元，学会欣赏这个世界的差异，这才是包容的精神实质。

包容是一种胆识，懦弱不是包容；包容是一种理性，糊涂不是包容；包容是一种美德，机心不是包容；包容是一种智慧，无知不是包容。

三、抽象思辨

作为一种题型，"抽象思辨"并不新，但集中出现则是近十来年的事情，尤以上海卷为代表。故人们谈及思辨性命题，多与上海卷挂钩。上海卷的思辨取向早在 2003 年的"杂"与 2004 年的"忙"中已初露端倪，而最集中最鲜明的体现，则是 2010 年到 2014 年的几个题目。摘其要如下：

（2010 年）丹麦人钓鱼随身带一把尺子，将不够尺寸的小鱼放回河里；中国的孟子说："数罟不入洿池，鱼鳖不可胜食也。"

（2011 年）犹太王大卫的戒指上刻有一句铭文：一切都会过去。契诃夫小说中的一个人物在戒指上也有一句铭文：一切都不会过去。这两句寓有深意的铭文，引起了你怎样的思考？

（2013 年）生活中，大家往往努力做自己认为重要的事情，但世界上似乎总还有更重要的事。

（2014年）你可以选择穿越沙漠的道路和方式，所以你是自由的；你必须穿越这片沙漠，所以你又是不自由的。

这些题目一出现，就引来喝彩，原因在于这些命题"一根绳子联系着思辨，另一个绳子联系着生活，将理论与现实同时纳入题目之中，努力使作文题内涵丰富而不复杂"[①]。它关注的不再是纯粹道德阐释，而是范畴与命题的辨析。从思维方式上，试图将辩证唯物主义的基本原理如对立统一、质变量变和否定之否定等基本规律以及内容与形式、必然与偶然、可能与现实、现象与本质、原因与结果等范畴关系引入写作实践，以哲学的原理来解释生活，理解社会，洞察人生。与前述政策响应和道德阐释类题目相比，它强调在矛盾、运动与联系中审视万事万物，视野与命意都给人以耳目一新之感，事实上也极大拓展了写作的领域，扩张了写作的思维空间，提升了写作的思维层次。

但从思维角度看，这种命题并未能从本质上拉开与前两类命题的距离。事实上，正是因为题目并未提供具体的问题与具体的矛盾，抽象的讨论极易走向概念化与公式化，表面看很思辨，实际上流于形式与空洞。所谓"一个绳子联系着生活"，多数时候只是命题者的一厢情愿。在考生笔下，"生活"只是"配角"，是印证规律的配角。像"一切都会过去"，既然是"一切"，那么世间万物，上至宇宙下至蝼蚁，无不合乎这个规律，写作过程不过是寻找甚至堆砌一些具象的历史、社会与人生事例来印证这个原理罢了。

可以说，这种题型本身潜藏着教条化的风险，加上高考写作不可避免的趋同性与模式化，使得不少作文都成了一种呓语式的道白。像2014年的题目，写来写去无非是：你是自由的，也是不自由的；你是不自由的，也是自由的；没有绝对的自由，也没有绝对的不自由……

什么是自由？在什么意义上人是自由的？在什么意义上人是不自由的？人的自由意志与现实生存到底是怎样的关系？该如何辨析萨特的"绝对自由"与卢梭的"无往而不在枷锁之中"？……这都是极其复杂的问题，但在"换

[①]　邬国平：《写思辨　也写生活——对近几年上海高考作文题的一点认识》，《语文学习》2016年第2期。

个角度"的转换中，所有的矛盾与冲突被掩盖了，看起来放之四海而皆准，实际上却是以一种抽象的思辨性与空洞的逻辑完美替代了具体的辨析与论证，培养的恰恰是一种坐而论道却不切实际、高谈阔论却不着边际的思维方式。

政策响应、道德阐释与抽象思辨三类命题，共性在于缺乏具体而真实的问题。结论是规定的，答案是既定的，规律是前置的，写作者并不需要做具体的判断与选择，当然也就用不着具体的分析与论证，写作仅仅是根据现成结论炮制一篇文章而已。有鉴于此，本人用"凌空蹈虚的道德口号，大而不当的人生讨论，抽象虚无的哲学玄想，矫揉造作的造势煽情"来概括这些命题。[①]

没有真问题，就没有真思考。面对一个命题，当考生并不需要为自己的结论提供合理的理由与可靠的根据时，所谓的思考就是值得怀疑的，所谓的判断就是虚假的。在这样的写作中，考生提供的仅仅是例子与事实，而非理由与根据，这不是论证，这只是印证。结果，大量出现的，是借助简单的事实枚举印证论点，借助粗糙的类比论证比附论点，借用炫目的修辞技巧夸饰论点，或者借用煽情的情感技巧渲染论点。看起来文采飞扬，实际上逻辑混乱，论证乏力。考生也都心知肚明，与其在具体的分析论证上下功夫，还不如在材料上、气势上和文辞上花点心思，新颖的材料夺人眼目，盛大的气势勾人魂魄，美好的言辞赏心悦目，总而言之都是拿分的利器。坊间流传的大量高考高分满分作文，不少都是依靠这些手段获得的。

不必指责学生的写作，应该反思的是命题。这样的命题带来的必然是假大空的写作。每年高考之后，总有些专家名人指责考生写不出真情实感，写不出真知灼见，写不出个性与创造性。在我看来，这些指责都未能触及高考写作的"七寸"。作为一种功能明确的写作，高考写作有其特殊性，这决定了在高考作文中寻找一代年轻人的情感、卓见与个性是不切实际的。我们更应关注的，是思考与表达的真实性与有效性。

也就是说，要设计具体与真实的问题，"逼迫"考生做出合情合理的选

① 余党绪：《恪守语文学科本位，校准作文测评维度——2018 年高考作文命题得失谈》，《语文学习》2018 年第 8 期。

择，并为自己的选择寻求合理的理由与根据，做出合乎逻辑的分析与论证。有了过硬的分析论证，材料、气势与文辞才能锦上添花，而非佛头着粪。

四、具体分析

2015 年高考之后，上海高考语文阅卷组组长周宏老师提出"拐点论"。他说："所谓拐点，主要体现在我们的作文题对思辨的限制过多，更多体现的是命题老师的思辨，学生的主要工作是阐释其思辨，并未给学生提供足够的思辨空间。"① 周老师的话一针见血。学生的主要工作是阐释命题者的思辨，是复制或重演他人的思辨。

从 2015 年开始，全国卷力推任务驱动型写作，通过任务指令，使考生在真实的情境中辨析关键概念，在多维度的比较中说理论证。上海卷在思辨性说理的路子上继续探索，力求摆脱那种只有泛泛之论而无具体说理的弊端，在测评维度的探索上，呈现出积极的进展态势。

2015 年，全国卷 1 率先推出了一道"女儿举报父亲"的题目，给人以强烈的新鲜感。题目材料是：

因父亲总是在高速路上开车时接电话，家人屡劝不改，女大学生小陈迫于无奈，更出于生命安全的考虑，通过微博私信向警方举报了自己的父亲；警方查实后，依法对老陈进行了教育和处罚，并将这起举报发在官方微博上。此事赢得众多网友点赞，也引发一些质疑，经媒体报道后，激起了更大范围、更多角度的讨论。

这个命题提供了一个具体的矛盾冲突，也就是"真问题"。抽象议论易，具体分析难。空洞的道德阐释与抽象思辨，恰恰给不着边际的高谈阔论和大而无当的"辩证"提供了空间。在此题目的写作中，这些常见手段一下子失灵了。引经据典，排列孔圣先贤"父为子隐，子为父隐"的格言谚语，并不能证明小陈的对错；援引案例，排列古今中外关于"隐"的或者"大义灭亲"

---

① 钱钰：《高考作文命题已到"拐点"》，《文汇报》2015 年 7 月 3 日。

的美谈，也不能证明小陈的对错；强大的气势或美妙的言辞，也不能证明小陈的对与错……

原因在于，小陈举报老陈是一个具体事件，发生在特定的时间与空间，有具体的背景与缘由，有特定的过程和方式，必须对这些因素做出综合的、全面的和细致的分析，才能对事件做出性质判断与价值评估。

如果抽象地谈论"隐"，"一分为二"的高谈阔论足矣。"隐"既有合理性，也有消极作用。家庭成员之间的"隐"，天然具有其合理性与合法性，对于社会伦常有着不可替代的意义；但"隐"对于社会秩序的破坏性也有目共睹。这种尖锐的矛盾冲突，在古代也并不少见。《史记·循吏列传》中的石奢，其父杀人，石奢先放走父亲，再"自刎而死"。他的理由是"不私其父，非孝子也；不奉主法，非忠臣也"。石奢用宝贵的性命弥合了"隐"的内在矛盾。

但若具体到小陈，情况就不一样了，这是一个具体事件，命题中包含了大量的具体信息。我们不能无视这些具体信息而在"一分为二"的呓语中梦游。

◇ "高速公路"的场所，暗示了父亲的行为不仅是危险的，而且也是法律禁止的；

◇ "总是""屡劝不改"等词，暗示了老陈的固执，含有否定色彩，也凸显了小陈举报的合理性；

◇ "迫于无奈""通过微博私信"等词语，暗示了举报是迫不得已的，方式也是得体的，小陈不仅有合理的理由，而且也考虑到了父亲的感受和面子；

◇ "更出于生命安全的考虑"强调了小陈举报的动机合理性。有人说小陈大义灭亲，其实，小陈主要是为了父亲的安全……

在综合分析的基础上，我们大体可得出下列断言——

◇举报行为合乎法律；

◇举报行为也合乎道德的良善；

◇举报的具体做法也合乎情理；

◇举报引发争议，主要源于人们的观念差异与分歧；

◇举报对父女感情确有冲击，法律之外，还需要弥合……

在小陈举报老陈这个事情上，"一分为二"的空谈没有意义，相反，性质界定与价值评估必须一是一，二是二，容不得暧昧与模糊。有论者质疑小陈的举报行为，认为此举瓦解了家庭的日常伦理，破坏了家庭成员之间的亲密与信任，还有人赞美小陈"大义灭亲"。这些理解都脱离了具体的事实，偏离了命题者所提供的具体信息。

如果说2015年全国卷提供的是一个"具体事件"，矛盾是外在的，那么，2016年的上海卷则提供了一个"具体现象"，矛盾就隐含在现象之中。题目是这样的：

> 随着现代社会的发展，人们的生活更容易进入大众视野，评价他人生活变得越来越常见，这些评价对个人和社会的影响也越来越大。人们对"评价他人的生活"这种现象的看法不尽相同，请写一篇文章，谈谈你对这种现象的思考。

抽象讨论"评价"很容易，但在"评价"与"被评价"都变得容易和常见的现代社会，问题就变得具体了，也复杂了。有考生主张独善其身，不问世事，以此避免别人的评价与干扰，这与题意是有冲突的——命题中原本就包含了"不可阻挡，不可回避，只能面对"的意思。

"评价"是复杂的，其矛盾是内在的，如何评价"评价"这一现象，取决于对"评价"的理解与界定，不可一概而论。尤其是网络时代，网络将"评价"的正面效应和负面效应都放大了，简单的肯定或否定都不能得到合理的论证支持，这就要具体问题具体分析。谁评价，评价谁，怎样评价，以什么方式评价，以什么标准评价，评价的底线与边界在哪里，任何因素的变动都会影响对"评价"的理解与评估。

再如2022年上海卷，虽然面目略有不同，但具体分析的思路还是一致的：

> 小时候人们喜欢发问，长大后往往看重结论。对此，有人感到担忧，有人觉得正常，你有怎样的思考？请写一篇文章，谈谈你的认识。

　　小时候"爱发问",长大后"重结论",这是命题设置的一组对比。爱发问,意味着好奇心和想象力,意味着思考的习惯与探索的勇气,应该褒扬;重结论,则意味着墨守成规,封闭僵化,甚至意味着功利主义。这大概是很多人的第一感觉。

　　在我们的观念世界里,儿童与成人常常对举甚至对立。儿童是天真的,纯洁的,富有好奇心与想象力的,而成年人则是世故的,功利的,保守的,缺乏创造性的。

　　没办法,这就是语言和文化给我们带来的影响,它时刻左右着我们的思维,让我们只看到自己想看到的东西。比如在这个题目中,很多人就忽略了一个细微的差别:"小时候人们喜欢发问,长大后往往看重结论。"关于"小时候"与"长大后"的表述中,后者多了"往往"这个词。

　　这意味着,"爱发问"是孩子的天性,是无差别的。每一个心智发育正常的孩子,都喜欢"发问",喜欢发各种问。

　　这意味着,"重结论"是后天养成的习性,是有差别的。有些人更"重结论",有些事更"重结论",因人而异,因事而异。"往往",这是一个表示频率和范围的副词。

　　"爱发问"是儿童的天性,是"小时候"的权利;而"重结论"是成年人的习性,是"长大后"的责任。"重结论",意味着你开始成长了,在慢慢长大。这就是理性。我一直用"合目的性"与"合规律性"来解释"理性"——既要符合自己的目的,又要合乎客观的规律。想到了,说明你长大了;做到了,说明你成熟了。只考虑自己的目的而不顾及可行性,这是非理性的;完全没有自己的目的,不追求任何"结论",这也是非理性的。

　　重结论,这是成年人的特点。请注意,是特点,不是缺点。在成年人的身上,必然有功利的成分;成年人做事,必然追求一个让人心安的结论。这不是因为成年人退化了堕落了,而是因为他承担的责任与义务,驱使他必须核算他的投入与产出,必然要顾及言行的结果及其影响。动荡的、疑惑的、未定的状态让他不安,因为他不再是"小时候"了。

　　看重结论,并没什么错。错的是只重结论,不顾其他。

什么是具体分析？就是要摆脱思维的惰性与惯性。一看到儿童与成年这一组对举概念，立刻条件反射似的，以儿童的"爱发问"来否定成年人的"重结论"，这就是惰性与惯性。

同样的思辨也可以针对"小时候"的"爱发问"。如果我们承认"爱发问"是儿童的天性，那么，最重要的就是保护这些天性，但没必要将它与"重结论"对立起来，甚至无限地拔高和夸饰，将伟大的科学成果与技术发明全都归功于好奇心与想象力。成年人重结论，是与他的知识关联的；儿童爱发问，则与他的无知（中性词）联系在一起。"初生牛犊不怕虎"，牛犊的"勇敢"源于它的无知。儿童的好奇心与想象力是非常珍贵的，但依然需要知识的加持与理性的引导。

保持"爱发问"的天性，培养"重结论"的习性，就是这个作文题目的立意。

无论是全国卷的"任务驱动型"命题，还是上海卷的"具体思辨型"命题，其共性在于设置真实的具体的矛盾，引导考生进行具体的"分析论证"，在分析论证的基础上，做出具体的判断。

在这样的理念下，我们再来看议论文命题和上海卷的意义。什么样的议论文写作命题算是好的命题？引导学生开展具体的说理与思辨，让正确的废话、无用的套话、美丽的空话、高大上的假话都失去用武之地，这就是最基本的标准。

五、命题的开放性与限定性

讨论高考命题，命题的开放性与限定性是个绕不过去的问题。

现在评价作文命题，"开放性"大概是使用频率最高的词语之一。或许是我们的语文教学封闭太久，固化太深，"开放"受到了人们的恩宠。说到命题的开放性，我就想到了韩寒当年参加新概念作文大赛的逸事。据说，考官将一团揉皱的纸巾扔进一个水杯，让韩寒自由想象并写作。没想到，这莫名其妙的举动竟然成全了韩寒。试想一下，如果这样的题目进入高考，情况会怎样？想必在韩寒奋笔疾书的时候，很多考生抓耳搔腮，无从下笔吧。高考不是竞赛，竞赛是淘汰性的，它选拔的是出类拔萃的写作人才，关注的就是那几个顶尖的人；而高考虽然也有比拼的性质，但它不是淘汰性的，而是激励性的，要尽可能让每一个考生都发挥自己的正常水平，这样的考试才算是公平和公正的。

因此，高考作文命题需要精心的预设和合理的限定。什么样的预设最能激发学生的表达？有人认为限制条件越少，预设因素越简单，学生的思想就越开放，表达就越自由，写作质量就越高，似乎韩寒的逸事就是一个证据。但多年的作文教学告诉我们，事实并非如此简单。命题的预设与学生的表达之间，并不是一种线性对应的简单关系。题目太宽泛，限制性因素少，考生反而无所适从，难以发挥，更不必说套题作文和抄袭作文可以借此而大行其道了。其实，道理也并不难理解。限制固然会束缚人的思想和手脚，但换个角度看，在特定时空和背景下，预设和限制却能提供思考的坐标与参考，甚至具体的框架和线索，考生的思考反而因此而变得清晰、尖锐和深入，可谓以管窥天，见之则明，以锥刺地，入之则深。合理的、恰当的预设与限制，使考生将自己的眼光与思想聚焦于特定的内容，或能写出新的广度与深度。

预设与限定也是考试本身的需要。既然是考试，那就该遵循考试的游戏规则。没有限定，你写你的，我写我的，这与自由写作何异？这就像打球比赛，只有当我们打同样的球时，评判才是有意义的。倘若你打的是篮球，我打的是乒乓，看起来我们打的都是球，但如何才能甄别出打球的水平高低？

不开放，一写就"死"，这样的命题终于被我们抛弃了，但却由此走到另一个极端，一味地追求开放，似乎不开放就会窒息学生的思想与个性。但脱离实际的开放又有什么意义？毕竟是一场考试，毕竟是一场限定性的写作。

写作是一项综合能力，涉及因素很广，测评维度也很多。如果从考生的卷面、书写到他的情感、态度、价值，都要一一检测，一个也不放过，看起来很周全，实际上测评的目标与功能反而模糊了。什么都想测，什么也测不出。写作能力的核心究竟是什么？字迹好坏与写作能力是什么关系？道德情操在多大程度上影响着写作能力？不校准测评的维度，测评就会失去信度。

长期以来，作文测评负载了许多自身负载不了的使命，比如我们曾长时间专注于政治、道德与情怀的测评，但似乎忘了，政治与道德的意义在于信念和践行，而不在于完美的表白与高调的独白。高谈阔论不仅无益于道德改善，还给了考生以作伪的可能与空间，反而背离了道德的初衷。我常常想，如果曹操再世，他在考场上会公开宣称"宁教我负天下人，休教天下人负我"吗？想通过一篇文章来检测学生的政治与道德觉悟，检测他的感情是否真诚，人格是否健全，这是一件多么危险而荒唐的事情。

这几年，高考写作越来越聚焦"思维"与"表达"的测评，这说明高考写作正在摆脱非教育、非语文、非作文、非考试等因素的干扰，开始真正扮演自己的角色。有真实的问题，才有真实的思考；有真实的思考，才有真实的判断。

将四类命题与相应的思维方式放在一起呈现（见图 11），我们就可发现一个明显的走势：从生搬硬套到具体问题具体分析，写作的主体性得到越来越多的尊重与关注，考察真实的思考能力与判断能力越来越受到重视。相应地，以具体的分析论证为核心的批判性思维，也在悄无声息中被推到了写作教学的前台。

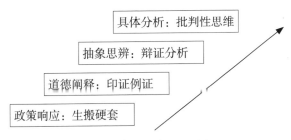

图 11　高考作文命题类型变迁

正是在这个意义上，本人提出，议论文写作教学要以培养学生的说理能力为核心，以分析与论证的训练为依托。[1]

---

[1] 余党绪：《说理是议论文的核心，分析论证是说理的核心》，《语文教学通讯》2017年第 5 期。

命题的变迁，或能倒逼我们改善思维教育，改善写作教学。

附教学随笔

判断折射见识，思辨孕育创意

写作即表达，表达即生命。在我看来，写作能力最能反映一个人的综合素养，最能显示一个人情感的韧性与思想的力度。无论是传统的命题作文，还是近几年盛行的思辨性写作，都是如此。每一个生命都是独一无二的，每个人的表达也应该是与众不同的。但在长期的应试训练中，我们的才思枯竭了，我们的思虑雷同了，我们的创意消弭了。这是一件让人痛心的事情。

写作要有创新，作文要有创意，瞬间的灵感并不可靠，正确的价值理念、合理的知识结构与健康的思维方式才是基本的保证。尤其是近几年的思辨性写作，更看重对价值理念与思维方式的考察，对考生的判断力与思辨力提出了更高的要求。那些抓人眼球的好作文，在这三个维度上总有令人刮目相看的表现。基于这个理解，在高考备考中，我们不妨以判断力与思辨力的训练为主线，以创意写作为追求的境界，合理安排日常积累与进阶训练。我将这些训练归纳为五个关键词，从五个方面阐释一下判断力与思辨力在写作中的价值与意义。

一、思想素养

一个人的思想素养，主要表现在对具体事务的辨别与判断上。判断折射识见。

高考写作主要是人文性写作，多围绕人生、文化、教育等话题，或者针对社会现象或事件展开，思想素养至关重要。在写作中，思想素养主要体现为作者的态度和观点。

1999 年上海高考作文，以物理学的"回声"现象设题。大意是一个孩童不知"回声"为何物，便对着大山呼喊，结果友好的呼喊得到了友好的"回声"，咒骂换来的当然也是咒骂。孩子觉得很委屈，母亲便给了孩子一个"忠告"：世间事情大多如此。这是一个隐喻性命题，要求考生将自然界的"回声"延伸到社会生活中来，阐述从中得到的启示。

绝大多数考生看到了自然界的"回声"与社会中的"回声"的同构关系，并由此得出了善有善报、恶有恶报、因果报应、有失必有得、有付出就有回报等观点。这样的观点不难在人与人、人与社会、人与自然的关系中得到印证。但显然，这样的理解或失之于肤浅，或失之于片面。自然界的"回声"与人世间的"回声"虽有类似之处，但毕竟有着本质的不同。大山的"回声"取决于声源，你给它怎样的呼喊，它就给你怎样的"回声"；但人不是"山"，人有自己的价值观和主观好恶。面对别人的呼喊，要不要给"回声"，给出怎样的"回声"，都取决于自己的选择。你对我好，我也可对你好；你对我不好，我未必一定要以牙还牙，睚眦必报，人类还讲究以德报怨，宽容大度；你对人家好，人家未必领情，甚至还有恩将仇报的，这就是人的复杂性。同样，付出也未必就有回报，一分耕耘也未必就有一分收获，这就是社会的复杂性。材料中母亲告诉孩子世间事情大多如此，是"大多如此"，而非"全都如此"，也暗含了这个信息。这样的理解，需要我们具有思想的敏锐性与深刻性。

再如，"不可输在起跑线上"这句话，大家都知其不妥。不妥在哪里呢？其实，人生与赛跑固然有诸多相似之处，但又有着本质的不同。赛跑讲个输赢，人生贵在自处；赛跑的胜负标准单一，人生的价值标准人各有异。退一步讲，即便将人生比作赛跑，人生也更像长跑而非短跑，起跑线上掉了队，未见得就一败涂地。更何况，人生的起跑线在很多时候根本就不是自己可以选择的。网上风行过一篇文章，叫《我用了十八年，才可以和你一起喝咖啡》，想一想：这位"用了十八年"才喝上咖啡的作者，又该如何看待这输不起的"起跑线"呢？2012年福建高考卷就是围绕"赛跑与人生"命意的：

> 运动中的赛跑，是在有限的路程内看你使用了多少时间；人生中的赛跑，是在有限的时间内看你跑了多少路程。（冯骥才）

写这个作文，需要考生穿透"赛跑"的迷雾，抵达"人生"的本质，这取决于考生的思想素养。如何审题立意，本质上不是个方法问题，更谈不上诀窍，归根到底是个思想素养问题。思想，其实就是看待这个世界的眼光与方式，它牵涉到人的价值观与人生观，非一朝一夕可得。高考写作，既是对考生十多年学习生活的考察，更是对十八年人生成长的检阅。

当然，有思想不等于逢正必反，不等于惊听回视，有思想的表现在于独立的自我判断，而非刻意的与众不同。鲁迅先生说，与其做深不可测的烂泥塘，还不如做一条清浅的小溪。写作，贵在写出自己的思想，写出自己的思考。

良好的思想素养，离不开辩证的思考与严谨的分析。换句话说，判断离不开思辨。

二、文化资源

思辨性写作，有别于一般的实用性写作或主要基于个人体验的文学创作。要让读者理解并认可你的观点，需要两个要件，一是材料要客观真实，二是对材料的解释要符合逻辑，符合公共的认知与逻辑。

世界纷繁复杂，再离谱的说法也可能找到相应的例证。作为论据的材料，必须要经受不同角度的质疑，接受不同观点的考辨。民谚说，公说公有理，婆说婆有理。究竟谁真正有理呢？一要看证据是否真实，二要看对证据的解释是否合理。这就需要具有强大的思辨力。俗话说，世上没有废物，只有放错了地方的资源。写作材料也是这样，用得好，四两拨千斤，再俗套的材料也成了宝贵的资源。

借助公共的文化资源写作，是议论文写作的基本策略。所谓公共文化资源，包括经典名著、历史典故，以及权威报道的新闻时事等。这些资源，在不同程度上，都具备了"公共文化产品"的性质，具有了一定的公共性与公信力。

在写作实践中，有人希望找到几个"万能"的"公共"素材，以不变应万变，这样做风险是很大的。每个事例都有独特的背景与过程，也都有着特定的内涵与意义，指望它包打天下是不切实际的。素材贵在积累，使用时还要细加辨别。

2003 年上海卷要求以"杂"为话题写作，一考生以梁山好汉论"杂"来行文。文章这样写道：

> 头一个来论的是那风流后生浪子燕青："各位哥哥，我说这'杂'好，各种本事都会一点，都学一些，才能从容应付各种场面，和各路人马打得来交道。小可虽不才，但各种门道、各路生活都略知一二，琴棋书画也都粗通皮毛，往来客商、三教九流也交得不少朋友，闲来唱一曲小调，手痒扑一回摔跤，为博取各位哥哥一笑。若非这种种本事，恐无法在这山头之上坐得一把交椅。"

以燕青的才艺来阐释"杂"的价值，可算妙悟。后面作者又以金枪手徐宁、没羽箭张清的"专"来映衬燕青的"杂"，更显出作者的眼光。看得出考生对《水浒传》烂熟于胸，人物的绰号、武艺、兵器甚至口吻，都模拟得栩栩如生。如此论"杂"，能很快让阅卷者产生共鸣，让人信服。

高考作文想在思想上有所突破和创新，难度很高。考生所处的社会文化环境相同，生活经历与成长过程大致相似，教育环境与内容总体一样。想在观点上与众不同，难。但材料的选择和运用，空间却很大。每个人的文化兴趣、文化视野和文化积累是不一样的，在写作中完全可以彰显自己的个性。我喜读鲁迅，在日常教学、写作和说话中，脱口而出的往往都是鲁迅及其作品，鲁迅就成了我的资源。我有个学生是个西洋音乐迷，对音乐家的生平、身世了如指掌，对音乐史上的典故津津乐道。我鼓励他有意识地运用这个资源，开始时难免生硬牵强，时间久了也能旁征博引变化自如了。

材料有了个性，文章就有了读点。但不能为了追求材料的新颖性，而牺牲了材料的真实性。写文章，俗套让人厌倦，写来写去都是牛顿的苹果、爱因斯坦的小板凳，读来当然索然寡味。但是有人为了"眼球效应"，刻意求新求奇求怪，这就误入歧途了。眼下"作文锦囊""素材大全""写作宝典"等读物颇为畅销，这些读物应景而生，往往粗制滥造，收集的材料干瘪苍白，既没有来龙去脉前因后果，也缺乏更多更深的背景介绍，甚至不乏虚假、道听途说张冠李戴的内容。为了省事，为了投机取巧，有些考生很迷恋这些读物，考前恶补一番，记住几个人名几个事件便披挂上阵，这是很危险的。

创意不等于猎奇，创新不等于故作姿态。

三、思维品质

写作是将内在的情感与思维用文字呈现的过程，作文的好坏与作者的思维品质密切相关。以议论文写作为例。议论文是说理的文体，不仅观点要"在理"，而且议论还要"入理"，更要"合理"。没有理性和逻辑的议论文，必然是一潭泥淖。这就要求考生具备科学的思维方式和严谨的思维习惯。

从议论文写作看，思维品质的第一要素便是"质疑"。有人对质疑存有疑虑，似乎"质疑"就是疑神疑鬼，就是自说自话。其实，质疑就是独立思考，就是不盲从盲信。写作文，立论之前先要质疑，只有经过质疑的论点才值得你去为它证明。比如"细节决定成败"这个题目，看起来很美，但细想就有不当。因为"细节决定成败"有个前提，那就是大局已定或者大方向无误。若大局未定，或者南辕北辙，你关注细节于事何补？请看下面这篇《细节决定成败》的片段。

细节决定成败

蓝玉是明朝开国将领，有胆有谋，勇敢善战，因屡立战功而官拜大将军、封凉国公，可谓风光至极。但这个人恃功骄纵，恣意横暴，渐渐引起朱元璋的不满。虽然如此，但朱元璋看在他是开国重臣的面上，并未打算深究。可后来，他的言行逐渐令正在巩固和加强中央集权的朱元璋深感不安，朱元璋便以"谋反罪"将其逮捕下狱，并剥皮实草，抄家，灭三族，受其株连被杀的官员约一万五千人，酿成明史上著名的"蓝玉案"。

那么，朱元璋是怎么开始怀疑蓝玉有反心的呢？竟然是一个细节：有一回，蓝玉从前线回来向朱元璋报告军情，当蓝玉进屋向朱元璋汇报的时候，蓝玉手下的几名亲兵也跟着一同进来了，进来以后，就侍立在旁边，蓝玉便向朱元璋汇报前线战况。蓝玉讲完了，朱元璋想和蓝玉谈一件秘事，他便对蓝玉手下的那几名亲兵说："下去吧。"可是，那几名亲兵好像没听到一样，依然站着不动。见此情形，蓝玉便挥了一下手，那几名亲兵这才下去了。此举令生性多疑的朱元璋大为警惕，这些人眼里只有将军，没有皇帝，这还了得？从那时起，朱元璋便动了除掉蓝玉的想法，后来终于找了个借口将其杀掉。……

文章以蓝玉、年羹尧为例来讨论细节问题。这里只分析关于蓝玉的部分。

蓝玉因何而死？例文将其归结为"细节"的疏漏。也就是说，这个冤大头不重细节，疏于细节，最终因此而丢了小命。我不是研究历史的，对这些宫廷阴谋、官场杀戮一向不感兴趣，也无意去探究蓝玉的真正死因。但我对这个细节是有怀疑的，蓝玉觐见皇帝，怎可能还带着亲兵，疑神疑鬼的朱元璋怎可能允许他随身带着亲兵？如果没有特殊的背景和原因，单这个细节我觉得都是不大讲得通的。

仅就文章的逻辑看，也不难看出矛盾。蓝玉是不是死于细节呢？如果蓝玉确有谋反之心，那么，其死就不是因为"细节"，而是死于"大节"；"细节"只是暴露了他的罪行，而不是导致他死亡的原因。须知，在封建王朝，"忠君"才是最大的"节"，是大节中的大节。倘若他并无谋反之心，只因居功自傲而引发皇帝的不满，那么，所谓的"谋反"之罪，就是"欲加之罪，何患无辞"，就是政治杀戮，就是"狡兔死，走狗烹"。这本质上是权术，是阴谋，与"细节"没多大关系。若皇帝对你动了疑心起了杀心，你就是再注意细节，处事再周全，再谨小慎微，再伪装"难得糊涂"，恐怕也难全身远祸。

其实，例文已经在无意中承认了这些。文章的最后一段也有分析："……蓝玉和年羹尧两个将军，就是因细节而死，两个看上去不经意的细节，却让最高领袖心生疑忌，担心他们尾大不掉，威胁到自己的统治地位，因此而痛下杀手，绝除了后患。"显然，"细节"只是引发了帝王的猜疑与警惕，归根到底，皇帝的"猜忌"才是他们死亡的根本原因。

　　以上是就文本自身的逻辑看其中的矛盾，若是站在现代文明的高度，例文的荒谬就更明显了。看不到皇权的恐怖，阴谋的可怕，专制政治伦理的虚伪和狠毒，不去思考和批判那两个捕风捉影、滥杀无辜的帝王，却去怪罪不重细节的蓝玉、年羹尧，这岂非咄咄怪事，颠倒黑白？难道，做大臣的就该战战兢兢如履薄冰如临深渊，就该不把自己当人，就该装糊涂谄媚讨好，只有这样才能做个能活命的狗奴才？

　　遗憾的是，这样荒唐的逻辑时常出现在生活中。比如，地铁上有性骚扰，不去谴责色狼，却怪罪年轻女性穿得太暴露。殊不知，怎么穿衣打扮是个人的自由，穿得太暴露最多也就是不得体，而耍流氓性骚扰却是违法。这是不是转移视线，颠倒是非？富人被盗，却怪罪人家"露富"，逻辑是，你要是不显摆，盗贼怎会上门？好吧，按照这个逻辑，强奸罪的受害者应该是强奸犯，若非受害者漂亮，他也不会动邪念啊。

　　细节重不重要？当然重要。但讨论细节的重要，得有个前提，那就是先要对事件进行价值判断。在价值的引导下，再分析细节，这样的细节分析才有意义。就像上面的例子，我们当然可以奉劝年轻女性要注意保护自己，但请注意，这只是"细节"上的提醒，而非价值上的判断。如果你对受害女性说，谁让你穿那么短的裙子，那么张扬，一点不注意"细节"，看看你的结果吧，肯定要吃白眼。

　　再如"苦难是人生的财富"。考生举出屈原、司马迁、柳永等受苦受难而终有所成的例子，是否可以证明"苦难是人生的财富"呢？其实，"苦难是人生的财富"是个复杂的命题，它揭示的是"苦难"与"财富"之间的并非必然的因果关系。写作文，就要分析苦难与财富之间的这种关系，而非做直线式的因果推导。比如，它就不能解释命途顺遂的天才，并有可能推导出一套滑稽荒谬的结论。正如杂文家狄马所分析的那样，由此推演，楚怀王就成了推动中国文学事业发展的功臣，因为他流放了屈原；皇权专制也是好的，李白、苏轼、关汉卿正是经历了政治的黑暗与腐败之后才写出那些流传千古的名篇。① 事实上，苦难、灾荒、不幸并不必然导致伟人的出现。相反，在很多情况下，它扼杀、摧残了许多杰出人物的创造力。苦难要转化为生命的财富，需要经历苦难的人有足够的意志和智慧。显然，这样的分析只有在符合逻辑的阐释过程中，才能展开；或者说，只有按照逻辑清晰地展开，文章才能具有分析的理性力量。"辩护式"的议论文，选取对自己有利的论据做简单的因果推论，正是思想怠惰的结果。

清晰的思路可以引导阅卷者，当阅卷者的阅读期待与文章一致，他就产生了阅读快感；当他的阅读期待与文章产生了矛盾，他就会因受挫感而陷入沉思。若你的思路符合认知规律和思维规律，阅卷者在沉思之后就能与你达成共鸣。相反，若他发现受挫感来自于你表达或思路上的瑕疵，那么，你的文章得到的将是差评。

四、表达能力

语言与思想、思维有着复杂的关系。有思想的人、思维严密的人，未必能写出好文章。作为语文学科的一个部分，写作中的语言表达具有相对独立的价值。在高考中，好的语言总是天然地具有耀眼的魅力，无怪乎那些思想平平而语言出众的作文也可能得到好评。

人们对高考写作的审美趣味，很难与日常的阅读趣味等量齐观。平心而论，《背影》（朱自清）、《胡同文化》（汪曾祺）、《老王》（杨绛）这样的文章，若在高考中未必能够胜出。当然，这样的文章也不可能是考场上的急就章，18 岁的孩子似乎也写不出。即便写出来，阅卷者也未必有心思去品味。我的意思是，高考作文在表达上还是要"作"的。这个"作"，就是要装饰，要"刻意"突出表达的效果。"文似看山不喜平"，用在高考写作中或更合适。比如开头，开门见山固然好，但"曲径通幽"或更引人入胜；平实的语言无可厚非，文采斐然的表达或更让人心动。作家贾平凹用"报告

---

① 狄马：《一头自由主义的鹿》，中信出版社 2014 年，6 页。

很好，没有排比句"来评价政府工作报告，因为报告贵就贵在朴素而实在；高考写作则需要借助渲染、反复、呼应、波折、擒纵、隐喻、典故、引用等手段来强化和突出自己的表达。

鲁迅不仅是个伟大的思想家，也是个表达的高手。比如《春末闲谈》，不仅思想深刻，而且行文美妙。妙在哪里？妙在鲁迅先生的"设譬喻理"，妙在鲁迅对"理"的传达。

先看鲁迅讲了一个什么样的现象：

> ……这细腰蜂不但是普通的凶手，还是一种很残忍的凶手，又是一个学识技术都极高明的解剖学家。她知道青虫的神经构造和作用，用了神奇的毒针，向那运动神经球上只一螫，它便麻痹为不死不活状态，这才在它身上生下蜂卵，封入窠中。青虫因为不死不活，所以不动，但也因为不活不死，所以不烂，直到她的子女孵化出来的时候，这食料还和被捕当日一样的新鲜。

细腰蜂麻醉小青虫的目的，是为了利用青虫的身体养育自己的"子女"；而它的手段，则在它那"神奇的毒针"，可让小青虫"不死不活"。因为"不死"，就可以给细腰蜂的"子女"提供新鲜的养料；因为"不活"，它就失去了反抗的意识与能力。"不死不活"这个状态，正好满足了细腰蜂的需要。

鲁迅为什么要讲这个故事呢？他的目的是为了借此"喻理"，将细腰蜂比作狡猾阴险的统治者，而将麻木可怜的小青虫比作被统治者：一切专制独裁者，都希望老百姓处在"不死不活"的状态。死了，谁来给他当奴隶？活着，谁心甘情愿给他当奴隶？

既要役使人民，又要控制人民，既要百姓为他服役当差，又要百姓俯首帖耳，这与细腰蜂的做法不是一样吗？

鲁迅为什么要这样行文？显然与其写作对象、目的、背景、媒介等因素相关。

读者对象是广大民众。在中国，由于长期的封建专制统治，由于统治者长期的愚弄与控制，老百姓普遍缺乏民主自由意识，也缺乏独立思考的意识与能力。鲁迅在他的小说中塑造了一系列的人物形象，如阿Q、孔乙己、闰土、祥林嫂等，他们共同的特点就是愚昧与麻木，不仅缺乏对专制者的认知，也缺乏对自身处境的反思与警觉。鲁迅用"哀其不幸，怒其不争"来形容自己的复杂心情。要让这样的民众理解民主，认识到自身处境的不幸与悲哀，这是一个漫长而艰苦的过程。

基于对读者的判断，鲁迅的写作定位是"唤醒"与"启蒙"。鲁迅较早接受了现代思想的影响，是民主的先行者。他痛恨专制者的愚弄与控制，他希望用作品唤醒民众，让民众摆脱愚昧与麻木。启蒙的关键是"点醒"，让读者意识到问题的存在，唤醒他们的思考。显然，以一个通俗易懂的譬喻来类比一个道理，是一种切合实际的办法。至于民主与自由的内涵与要义，对于民众来说，实在太遥远了。设想鲁迅在文中阐释和分析民主与自由，其传播效应就会受到影响，其启蒙价值就大打折扣了。

背景与文体也是鲁迅的重要考量。鲁迅一直生活在缺乏言论自由的环境中，他的写作受到多种因素的限制，不得不采用较为隐晦的"杂文"这种文体来表达。而鲁迅的杂文，往往以曲折含蓄见长，以小见大，因事生发，设喻说理，形成了独特的杂文文风。

表达不仅仅是个语言问题。每年都会有些个性化的写作叫人叹为观止，诸如文言文、故事、对话体、新闻体等。这是值得鼓励的，但切不可一味地求新求异。要知道，任何表达上的创新，都需要天时地利人和，是多种因素机缘巧合的结果。写出自己的思想，写出自己的底蕴，才是正道。一句话，要守正出新。

五、转化意识

高考写作是建立在日常写作训练与实践基础上的，要善于将日常写作的成果转化为考场上的能力。这就是转化意识。

从历年试题看，写作多围绕人生、文化、教育和社会问题展开，只不过每年的命题方式不同而已，或漫画，或材料，或命题，或话题，乍一看生疏，细究则发现命题立意并没超出日常训练的范围。比如 2009 年的上海卷作文，考生普遍反映难度较高。

> 郑板桥的书法，用隶书参以行楷，非隶非楷，非古非今，俗称"板桥体"。他的作品单个字体看似歪歪斜斜，但总体感觉错落有致，别有韵味，有人说"这种作品不可无一，不可有二"。

这个题目至少隐含下列三个话题：①创新。郑板桥首创的"板桥体"非古非今，非楷非隶，他不囿于传统，不囿于时俗，不囿于既定的规范，这才有了书法艺术上的创新与突破。②独特性。材料说"板桥体""不可无一，不可有二"。"板桥体"的价值在于它的不可替代与不可复制，由此可以引申到艺术的价值、人的价值等话题。③整体与部分的关系。材料说"板桥体"每个字都是歪歪斜斜，而总体看却是错落有致。这说明系统的性质不仅取决于要素，还取决于要素组合的方式。显然，这三个话题考生不会陌生，一定是在备考中反复接触过的，关键是将日常积累转化为考场上的资源。

当然，"转化"不是"套题"。在"转化"的基础上，还需要根据具体命题进行"优化"。高考作文命题凝结了命题组的智慧与心血，本身就是创新的产物，它一定给考生的临场发挥和个性表达提供了可能的空间。所谓"优化"，就是要写出该命题的最核心、最本质、最细微、最深切的内容。

第九讲

说理是议论文的核心，思辨是说理的核心

一、以说理介入生活，以思辨省察人生

关于议论文写作及其教学，或可达成如下共识。

其一，写作，是为了真实、得体、有效地表达与交流，而非仅仅炮制一篇文章；教学意义上的写作，当然有其相对独立的功能追求，但总体上应在此范畴之内。议论文的功能是"说理"，说一千道一万，说理才是硬道理。说理是构建议论文写作教学框架的"根基"。

其二，说理是一件关涉生命主体、客观环境与现实需求的综合活动。写作是精神活动，关涉思想和理念；写作是认知活动，关涉思维与实践；写作是创造活动，关涉个性与智慧。在议论文写作训练中，尤需要厘清价值、思维与表达的内涵及关系，让它们各司其职，分进合击，进而达成整合性的写作素养。

其三，除了一般应用文，议论文几乎是唯一可训练、能练习、可考查的文体，因为议论文是通过事实、知识与逻辑构建的文体，而事实是客观的，知识是公共的，逻辑是共享的，这就决定了议论文的可教、可学、可考。你不见得能写诗，也不见得能写好小说，这些创作都需要某些天赋或者才能；但议论文写作，有了一个公民起码的懂道理、讲道理的素养，文章的基本骨架就可以立起来了。

　　议论文可教可学，可教的是基本规范与技能，这是教学应该聚精会神的领域。基本规范与技能，应通过内容清晰的课程设计与有法有序的教学安排，让学生在训练中循序掌握；而默会性的写作技能和创造性的表达技巧，则主要通过创设自由的表达环境、设计合理的写作任务，让学生在自主的写作实践中不断体会和接近。前者是要求，后者是期待，不能混淆，也不必越位。

　　关于写作，古人主张先写"放胆文"，再写"规范文"。但在议论文写作中，不妨反其道而行之，先写"规范文"，再写"放胆文"：先学基本的规范、方法和框架，再尝试自我发挥，写出个性，写出风采。

　　最忌讳的是，没有学会走路，先学跑步，结果是邯郸学步；没有学会基本的说理方法，先学会了一些讲歪理、拉偏架的三脚猫功夫。这样的议论文，看起来花里胡哨，实际上可能逻辑糊涂，思路混乱，结构凌乱，思想鄙俗。初看很美，细看不堪，终究经不起推敲和玩味。从初始入门到出神入化，可分为三个阶段：

　　◇蹒跚学步——按部就班，循序渐进，写规范的议论文；

　　◇苦心经营——多点训练，勤学苦练，写优化的议论文；

　　◇臻于化境——格物穷理，得心应手，写放胆的议论文。

　　总而言之，议论文写作教学应以培养学生的说理能力为核心，以分析与论证的训练为依托。这就是"说理与思辨"。

　　对于成长中的青少年来说，再没有比训练说理习惯与思辨能力更重要的事情了。在我看来，说理是一种生活态度，也是一种生活方式，它意味着理性、对话与温和，理性的人才能保持生活与人生的清明。在公共生活领域，"说理"的必要性毋庸赘言；即使在私人领域，"讲理"其实也是为人处世的底线。确实，亲人之间，朋友之间，情感是更重要的纽带。一旦起了冲突，我们常常诉诸情感，用情感的柔软与温暖来抚平伤痛，填补缺憾。这就是俗话所说的"家不是讲理的地方"。但问题在于，情感不是万能的，人的情感也是有限度的。如果一个人不尊重常识，不尊重规则，总是悖"理"而行，他的朋友或亲人能否无限度地接纳下去？在这个意义上，私人领域也还要讲些道理，朋友间也得讲基本规则。不能不说，中国社会过分看重"情"的黏合作用，又常常混淆公共生活与私人领域，这使得很多人情理不分，公私不明。这样的环境甚至培养出了一些精致的投机主义者——占理的时候"得理不饶人"，不占理的时候"煽情以惑人"。他们不知道，在情感与道理的天平上，有个叫"良知"的砝码，应该由它决定我们的言行。

正是在说理训练的过程中，我越来越清晰地认识到说理的价值与意义。一个人，愿不愿讲理，讲怎样的理，这是一个生活态度与价值观的问题；而能不能说理，善不善于说理，则是一个思维品质与表达素养的问题。说理与思辨，训练的是实事求是、理性公正、求同存异的习性，训练的是诚实表达、多元倾听和平等交流的能力。在这个意义上，说理与思辨的训练，既是德育，也是智育；既是人生教育，也是生活养成。就个人看，说理的诉求多了，思辨的习惯就慢慢养成了，胡搅蛮缠的冲动就少了；从社会角度看，说理的人多了，讲歪理的人少了，人的文明素质也就上去了。无论对国家，对社会，还是对我们自己，说理与思辨都是一种健康的力量。正是因了这种信念，即使在高考竞争白热化的背景下，我也将说理训练控制在"理性"的范围之内，不让那些看似有理实则悖理的东西进入我的课堂。道理很简单：分数不是目的，人才是。

以说理介入生活，以思辨省察人生，这是我对议论文写作的价值定位，也是我对自我人生的基本设定。

高考写作是观察写作教学的重要窗口。梳理近几年的高考命题，不难发现，命题已经透露出了强化以分析论证为主导的说理的信息，这在全国卷所推进的"任务驱动型"命题和上海卷的"具体思辨型"命题中表现最为鲜明。它们的共同点表现在两方面：一是设置真实矛盾，引导具体说理；二是引导学生在具体的"分析论证"中说理，而不是借简单的事实枚举、粗糙的类比论证、炫目的修辞技巧和煽情的情感技巧来空发议论。在我看来，这是说理上的四种病。

二、说真话不尴尬，说对话不心虚

教育部教育考试院张开老师在谈到"任务型"命题时说："通过近乎真实写作情境的创设，给出了明确的写作任务，这在考场上要求考生有对象感、有针对性地写作，有利于纠正考场作文的'假大空'取向，包括近年来议论文体写作愈演愈烈的空思辨、伪思辨的玄虚现象"①。解决"假大空""空思辨、伪思辨"靠什么？靠的是"真实写作情境的创设"，靠的是真实而具体的任务。任务越具体真实，就越难放空炮，越难"弯弯绕"，才越可能有思维的深度与说理的强度。

在我看来，"任务驱动型"与"具体思辨型"命题，其变化不在于所谓的材料呈现方式（坊间流行"新材料作文"一词，其内涵颇难把握），而在于它所主张的思维方式——这种命题从实质上否定了抽象的、空洞的、教条的思维方式，而将思维的逻辑性、思辨性与批判性（我用这三个具有层级关系的词语来概括这种命题对思维的要求）推到了前台。

我曾就同一个议题设计过三个题目，意在判断怎样的题目才能激起学生的理性思辨。

　　①论扶危济困。

　　②老人倒地，该不该扶？

　　③一个老人倒地，痛苦不堪。年轻人正要上前搀扶，有好心人提醒说，这个老人以前在马路上碰过"瓷"。年轻人犹豫了……

三个题目，情境的复杂性逐个递增，学生的写作也呈现出不同的风貌。总体看，题目③的情境设置更具体，更复杂，更能激发多元思辨，学生的真实表达与自由书写也更有空间。老人倒地，要不要扶？这本不该成为问题，讨论这个问题已经显示出我们这个时代的尴尬。题目设置了一个"友好"的讨论氛围：这个老人确实有过"前科"，他会不会旧戏重演？这就给"不扶"提供了看似正当的理由。趋利避害是人的本能，年轻人的"犹豫"就不能简

---

① 张开、王兼闻：《年年岁岁花貌似，岁岁年年理相通——2016年高考语文作文试题综评》，《语文学习》2016年第8期。

单归结为冷漠，他的自保也在情理之中。但困境并未因此而消失：倒地老人确实"痛苦不堪"，岂能见死不救？"碰瓷"的人就不会旧病突发吗？一个有过污点的人患病倒地，路人就可以袖手旁观吗？

在现实生活中，扶还是不扶，拷问的是我们的道德良知；而在写作教学中，扶还是不扶，训练的是学生的道德思辨。蒙昧常给人以美德的幻觉，只有理性的思辨才能让道德升华为真正的价值判断力与人生智慧。这就涉及一个非常严肃的问题：在教学中，我们是该为学生"说真话"创造"多元"的环境，还是要为学生"说对话"设置"单一"的标准？

"说真话"与"说对话"之间的冲突，源于个体与社会之间的矛盾，尤其是未成年人，这样的冲突可能会更多，也更剧烈。写作教学中一直存在"真"与"对"孰先孰后的争议。坚持表达的真实性，"我手写我口"，可能会损害表达的正确性；而坚持表达的正确性，一味主张所谓"正能量"，则可能扭曲表达的真实性。在这个问题上，我主张放弃简单的二分法，尽量创设相对复杂的情境，让多元的意见都有存在的理由，以此减轻学生的心理负担，说真话而不尴尬，说对话也不心虚。在题目③的讨论中，多数学生都能畅所欲言，既有对"被碰瓷"的忧心，也有对社会责任的焦虑，他们的表达自然和坦荡。

真实的表达是一切教育的起点和基础，建立在"真"的基础之上的"对"，才有着积极的社会意义。

而在题目①的讨论中，学生要承受着极大的心理压力。对于"扶危济困"这样一个原则性的传统美德，一个涉世未深的学生，除了赞同与响应，还能说什么呢？于是就陷入了名人开会、名言荟萃的堆砌与渲染。生活是复杂的，一个扶危济困的观念，并不能解决现实中"老人该不该扶"的具体矛盾。脱离了具体情境，生活的复杂性就被遮蔽了，而思辨的空间也就抽空了。

有些专家责备学生说空话、套话和假话，在我看来，我们更要追问的是：为什么那么多学生说"假大空"的话？如果命题本身就是"假大空"的，你转过身来责备学生和一线教师，岂不是太不公道了？

题目③正是我所界定的"具体说理型"命题，强调议论文具体的"说理"

功能，引导考生在真切的"思辨"上下功夫。空洞的命题，只会产生空洞的作文；只有当命题自身做到了"有的放矢""言之有物"，考生的"文体意识"与"功能意识"才能被激发，学生才能写出有价值、有意义的有用之文。

三、思维贵严谨，表达重效用

命题导向的变化，必然带来写作风貌的实质性变化。像上述"老人倒地，要不要扶"的话题，扶还是不扶，借助名人名言让结论不证自明，或者借助典型事例以点带面，或者借助比喻和类比来晓之以理，或者借助情感技巧来动之以情，都是难以让人理解和信服的。而上述这些方法，恰恰是我们——不仅是我们的学生——都习以为常、自以为是的手段，下面举例说明。

稳中求胜（节选）

沉稳从志而来。一个人若没有远大的志向，只沉迷于现实的花花世界之中，自然无法拥有沉稳的性格。班超投笔从戎，志在报国，在对匈奴一战中从容不迫，沉稳冷静，终弘扬国威，不教胡马度阴山。林则徐斩钉截铁，志在禁烟，在与洋人交涉中不卑不亢，稳中含刚，终虎门销烟，让洋人胆战心寒。有远大的志向，眼光便放得远，心胸便沉稳下来，故曰："非有志者不能稳也。"

沉稳从难而来。一个人若没有经历无数的挫折与磨难，身陷蜜水与褓褓之中，自然无法拥有沉稳的性格，一遇困境，便心浮气躁，岂能成所谓大事者哉。君不见文王拘而演《周易》，仲尼厄而作《春秋》，左丘失明厥有《国语》，孙子膑脚《兵法》修列。没有经历磨难，便无法形成沉稳的性格，也就无法取得辉煌的成就。始皇建秦以来，不居安思危，身陷声色犬马，终心浮气躁，毫无沉稳。一夫作难而七庙隳，身死人手，为天下笑。倘若秦王不念纷奢，经历磨难，以求沉稳，则可递三世以致万世而为君。

沉稳从无欲而来。无欲就是没有私欲，做大事者，不能因蝇头私利而毁坏全局，只有这样才能练就出沉稳的性格，赢得最终的胜利。如来佛抛弃私欲，性格沉稳，终修成正果，普度众生。诸葛孔明淡泊明志，宁静致远，终运筹帷幄，功成名就。有了私欲，心中自然无法沉稳下来，遇事则慌，处事则乱。霸王以一己之私欲，赶走亚父，气走韩信，终被困垓下，遗憾千古，长使英雄泪满襟。霸王之败，后人哀之。后人哀之而不鉴之，则必使后人而复哀后人矣。

据说这是某省的一篇满分作文，尽管无法确证其真实性，但它在众多高考满分作文的出版物中屡屡出现，可以想象其对一线教学与考生的示范性与影响力。

这是一篇典型的"议论滔滔"而不见"具体说理"的文章，文采斐然，而道理苍白。至少在下述几方面需斟酌。

"沉稳"究竟是一种政治品质，还是一种性格？如果指的是政治品质，其具体内涵是什么呢？如果指的是性格，其具体内涵又是什么？须知政治上的沉稳与性格上的沉稳，虽有相通性，但却有本质的区别。

仅以性格而言，"沉稳"从何而来？说"沉稳"从"志向"而来，又说从"无欲"而来，其间有没有矛盾？"志向"与"无欲"是怎样的关系？如何辨析这个矛盾？再进一步，说"沉稳"从"磨难"而来，这种格言式的断语，是否有不证自明的合理性？日常生活经验告诉我们，"磨难"能练就人的"沉稳"，也可能造就人的浮躁与短视。还可以继续问，安逸、悠游、自在的生活，能否养成"沉稳"的性格呢？

"沉稳"与"成功"的关系究竟是怎样的？在作者看来，似乎成功者都是沉稳的，不成功者都是不沉稳的。这样的断言有依据吗？能否先认定"成功者都是沉稳的"，然后再去寻找若干成功者来贴上"沉稳"的标签？

所列举的人物是否算得上"沉稳"呢？如果难以证明这些人物是"沉稳"的，那么，例子的公信力何在？缺乏真实性的例证，从根基上破坏了例证的说服力。说班超"沉稳冷静"，说林则徐"稳中含刚"，有什么事实或文献依据吗？所列举的文王等人物，他们的沉稳又从何说起？司马迁的这段话是为了说明"没有经历磨难，也就无法取得辉煌的成就"，却难以证明"没有经历磨难，便无法形成沉稳的性格"。道理很简单，我们并不知道文王、仲尼、左丘明、孙膑等人的性格是怎样的。

关于秦始皇的议论更值得商榷。这里"沉稳"的内涵似乎已经发生了偏移，变成了与暴政、苛政相对的概念。这又一次暴露了作者对概念内涵的轻率随意。进一步看，秦始皇的失败在于他的暴政与酷烈，以屠夫的手段宰割天下，秦始皇就是再"沉稳"，也难免落个"身死人手，为天下笑"的结局。这样的人越"沉稳"，天下人便越倒霉，倒是证明了"沉稳"有时候还是个可怕的东西。文章感叹说："倘若秦王不念纷奢，经历磨难，以求沉稳，则可递三世以致万世而为君。"这话不仅无端地夸大了"沉稳"的价值，而且其价值预设也是错误的。专制与独裁的没落与灭亡是必然的，秦始皇怎么可能违反这个历史发展的必然规律，"递三世以致万世而为君"呢？难道我们为了赞美沉稳的品质而呼唤专制与暴君长生不死吗？

这是一篇看起来洋洋洒洒但实际上不好好"说理"的议论文，它暴露的正是目前议论文教学中普遍存在的两大问题：

其一，不说理。在议论文的写作中，缺乏"说理"意识，也不在乎"理"的合理性与公共性。可以推断，这个考生的学习能力非常强，在接受了严苛的高考作文训练之后，对这套"为文之道"已经了然于胸，用起来得心应手。他掌握的这些素材，他记得的这些名言，几乎是万能的：写"沉稳"可用，写"志向"可用，写"无私"可用，写"爱国"也可用。因为这样的作文可以拿高分，至于是不是"讲理"，在不在理，并不在他的关切范围之内。不能责备考生，考生追求高分天经地义，该反思的是我们的评价标准。

其二，不思辨。对"说理"的理解，大都停留在"摆事实，讲道理"的粗浅层面，而"摆事实"多退化为"凑事实"，就是选择性地征用事实；"讲道理"退化为"只讲自己的道理"，一不小心就沦落为"讲歪理"。这篇文章的论证，基本上停留在"名言警句＋结论"，"事例＋结论"，或者"类比＋结论"，而对于名言警句是否适用，事例是否真实典型，类比是否合理，都不置一词。用简单堆砌代替分析，用粗暴结论替代论证，恰恰犯了说理之大忌。

反复批评以表达技巧代替具体论证的写作套路，容易给人一个错觉，似乎我是反对技巧的。因此，有必要对论证与表达做些辨析。

目前的作文教学，对论证方式与表达技巧的区分大多语焉不详。有些教科书将例证、类比论证、喻证、引证等一股脑都称为"论证"，这本身就是错误的。例证、类比论证属于有逻辑效力的论证方式，使用时应注意它的逻辑规则，谨防陷入逻辑误区；而比喻、引用名人名言、援引格言谚语都属于表达技巧，只能传达、渲染和夸饰道理，本身并不具有论证的逻辑效力，不属于论证方式。

但这并不是否定表达技巧的积极作用。写作既是一个思维过程，也是一个表达过程。思维与表达，遵循着并不完全相同的逻辑。思维是内向的，是自己的事儿；表达是外向的，涉及读者以及更多复杂的因素。有些人思维很严密，可一开口就得罪人。为什么？不会说话。有些人想问题未必多深刻，但他一开口，别人就被感染了。为什么？他理解他的听众，能抓住听众的心。写作本质上就是说话，说给别人听，不仅需要论证，也需要技巧。就议论文所说的"理"而言，"理的论证"（思维）与"理的传达"（表达）是不一样的。

理是客观的，也是无情和残酷的，但人是有个性、有情感、有偏好的。因此，"传达"一个道理，让对方理解、接受和信服，不仅取决于"理"本身的合理性，还包含了很多非"理"性的因素。这就是"理"的传达。"论证"强调的是逻辑性、思辨性与批判性，而"传达"强调的，则是沟通的准确性、有效性与通畅性。说理的核心是严密的分析与论证，而传达的核心则是双方的可理解性与可接受性。有人说，世界上最难的两件事，一是把人家口袋的钱装进自己的腰包，一是把自己的思想装进别人的头脑，确乎如此。除了严密的分析论证，为了更有效地沟通以达成共识，人们还常借用比喻、类比、寓言等方式来传达道理。其实，技巧与手段何罪之有？关键是用得合理，用得恰当，合乎道德与公序良俗。写作，一定离不开心理技巧与修辞技巧，前提是这些东西经过了思辨的过滤与道德的考量。有了思辨的过滤，它们就不会沦为吹牛、撒谎、骗人的帮凶。

总之，讲文采、气势、韵味、技巧本身没错，但要服务且服从于"说理"

的需要。缺乏了"说理"这一根基，文采或许就成了虚华，气势成了诱骗，韵味成了忽悠，技巧完全可能沦为奇技淫巧。

思维贵在严谨，表达重在效用。

四、就事论事与升华上去

议论文的核心是"说理"，"说理"的核心则是"分析论证"。如何训练分析论证的习惯与能力？我的经验是，从"就事论事"开始。

在我们的语汇中，"就事论事"似乎意味着眼界狭隘，思路封闭。说话作文，一个事情还没说清楚，就急不可耐地生发开去，升华上去。这样的写作模式，重视结论的正确性而不在乎解释的合理性，不在乎解释过程的逻辑性。一不小心，就会上纲上线，无限夸大，转移话题，陷入自相矛盾的陷阱。

中小学写作有个心知肚明的框架，即升华模式。譬如写春游之乐，写山水之美，写民族服饰，写古典建筑，结尾都要来一个"我爱祖国"的"升华"。其实，作为中国人，看到祖国的美好河山、悠久历史与传统文化，油然而生一种自豪感是很正常的，但很多老师却将其抽象为一种写作模式，逼着学生都这样写，这就埋下了思维的隐患。就以山水而论。如果学生春游的时候正好看到了被污染的土地，被污染的江河，他该怎样去套你这个模式呢？

热爱自然是人之本性，热爱祖国乃人之常情，但二者之间却未必有必然的联系。对自然山水的审美，完全是个人趣味，山清水秀让人心旷神怡，穷山恶水让人生厌。但爱国是另一种情感。无论是在一穷二白的时候，还是繁荣富强的今天，一代一代的中国人都热爱这个国家。今天，那些被污染的山水，并不能让我们愉悦，但这并不妨碍我们对祖国的爱。爱国，是一种朴素而深厚的感情，绝不会因为山水的局部污染而削弱。相反，正是因为我们对这片土地深沉的爱，我们才要艰苦奋斗，建设一个富强美丽的家园。

从"美丽的山水"到爱国情怀的升华，需要我们多想一想，再想一想。

如果我们不分青红皂白地强求学生践行这个模式，当学生看到了被污染的田野，他也只好装作没看见。这也许是我们不愿意看到的结果。

在这个意义上，只有学会了"就事论事"，才能生发开去。因此，"就事论事"本质上是一种具体分析、谨慎断言的思辨能力。相比那种仓促定性、上纲上线和无度引申的思路，其积极意义不言而喻。面对一个事物或一个事件，如果就事论事，你就不得不深入分析它的结构、功能、背景、价值、意义……有了深入的分析，才会有全面的理解，也才可能有充分的论证，断言才会有理性的力量。

下面摘录一篇话题作文。原题要求学生以"包容"为话题写一篇文章。题目说，在一次关于三峡工程的庆功会上，有记者问水利工程专家、两院院士潘家铮：谁是三峡水利工程的最大贡献者？潘家铮回答道：反对者贡献最大。

包容

……三峡工程不同于一般工程，它牵涉国计民生，涉及生态安全和国土安全，成则利在千秋，败则贻害无穷。从孙中山先生提出三峡工程这个伟大的构想以来，不同时代的人们一直在争论不休。有人从生态安全的角度反对，因为他们看到了三峡工程潜在的环境威胁。埃及政府修建的纳赛尔水库，号称 20 世纪伟大的奇迹。水库结束了尼罗河年年泛滥的历史，使几千年来养育埃及的母亲河真正造福人民。但是水库的修建也毁坏了一些文化古迹，带来了一系列的生态危害。据说，今天，政府为治理水库带来的问题所耗费的投入甚至比收益更多，以至于埃及人流传这样一句话：纳赛尔建埃及水库，他是一个伟大的政治家；但如果有人炸掉埃及水库，他比纳赛尔更伟大。前车之鉴，后事之师。包括三峡在内的长江流域在漫长的演进历史上，已经自成体系。设计和建设稍有不慎，势必给三峡库区的生态环境带来隐患。

也有人从文化的角度反对三峡工程。长江是祖国的母亲河，三峡地区保存了大量的历史文化遗产。李白诗云："朝辞白帝彩云间，千里江陵一日还。两岸猿声啼不住，轻舟已过万重山。"想一想，要是白帝城成了一个苍白的概念，该是多么遗憾！文化是一个民族的集体记忆，文化遗产就是一个民族历史的见证。三峡工程可能带来的文化损失，让文化学者痛心，他们的反对意见自然也不能不予以高度重视。

主张修建三峡工程的人，更多考虑的是工程的收益，而反对的人，看到的可能是工程的弊端和隐患。正是这些反对者的存在，使得人们对工程有了更全面的认识，将损失降到最低，使隐患得以避免，使工程趋于完美和完善。

…………

要不要修建三峡大坝，怎样修建三峡大坝，是个完全可以争论的问题，每个人都可从自己的立场和知识出发，表达自己的意见，即便反对的人成为"少数派"，也并不意味着他们错了，反对意见就没有价值了。相反，如同潘家铮院士所说，正是这些反对者的存在，才使工程的设计和建造能够最大限度地规避风险，成为现有条件下最完善与完美的工程。

命题材料凸显的正是"包容"的价值。按照习以为常的做法，多数写作者都会去寻找关于包容的素材，包括名人名言，典型事例，来彰显"包容"的价值，如同前面呈现的《稳中求胜》一样。而这篇文章不一样，它就是一篇"就事论事"的文章。

文章先给三峡工程定性："三峡工程不同于一般工程，它牵涉国计民生，涉及生态安全和国土安全，成则利在千秋，败则贻害无穷。"这其实是讨论问题的前提。意义大，所以要慎重；有风险，不得不慎重。要是小事一桩，或者没有任何风险，"反对者"存在的意义就打了折扣。而且，关于三峡的争议一直持续不断，本身也说明了工程之引人瞩目与复杂艰险。

文章的主干部分，先从生态环境的角度展开。可贵的是，作者不仅直接分析了三峡库区的环境问题，为了让读者更容易理解，文章还引用了埃及纳赛尔水库的案例，以纳赛尔水库的困扰来旁证"反对者"之价值。这一点，也体现了写作者的知识眼界与文化底蕴。可见，积累素材、旁征博引，在写作中总是有积极意义的。

然后，从文化保护的角度继续阐述。在今天这个热衷于经济硬指标的背景下，文化保护是个很虚的话题。文章巧妙引用了李白的诗句，将文化保护的意义以非常富有温情的方式凸显出来。"要是白帝城成了一个苍白的概念，该是多么遗憾"，在议论文中，出现这样一句富有感情色彩的话，很有冲击力。议论文能否有情感因素？这是个很肯定的回答。

具体问题，具体分析，说白了就是"就事论事"。当然，"就事论事"也不排斥"生发开去"与升华上去，关键是"就事论事"要"论"得在理，这样"生发开去"才不会无中生有，才能"升"得在理。

从教学的现实困境看，"就事论事"的写法，或有助于改变目前的议论滔滔而说理缺席、文采泛滥而理性稀缺的写作现状。

附教学案例

读写活动中的"破我执"
——如何破除成见的遮蔽与魅惑 ①

环节一：看《悲惨世界》片段，识破"标题党"

师：我们先看个电影片段。（播放《悲惨世界》片段 ②）

师：这是哪部电影？

生 1：应该是《悲惨世界》。

---

① 2023 年 8 月，第十三届"人教杯"核心素养理念下的语文课堂教学变革研讨暨教学观摩大会邀请我上一节公开课，希望围绕核心素养培育，将选修教材与现行高考结合起来。经过再三考虑，我将选修教材中的李普曼《成见》与 2023 年高考新课标 I 卷第一大题做了对接，再拓展到高考写作的审题训练。10 月，受 2023 年四川省高中语文作文教学展评研讨会的邀请，我在仪陇中学再次执教此课。考虑到《成见》的阅读难度及课堂时长等限制，我用《悲惨世界》的片段讨论替代了李普曼的文章。同时，鉴于高考真题对赫克托·麦克唐纳的原文做了一些删改与归并，给理解带来不小的障碍，我也给学生提供了《后真相时代》相关章节，并设计了一些前置学习任务，包括阅读《悲惨世界》相关章节，试做高考真题等。这里呈现的是仪陇教学的实况。课例在整理时做了少许删改。

② 截取自电影《悲惨世界》。贵族公子哥巴马塔林看到妓女芳汀在街上揽客，便趁其不备，将冰雪塞进芳汀后颈窝里，遭到芳汀的报复性撕打。警长沙威不由分说拘留了芳汀，最后在马德兰市长的强硬干预下，不得不释放了芳汀。

师：你看到了哪几个人物？

生2：我看到了芳汀、巴马塔林，还有警长沙威和马德兰市长。

师：这里有《悲惨世界》里的两个重要人物，一个是马德兰市长，真名叫冉阿让，曾经是一名苦役犯，他是雨果笔下代表正义、良知和人道主义的形象。另一个是沙威。这是一个让人过目不忘的反派角色。还有两个人物，一个叫芳汀，"戏份"不多，但对情节发展很重要；另一个叫巴马塔林，一个过场小角色。课前要求大家完成一个任务：模拟这四人的口吻讲述这件事。若这四人分成两组，你们会怎样分？

生3：巴马塔林和芳汀放一组，他们是这个事件的主要参与者。

师：冲突发生在巴马塔林与芳汀之间，他们是事件的"当事人"。那么，沙威和马德兰可称作什么？

生3：旁观者。

师：对的，当事人与旁观者。俗话说"当局者迷，旁观者清"，那么，这个事件里"旁观者"清不清呢？我们不妨做个造句游戏，看两个旁观者怎样叙述这个冲突。要特别关注他们的用词，尤其是动作的施行者、动词与承受者这三个关键词——看看他们如何称呼芳汀与巴马塔林这两个当事人，又用怎样的动词来描述他们之间的冲突。（出示PPT）下面这些表达，哪些可能是沙威说的？

同一个事件，不同的描述

1. 两个人发生了冲突。
2. 一个女人与一个男人发生了冲突。
3. 一个穷人与一个富人发生了冲突。
4. 一个妓女与一位绅士发生了冲突。
5. 一个疯女人冒犯了一位绅士。
6. 一个娼妓侮辱了一位资产者。
7. 一个女人打了正在侵犯她的男人。

…………

生4：第5句、第6句应该是沙威说的。

师：判断很准，的确是沙威说的，这是我摘录的两个中文译本的不同译文。那么，说说你的理由。

生 4：沙威是自觉维护贵族阶级利益的警察。在他看来，巴马塔林是公子哥，是有钱人，他是不会错的。芳汀是下等人，错的一定是她。他看不起穷苦人，会用"婊子""坏女人""娼妓""疯女人"这些词称呼芳汀；芳汀对巴马塔林的正当还击，在他看来也是"侮辱""冒犯""攻击"这些带有侵犯色彩的动词。

师：看来你课前做足了功课。电影片段里有一个细节，沙威抓芳汀那个镜头，沙威有没有犹豫？丝毫没有。不由分说，手到擒来，干脆利落。为什么？因为他大脑里有一个非常固定的直接的思维模式——穿得体面的，出身贵族的，有钱的，都是没错的；贫穷潦倒的，衣衫褴褛的，底层的，一定是有罪的。有了这样的观念，他的推理就变得很简单。谁能替他推理一下？

生 5：他的推理是：穷人做什么都是错的，芳汀是穷人，错的一定是她。他断定芳汀冒犯了巴马塔林，还理直气壮地把芳汀给拘留了。

师：对。再看马德兰市长，就是冉阿让。这七句话中，他会用哪个句子？

生 6：冉阿让知道事情的经过，他同情芳汀，他会选择第 7 句，突出芳汀还击巴马塔林的正当性。

师：冉阿让是怎么知道事情经过的？小说中有没有这方面的信息？

生 7：在第 39 自然段，"事实是这样，您带走这个女人的时候，我刚巧经过广场，围观的人还没有全散，经过调查，我全了解了，是怪那位绅士，好警察应当逮捕他"。冉阿让做了现场调查，他有发言权。

师：现场调查很重要，这样才能全面地把握事实。

生 4：冉阿让会强调芳汀的还击是被迫的，她"被戏弄""被侵犯""被调戏"，这样才能为芳汀辩护，减轻她的罪责。

师：同一件事，冉阿让跟沙威的描述截然相反。芳汀为自己洗白，叙述事情的原委，本来说的是实情，但沙威却嘲讽说："所有的妓女到我们这来都是这样说的。"在他的心中，是妓女就会撒谎。但冉阿让却没有这样的偏见，他实事求是，理清了事情的来龙去脉，命令将芳汀给释放了。为什么会有这样大的差别？

生8：冉阿让出身寒苦，他同情穷人，知道底层人的苦难。在雨果笔下，冉阿让代表了良知、慈悲、人道与宽恕等崇高精神。他有同情心，同情贫苦女人芳汀；同时，他又了解事情的前因后果，所以坚定地站在了芳汀一边。

师：冉阿让与沙威的观念不同，判断就不同。观念、情感、态度这些东西，按照著名新闻评论家李普曼的看法，就是"成见"。什么是"成见"？就是那些沉淀在我们头脑中的观念、情感、态度，它会在不知不觉中影响我们的判断，甚至左右我们的选择。要注意，这里所说的"成见"是个中性词，与"偏见"的语义色彩不同。

生8：面对同样一件事，冉阿让与沙威的"成见"不同，得出的结论也不同。

生9：他们描述的方式也不同，隐含了各自对正义与非正义的判断。

师：是的，当你将芳汀称为"妓女"，把巴马塔林称为"绅士"，其实就隐含了自己的价值判断，对吧？那么，我们能否避免这样的倾向呢？在上述例句中，哪句不含价值与情感倾向的判断？

生9：我觉得第1句"两个人发生了冲突"，没有涉及"正义"的判断。

师：你觉得这句话能否准确地表述这件事？

生9：……这句话看起来客观，实际上并没说出真相。

师：问题出在哪里？

生9：这不是一般的冲突，是巴马塔林先侵犯了芳汀。"冲突"是个中性词，回避了主动与被动、是非对错的判断。

师：对。我们对事实的描述中总会隐含着价值倾向。你回避价值判断，想保持所谓的"理中客"，即理性，中立，客观，反而会把最本质的信息给掩盖了。用"冲突"来指代芳汀还击巴马塔林这个事，更像是"和稀泥"。你们同意吗？

（生点头，交流）

师：其实，不仅说话的人有成见，听话的人也会受到成见的影响。比如第2句，你听了会有什么反应？

生9：在身体上，男人属于优势的一方。如果不了解事情的经过，单听

"一个女人与一个男人发生了冲突"这句话，我会觉得是女人被欺负了，男人是施暴者。

师：但在这个事件里，芳汀确实是一个被欺负的人。

生9：我明白了。这件事，性别不是关键，关键是事情发生的原因。

师：对。在这个事件中，性别不该是关注的焦点。中国人有个成见，即"好男不跟女斗"，似乎男人一旦跟女人"斗"了，这男人就不够"爷们儿"。但实际上，"跟女斗"的男人也可以是真英雄，因为"恶女"也是女人啊。恶是不分男女的，女人中也有恶人，为什么不能斗？你看，你强调了性别，就会误导听众，听众也有自己的成见。再看第3句。

生10：穷人与富人发生冲突，也容易误导……

师：怎么误导？（学生停滞）有个成语叫"为富不仁"……

生10：我明白了。每个人对贫富的看法不一样，也有自己的成见。如果刻意突出穷人与富人的身份，像沙威这样的人就会认为罪责在芳汀；信奉"为富不仁"的人，就会说富人又作恶了。

师：巴马塔林与芳汀的冲突，与贫富相关吗？

生10：无关，无论有钱人还是没钱人，调戏别人都是错误的，自卫还击都是正当的。

师：不恰当地强调当事人的身份、性别、职业、经济状况等因素，往往会诱导读者。网络上那些"标题党"就是这样干的。他们惯于使用惊悚的开头，比如"没想到""震惊了""笑疯了""居然""不转不是中国人"……然后再把复杂事件简单化，比如《悲惨世界》的这个事，就会被标题党搞成"一个穷人打了富人"，或者"一个下贱的女人打了绅士"，强调他们想强调的那个因素。他们撒谎了吗？看起来没有，但他们却在误导读者。在网络时代，骗人并不一定要靠撒谎，他们有选择地使用事实。他们利用的，正是你的成见，就是隐藏在我们头脑中的观念与思维方式。再来看看生活中的例子。请大家看表格，快速回答。（出示PPT）

发现自己的"执念"

选择性事实	判断	成见	客观事实
他是个耶鲁人	他是个成功人士	耶鲁人都很成功	他是个平庸之辈
他出身西点军校	他军阶很高	西点军校培养高级将领	他是个老军士
一个女人坐在轮椅里	她不快乐	残障人士都不快乐	她很快乐

（例子来自李普曼《公众舆论》，理查德·保罗、琳达·埃尔德《批判性思维工具》）

他是个耶鲁人。本能的判断是"他是个成功人士"，为什么？因为在我们的观念里，耶鲁人都是成功者。但事实上，他可能只是个平庸之辈。

他出身西点军校，那么他军阶一定很高，因为西点是培养高级将领的。但问题是，西点培养的，也可能只是一个老军士。

一个女人坐在轮椅里，大家认为她不快乐，因为有成见认为残障人士不大快乐，但实际上，她可能是一个非常快乐的人。

大家反思一下：自己有没有类似的"成见"呢？

生11：老师，我听说您是上海人，之前我一直都觉得上海人可能是歧视外地人的。

师：我也曾经有过类似的成见。刚到上海工作，语文组的老师们都说上海话，开教研会我也听不大懂，我以为大家歧视我。有一天，老组长突然反应过来，他给我道歉，说学校里的外地人不多，大家都习惯了说上海话，习惯成自然，就忽略了我的感受。他给我说，以后开教研会，大家都要讲普通话。那个时刻我明白了，不是人家在歧视我，而是我先有了"上海人瞧不起外地人"的"成见"，才觉得人家是冲我来的。事实是，在一般情况下，大家都会自然而然地讲家乡话，这很自然。对不对？你看，很多错误的推论都是源于我们的成见。

生12：我举一个学习的例子。我们每天做那么多作业。其实反思一下，这里也有个成见，总以为滴水穿石，题目做多了，成绩自然就提高了。这个"成见"本身并不合理。

师：好啊，希望这节课能让你反思学习和生活中的问题。我想告诉大家，每个人都有成见，谁也不要自我标榜"理中客"。如果你不警惕成见，缺乏反思精神，成见就会妨碍我们的进步。警惕与反思成见的影响，我叫它"破我执"，就是破除心中的"执念"。大家跟我一起把下面的话念一遍。（出示 PPT）

破我执

因为**我**相信它，所以它是真的。
因为我**想**相信它，所以它是真的。
因为它符合我的**利益**，所以它是真的。
因为我**一直**相信它，所以它是真的。
因为**我们**相信它，所以它是真的。

——理查德·保罗

环节二：做阅读真题，看"竞争性真相"

师：刚才讨论了"成见"，明白了"成见"会影响我们的推理和判断，也理解了"破我执"的意思。下面来看一个题目（2023 年高考新课标 I 卷第 4 题）。（PPT 呈现）

请简要说明文本中的西方媒体在报道时使用了哪些"竞争性真相"。

题目要求罗列报道所使用的"竞争性真相"。首先，我们要搞清什么是"竞争性真相"，这个材料中有解释。请大家再回到《悲惨世界》，咱们举个例子，说说"竞争性真相"的内涵。

生 13："竞争性真相"就是为了达到自己的目的，对客观事实所进行的片面描述。比如把芳汀叫作妓女，说妓女打了人，说的也是事实，但却不是事实的全部，因为隐瞒了芳汀遭受流氓调戏这个原因。这就是"竞争性真相"。

师：阅读材料中关于"竞争性真相"的解释是怎样的?

生 14："每个新手辩论者和犯错误的小学生都知道如何挑选最有利于自己的真相。不过，我们可能不知道这些真相为沟通者提供了多大的灵活性。很多时候，你可以通过许多方式描述一个人、一件事物或者一起事件，这些描述可能具有同等的真实性。我将它们称为'竞争性真相'。"

师：“竞争性真相”，就是按需挑选，挑选那些有利于我的信息，淡化那些于我不利的，目的是让人相信我，这就叫“竞争性真相”。那么，与竞争性真相相对的概念是什么？

生13：客观事实。

师：客观事实，也可以这样说吧。竞争性真相也是事实，但它是片面的事实，是局部的事实，是挑选过的事实，而非全部的事实。在原文中，与“竞争性真相”相对的，是“完整的真相”。“完整的真相”差不多就算是“客观事实”了吧。文章特别告诉我们，“竞争性真相”也不一定是恶意的，甚至可能还是善意的。你们发现这样的信息了吗？

生13：最后一段：“（这些媒体）他们由衷地为一个贫困群体感到担忧，害怕狂暴的全球贸易风潮会危及这一群体的利益。”

师：他们“由衷地”同情穷人，说明他们并没有恶意，可见“竞争性真相”跟成见一样，也是个中性词，不能简单说它好或者坏——顺便说，我们这节课主要从认知而非道德的角度来分析“竞争性真相”。我们来填这张表。

（教师指导学生填写，PPT逐项显示，这里呈现的是最终答案）

竞争性真相	使用竞争性真相的表达目的	客观事实
从2006年到2013年，玻利维亚和秘鲁的藜麦价格上涨了两倍。玻利维亚的藜麦消费量5年间下降了34%。	当地家庭已经吃不起这种主食了，它已经变成了奢侈品。	秘鲁人和玻利维亚人只是想换换口味，吃点别的东西。
藜麦种植区的儿童营养不良率正在上升。贫穷的玻利维亚人和秘鲁人正在食用更加便宜的“进口垃圾食品”。	藜麦：对你有利——对玻利维亚人有害	从2004年到2013年，三个小组的生活水平都上升了，其中藜麦种植户家庭支出的增长速度是最快的。农民们正在变富，他们将这种新收入转化为支出，又给周边民众带来了好处。

生14：第一个是《独立报》的报道。报道说玻利维亚藜麦的价格上涨了两倍，而消费量5年间下降了34%，这就是“竞争性真相”。根据这些信

息，他们得出了"当地家庭已经吃不起这种主食了，它已经变成了奢侈品"的结论。

师：对。如果我告诉你们，藜麦价格上涨了两倍，而当地消费量又下降了，你会做出怎样的判断？可以想象咱们的一个土特产，市场价上涨了两倍，可本地消费量却下降了。你们会做出怎样的推理？

生14：价格上涨了，吃不起了；吃不起了，消费量就下降了。就像材料说的，他们吃不起主食，藜麦变成了奢侈品。

师：那客观事实究竟是什么呢？

生14：客观事实在第二自然段："秘鲁人和玻利维亚人只是想换换口味，吃点别的东西。"

师：原来当地人吃腻了，人家想换换口味。你看，自以为是有多可怕，先入为主有多可怕！还有哪些"竞争性真相"呢？

生15：《纽约时报》根据一个研究报告，说"藜麦种植区的儿童营养不良率正在上升"。他们推断说，这是因为藜麦价格上涨了，儿童没法消费藜麦了，营养就不良了。他们想借此渲染吃藜麦的罪过，就像《独立报》所说的那样："对你有利——对玻利维亚人有害"。

师："藜麦种植区的儿童营养不良率正在上升"，是事实吗？大概是事实。但将原因归结为他们吃不起藜麦，这就把问题简单化了。

这里我再说一个传媒的秘密。这些媒体特意渲染儿童的营养状况，其实也是利用了人们的成见。营养不良的人很多，为什么专拣"儿童"说事呢？因为这样说话最有震撼力。尊重儿童、爱护儿童是现代文明的基本观念。欺负一个儿童与欺负一个成年人，受到的谴责是不一样的。所以，媒体刻意选择"儿童"来说事，这应该也是精心选择的。那么，这个"竞争性真相"背后的客观事实究竟是什么呢？

生15：第三段说"所有想吃藜麦的人仍然买得起这种食物"。事实是，自从藜麦在国际市场走俏之后，种藜麦的人变富了，不种藜麦的人也因为种藜麦的人变富了，应该不存在吃不起的问题。

师：事实究竟怎样，单凭这个材料我们也很难做判断。这个材料也只是在强调"竞争性真相"会带来对事实的遮蔽。现在明白讨论《悲惨世界》的意图了吗？——你用什么词儿来表达，强调事物的哪一面，可能与你的成见相关，反映了你的价值观与思维方式；同时，你的表达也会给读者以不同的诱导与暗示。我这里再说个细节，媒体刻意使用了"奢侈品"这个词。奢侈品，说明它远远超出了基本的生活需求，主要是为了装点门面，炫耀财富与地位。"奢侈品"这个词会带来什么表达效果？

生 16：因为发达国家的人喜欢吃藜麦，抬高了价格，使它从日用品变成了"奢侈品"，当地人再也吃不起了。那些吃藜麦的人，真是在犯罪啊。

师：对啊，对奢侈品，很多人是有成见的。一个挣扎在温饱线上的人，他会喜欢奢侈品吗？看到这样的报道，他会怎样想？

媒体为什么要这样报道，这个问题非常复杂，我一时也说不清。但有一点，文章特别强调了媒体并没有恶意，相反，他们倒是真诚地为当地人担忧。可见，如果认知出了问题，观念不对，好心也会办坏事，对吧？这让我想到了一个新闻，供大家参考。（PPT 呈现）

年轻人怕网暴不敢坐，滑竿师父：靠这个养全家

近期，一旅游博主在网络上发视频称，自己因为在重庆某景区雇人抬轿子（当地称为"滑竿"）上山，之后遭遇网暴。

有网友谴责他："大家生而为人，你凭什么花钱践踏他的尊严？"但是，这样的说法遭到了更多网友指责，一个花钱坐轿，一个凭力气吃饭，有什么不对？除此之外，该视频博主还称，他与滑竿师傅攀谈得知，很多年轻人都不敢坐（滑竿），怕发到网上被人骂，师傅还说现在生意不好，一天最多能拉两个（游客）。

大家想想：骂坐滑竿的人，究竟是做了好事还是做了坏事？

生 17：既好又坏。

师：你这个回答看起来是万能的，实际上等于啥也没说啊。为什么说"既好又坏"？请具体解释一下。

生 17：我认为对于抬轿师傅来说，他挣不到钱了，就是一件坏事。说这是好事，是因为这引起了人们对良知的关注，我觉得。

师：这个话还是不大好理解，大概是说他们的出发点还是好的，引起了社会对滑竿师傅生活处境的关注。看到师傅们迎着狂风暴雨，顶着酷暑烈日，说实在的，我们都有不忍之心。但这样起哄，能不能解决问题？会不会把问题简单化了？大家都不坐滑竿了，那些师傅拿什么养家糊口？他虽然苦，毕竟还有活儿干，有收入。现在，你这么一起哄，把人家的饭碗给砸了。用起哄的方式解决问题，问题永远也解决不了。

"竞争性真相"这篇报道也反映了这个心态。媒体有可贵的同情心，知识分子有情怀，我觉得这是值得肯定的。但不了解实际情况，坐而论道，以为抵制藜麦就能改善贫穷国家人民的生活，这样一闹腾，大家都不吃藜麦了，秘鲁、玻利维亚那些靠种藜麦为生的人，从此就没有活儿干了，再也没钱来养孩子了，这不是害了他们吗？

环节三：作文审题，警惕思维中的自我遮蔽

师：从《悲惨世界》到 2023 年高考阅读题，我们理解了成见，知道了成见会影响我们的判断；理解了"竞争性真相"，在成见的作用下，人们倾向于利用和传播那些对自身有利的信息。因此，要想看到真相，寻求真知，追求真理，就要警惕成见，就要"破我执"，破除内心的某些执念。下面我们带着"破我执"的观念来看一道高考作文题。（PPT 呈现）

因父亲总是在高速路上开车时接电话，家人屡劝不改，女大学生小陈迫于无奈，更出于生命安全的考虑，通过微博私信向警方举报了自己的父亲；警方查实后，依法对老陈进行了教育和处罚，并将这起举报发在官方微博上。此事赢得众多网友点赞，也引发一些质疑，经媒体报道后，激起了更大范围、更多角度的讨论。对于以上事情，你怎么看？

赞同小陈的举手。举手不怕早晚，只要有立场与观点就行。这位同学没举手。要不要举手？（生拒绝举手）很可贵，敢于坚持自己的观点。那么说说你不同的看法。

生 18：小陈的父亲在高速公路上接电话，这个事情确实不对。但我觉得小陈劝父亲的方式是不合理的。他们是父女关系，该用合理的方式去调解，而不用报警。

师：好像很多人都不同意你的看法啊。你打算改变自己的观点吗？（生依然摇头）这样，我请你的同学来与你协商。举手的同学，谁来挑战一下他的观点？

生19：我觉得安全是最重要的。材料说小陈的父亲屡劝不改，如果发生意外，那就追悔莫及了。既然这样，举报父亲有什么不妥！

师：你的意思是，在至高的生命面前，手段是次要的，对吗？为了保证父亲的安全，采取什么办法都可以，只要达到目的就行？

生19：对的，我觉得活着才是最重要的。

师：活着当然重要，但是否意味着为了活着，怎么干都行呢？大家再回顾一下"竞争性真相"的知识。关键要看材料提供了怎样的事实。

生19：我觉得她（生18）强调的是"竞争性真相"——她过分强调了小陈与老陈的父女关系，这是不对的。我从一个客观事实出发——任何一个人在高速公路上开车打电话，都是不对的，不仅会伤害他自己的生命，还威胁到别人的生命。

师：也就是公共安全，对吧？你的意思是，不管什么关系，只要在高速路上开车打电话，就该举报。按照这个逻辑，小陈当然是对的。但我也想提醒一下，小陈与老陈毕竟是父女关系啊，中国人讲父子相隐，还是有它的道理的。如果父亲仅仅只有一次，注意，假设父亲只是偶尔地打了一次电话，然后小陈就把父亲给举报了，父亲能接受吗？这合乎人情吗？（学生沉默）你要不要继续陈述理由？

生19：如果他还是不听我的劝告，那我也确实没有办法，只能去举报了。

师：对啊，材料中的小陈，不就是因为老爸"屡劝不改"，才去举报的吗？关于"小陈举报老陈"，客观事实究竟是怎样的？来，再把题目读一遍。

（在重新阅读中，学生关注到"总是""屡劝不改""迫于无奈""微博私信"等关键信息）

师：客观事实是怎样的？老陈打电话是偶然一次吗？不是，他"总是"在高速路上打电话，积习难改啊。第二，父亲"屡劝不改"，执迷不悟，太顽固了。第三，"迫于无奈"，小陈不是没想过办法，她已经找不到更好的办法了。你们指责小陈不寻找更好的解决办法，这不是错怪小陈了吗？第四，"更出于生命安全的考虑"，说明举报动机是良善的。第五，微博私信，这说明小陈希望保全父亲的面子，不想让父亲颜面扫地。后来将此事公之于众的，是警方而不是小陈。这样一看，小陈举报父亲还有什么不妥呢？请看老师的分析。（出示 PPT）把这些因素都考虑进去，才是尊重客观事实啊。

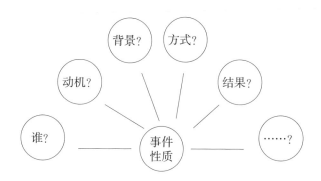

大家看，"谁"——发生在父女之间；"动机"——为了家人的安全，也为了别人安全；"什么事件"——举报事件；"背景"——迫于无奈，屡劝不改；"方式"——微博私信，给父亲足够面子；"结果"——老陈受到教育。综合起来看，小陈做事，合法，合理，合情，她有什么错呢？

（生沉默）

师：审题的时候，不要从概念出发，不要被成见所左右。有同学只看到了女儿举报父亲，却没看到女儿是在怎样的情况下举报的；有同学看到了父亲行为的危害性，却忽视了父女这个特定的关系。这样，或者骂小陈为人不孝，或者赞美小陈大义灭亲，判断都太简单了。事情的真相究竟是怎样的，需要具体分析。其实，这个题目本来提供了事实的方方面面，怪就怪成见遮蔽了我们的眼睛。有些同学考后抱怨，说我审题马虎啊，后悔自己当时没看清题目。其实，并不是你不想看清楚，也不是因为你一时疏忽，根本原因在于你缺乏完善的思维机制，在无意中受到了"成见"的诱导。人，只能看到自己所能看到的东西。要看到更大的天空，我们就要摆脱心中的执念，告别盲人摸象的片面。一句话，警惕思维活动中的自我遮蔽，超越成见的魅惑，破我执。

第十讲

关于公共说理与批判性思维的对话 ①

一、教学生学会"公共说理"

余党绪：鄢老师，您是著名作家，但您被公众所熟知，可能更多是因为另一个身份：著名时评家。我理解的"时评"，就是针对社会热点新闻、焦点事件或者难点问题，发表自己的判断和看法。这恐怕不是一般意义上的个人意见或文人情怀，而是一种"公共说理"。

鄢烈山：狭义的时评通常是新闻评论，广义的时评指对时事和社会政策的评论。时评写作，是对全社会发声和建言，当然要考虑传播效应和社会效应。它对于达成社会的基本共识和价值取向，是很重要的。因此，应该站在公民的立场，为达成社会共识，促进公共利益而发言。这种诉诸公众的时评，应该属于"公共说理"。

余党绪：在写作教学中，我借鉴了您关于"公民写作"的一些阐释，提出引导学生"以公民姿态，就公共事务，做理性表达"的教学理念。其中"就公共事务"，就是希望学生能够关心时事，就一些具体的社会事件发表自己的看法。我觉得，私人写作毕竟是个人的事情，教育的介入要有分寸；而且，将私人化的写作纳入公共的关注和考察范围，也应该保持谨慎的态度。比如

---

① 本书作者与鄢烈山围绕公共说理与批判性思维展开对话。鄢烈山，杂文家，作品《一个人的经典》获第三届（2001—2003）鲁迅文学奖。

有些高考命题的个性色彩和情感倾向过于浓厚，过于私人化，不具备公共性，这可能就不大妥当，因为它在满足了一部分人的情感体验时，也可能给另一部分人带来挫伤，这也不合乎公平原则。

鄢烈山：不过，"公民写作"与"私人化写作"也不必然冲突。每个公民都享有私人空间，两种写作都应强调个人的权利，所谓独立人格、自由精神。区别在于，两种写作的题材不一样，表达的诉求不一样。公共说理还是个新生事物。传统社会，老百姓对国家与公共事务没有发言权，实际上"说了也白说"。你看过去的电影和小说，茶馆酒楼要贴个告示："莫谈国事"。我是这个国家的人，竟然不能谈这个国家的事，很荒唐。这就造成了老百姓对公共事务的淡漠，公民精神的缺失。长此以往，公共说理的意识与能力，当然就有限了。

余党绪：顾炎武讲"天下兴亡，匹夫有责"，既然要人们承担对天下兴亡的责任，那就该赋予他相应的权利。如果他对国家大事一无所知，一点参与的权利都没有，他能负什么责任呢？现在是个民主化、信息化的时代，公共社会与文化空间正在形成之中。社会开放了，言论自由了，技术条件也具备了，应该说，我们有了"公共说理"的基本条件。但遗憾的是，在公共话题的讨论中，真正意义上的辩论还很少，只有无休无止的争吵。很多极有意义的话题，争来吵去一阵子，最后还是不了了之，更坏的甚至是胡搅蛮缠，恶语相加，人身攻击，曝人隐私，不但没达成共识，反倒添了堵。一直关注"公共说理"的徐贲先生提到有的"说理"看似雄辩，其实缺乏事实和逻辑，只专注于姿态与声势，因为目的只在于打败对方，而不是为了讨论问题，也不是为了达成妥协。

鄢烈山：公共说理的最大价值，在于探讨真理，求同存异，达成共识。社会本来就不是铁板一块，强求一致，结果必然是万马齐喑。因此要彼此尊重，尊重对方表达的权利，尊重对方的人格和尊严。这就是公共说理的"君子之风"。现在有一些恶习，妨害了公共说理的环境与氛围。比如有些人不能就事论事，具体问题具体分析，喜欢推断别人的动机，做"诛心之论"，指斥对方"用心何其毒也"，结果陷入"阴谋论"。再如将讨论转变成道德审判或者智力羞辱，指责对方的资格与人品，意思是"你还不配"。公共事务涉及每一个公民的利益，怎么就不配？还有些人喜欢危言耸听，夸大质疑的破坏性，再如拉大旗作虎皮，借权威、权势的幌子来震慑对方，这些都不是公共说理的姿态，基本上还是一种你死我活的"阶级斗争"思维。

余党绪：我们应该达成一些"公共说理"的基本原则，比如不羞辱，不欺骗，不撒谎，不歧视，不伤害，不使用暴力语言。鄢老师在《愤世与媚俗》一文中，引用《书经》里的"直而温，宽而栗，刚而无虐，简而无傲"，将此作为公共表达的文风追求，我很受启发。以温济直，"有理不在声高"；以栗（庄敬）济宽，就不会油腔滑调；不要让刚正走向酷虐的极端，动辄喊打喊杀；也不要让简捷明快变成妄自尊大，以一句顶一万句的姿态睥睨天下。其实，说理能力反映了公民的素养。这是社会主义核心价值观中的文明、自由、平等、民主、公正等价值理念的必然要求。

鄢烈山：在公共说理方面，胡适是个很好的范例。鲁迅病逝之后，苏雪林称鲁迅匿迹于日本浪人所开侦探机关之内山书店，"治病则谒日医，疗养则欲赴镰仓"，且将以日本为终老地，暗示鲁迅为日本之鹰犬。此即典型的诛心之论。胡适对苏雪林骂鲁迅"玷辱士林之衣冠败类，廿五史儒林传所无之奸恶小人"不以为然，复信道："凡论一人，总须持平。爱而知其恶，恶而知其美，方是持平。鲁迅自有他的长处。如他的早年文学作品，如他的小说史研究，皆是上等工作。"胡适能够撇开与鲁迅的恩怨是非，独立而客观地评断，就是一个很好的案例。

余党绪：在公共说理上，胡适也一直提倡具体问题具体分析，反对滥用宏大概念，反对生搬硬套，他称那种大而化之、笼而统之、一言以蔽之的思想方法是一种"懒"。中学语文教材选入他的《差不多先生传》，这种偷懒式的思维其实也是一种"差不多"精神。

鄢烈山：在说理中，我们一直强调"摆事实，讲道理"。但在具体表达中，有多少人假"摆事实讲道理"之名，行狡辩与诡辩之实！事实是个客观判断，对于事实，一要辨真伪，二要看论证是否有效。如果事实（论据）与论点牛头不对马嘴，即使事实是客观的，"有图有真相"，说理（论证）依然无效。"讲道理"，就是要遵循公认的形式逻辑和辩证逻辑。你离开了公共逻辑自说自话，比如偷换概念、转移命题，把别人说的"必要条件"当作"充分条件"来批驳，这不是对话，而是吵架。

余党绪：是的。我看徐贲先生的介绍，美国加州四五年级就开始学习"公共说理"了，比如六年级公共说理的教学重点就在于区分"事实"和"看法"。他们强调：任何"看法"都不具有自动的正确性，都需要加以证明，需要提供充分的理由。这其实在训练一种实事求是的精神，训练一种理性而精确的思维方式。用胡适的话说，就是"有几分证据，说几分话"，"大胆假设，小心求证"，"没有证据，只可悬而不断；证据不够，只可假设，不可武断；必须等到证实之后，方才奉为定论"。

鄢烈山："讲道理"看似简单，其实很不容易，因为我们的思维被蒙蔽了太久，被遮蔽的太多，有许多难以烛照的黑暗区域。我看过一个案例。美国第 36 任总统约翰逊对越南的战略地位与政治形势一直有误判。他是"主战派"，为了说服反战派，他用"多米诺骨牌"来突出越南问题一旦不能解决所带来的政治局面。所谓"多米诺骨牌"效应，前提必须是牌要一张一张排好，彼此关联，且每张牌都处于一个准稳定与准平衡的状态。在这种情况下，一张倒了，其他的都会跟着倒。将东南亚局势比作骨牌，隐藏着一个思维的陷阱，因为国家不是骨牌，它们并不是一张一张排好的。而且，一个国家的政权或政府发生更迭，其他国家也一定会跟着改变吗？即使跟着发生了改变，也会朝着同一个方向改变吗？但是不可否认的是，约翰逊的这个比方确实影响了一些反战派的意见。在公共说理中，这是一个典型的"隐喻陷阱"。

余党绪：这样的"陷阱"在高考写作中比比皆是。很多高考命题，都是一种隐喻式的命题。比如 2005 年江苏省的题目，就是拿"凤头猪肚豹尾"来隐喻人生与事业。其实，人生与写作是不一样的。人是不能选择或决定自己的"开头"的，能否以"凤头"登场，不取决于我们自己。有个"凤头"，人生固然幸运；没有"凤头"，人生也可照样精彩。将人生比作写作，这其中就隐含了一个"陷阱"。当然，头脑敏锐的孩子恰好能利用这个"陷阱"，表达对人生的深刻理解。但多数考生恐怕只能"陷"在这个"阱"中。就像

"人生不能输在起跑线上"这样的隐喻，不就让很多家长陷入了焦虑与错乱吗？但仔细想一想，人生与跑步比赛岂能同日而语？

鄢烈山：公共说理的意义正在于发现这些陷阱，达成真理性的认识。对个体而言，它可以塑造一种公民理性；对社会而言，它可以塑造一种公共理性。一个民族的思维方式，积久成习，积淀为集体无意识。思维方式的缺陷与弊端，往往会在深层左右人的思维与行动。从一个人肯不肯说理、会不会说理，大抵可判断，他接受的是一种什么样的教育，以及他与公民的距离。

余党绪：遗憾的是，我们的写作教学，立意常在指导学生"应制"一篇高分作文，以满足升学之需，少有人从培养公民的表达素养的高度，来设计课程与教学。学生作文中暴露出的说谎、夸大其词、简单归因、上纲上线等问题，现在看来是个小事，可由此养成的恶习，可能就会影响他未来的公共说理。单从公民表达的角度看，我们对写作能力的关注很多，而对写作态度、表达动机与伦理、表达风格这些问题的关注还远远不够。我们的写作教学，似乎还是为了培养写手，甚至是玩弄文字的"酸文人"。如果中小学不去教学生学会公共说理，还有哪里能教他们？

二、批判性思维非经培育不能养成

余党绪：说到"公共说理"，我就想到批判性思维。批判性思维是公共说理的基础。有人说，学校应该为学生提供两种扫盲教育，一是"文化扫盲"，另一个是"批判能力扫盲"。其实，也就是批判性思维的扫盲。

鄢烈山：批判性思维有其人性的基础。人都追求自由，想当家做主，这些都是与生俱来的天性，两三岁的孩子就开始"叛逆"了。只是在成长过程中，慢慢被改造了，被改变了，天性丧失了。

余党绪：但这种"批判的天性"，并不能自然而然地生长出批判性思维。

鄢烈山：人的本性是趋利避害的。一个正常人，即便没接受多少教育，读多少书，他也能理性地看待和解决日常的生活问题。以我自己为例，如果我不去上大学，我相信我的逻辑思维也会很清楚。所以，要信任人的日常逻辑和常识。处理日常事务，逻辑与思维训练并不见得有多么重要。这是一人一票的民主选举制度，不分文化程度和职业的理据所在。

余党绪：不过，日常逻辑多来自于直接的、经验性的感受与总结，常常受到利益、情感、心理和环境的影响，并不见得科学与合理。一旦超越了日常和经验的范畴，这个逻辑往往就会暴露出它的混乱和悖谬。比如按照日常经验，人们都相信"眼见为实"，这个逻辑也确实能被日常经验所证实，但实际上，"眼见"的未必都是"实"的，因为你见到的可能只是表象或者假象。在今天，依靠日常逻辑和经验逻辑来应对日新月异的社会变化，往往更加捉襟见肘，甚至南辕北辙。

鄢烈山：首先，人的天性仍然值得敬重，不可压抑。另一方面，在思辨领域，虽然每个人都有批判性思维的萌芽和种子，但作为一种理性的、自觉的、科学的思维方式，批判性思维方式非经教育不能养成。教育就是要引导人们摆脱各种束缚与局限，包括本能的局限，日常与经验的局限。这里向大家推荐一本书《好好讲道理：反击谬误的逻辑学训练》，美国学者爱德华·戴默写的。

余党绪：这本书我读过，也可作为批判性思维的启蒙读物。从思维方式看，教育的重要价值，就在于培养学生摆脱环境的、利益的、情感的、情绪的束缚，让自己的思维更公正。我读国际上的批判性思维教程发现，他们特别强调批判性思维的宗旨是思维的公正性。它的逻辑是，人是自我中心的，他的思维在本能上也是自我中心的。批判性思维的训练，就在于摆脱这种自我中心以及由自我中心所带来的偏狭、片面与绝对，成为一个公正的思维者。

鄢烈山："公正性"是批判性思维的道德基础。没有对公正的追求，"批判性"就容易陷入另一个极端。很多人对批判性思维有误解，以为它就是解构，就是否定，甚至是专门与人唱反调，与人作对。但其实，批判性思维绝不是政治上的定性与否定，也不是人际关系上的那种多疑与猜忌。胡适说，做学问要无疑处有疑，对人则要有疑处不疑。即便对人有所怀疑，也不要先下否定性结论。我们湖北乡下有句话，朴素但很深刻："怪人不要怪早了，谢人不要谢迟了。"做否定性判断，要慎重，不要太草率。在日常的人际关系上，先要假定人家是个好人，遗憾的是我们的现实生活正好相反，先假定别人是坏人，"不要和陌生人说话"。这让我觉得没有尊严。

余党绪：是的，人们对批判性思维存有很多误解。其实，批判性思维中的"批判"二字，首先是指思考者对自己的思维的自我监控，是一种自我的"批判"，以警惕因自己的各种因素所带来的偏见、局限和迷失。批判性思维首先不是针对别人的，它并不具有外向的否定性和破坏性。它是一种积极的建构，追求的是真理性的建构，是公正的思想建构。

鄢烈山：除了胡适，我还喜欢明末"处士"耿定理与"异端思想家"李贽订终身之交的故事。耿定理问李贽："学贵自信，故曰'吾斯之未能信'；又怕自是，故又曰'自以为是，不可与入尧舜之道'。试看自信与自是有何分别？"李贽回答说："自以为是，故不可与入尧舜之道；不自以为是，亦不可与入尧舜之道。"一个人不可不自以为是，那就是要有自信。李贽是很自信的，他以"异端"自居，对男尊女卑、假道学、社会腐败、贪官污吏，不留情面，大加痛斥，不自信断难如此。但同时，人也不可自以为是，要有自我怀疑、自我批判，随时准备修正自己。

余党绪：人总有自己的局限，视野上的，知识上的，性格上的，甚至生理上的，所以不能太执迷。孔子说"毋意""毋必""毋固""毋我"，否定的就是那些主观臆测的、固执己见的、固步自封的、一意孤行的思维方式。佛家也说"勿执"，要"破我执"。"思辨"这个词的由来，就是《礼记》中的"博学之，审问之，慎思之，明辨之，笃行之"。只要是追求真理，追求真相，追求公正，总会走到"思辨"这条路上来，因为它导向的，正是人类梦寐以求的真理、真相与公正。

鄢烈山：这样理解杂文也无不可。鲁迅说杂文是"投枪"，是"匕首"，虽然只是个比喻，但还是太尖刻，给人咄咄逼人的、攻击性的印象。我倒觉得，杂文应该是良医，所谓"银针"和"解剖刀"。好的杂文，在司空见惯的现象或者习以为常的事物中，发现某些悖谬之处，让我们不再习以为常，不再视若无睹，不再心安理得，这样才能激浊扬清，拨乱反正，正本清源。批判性思维是杂文写作最重要的思维品质，追求公正与真理，也是杂文写作的方向。

余党绪：说到批判性思维的培养，其实每个老师都有自己的实践，区别只在于是否自觉，是否将它作为一种科学的思维方式进行系统性的教学。哪个老师没有告诫过自己的学生读书要动脑筋，多问几个"为什么"呢？这话里就有批判性思维的因素。为什么要问"为什么"？怎样动脑筋？其实就是不盲从，用自己的脑子去判断，去思考，要有自己的质疑和确认。

鄢烈山：作为局外人，我对具体的教学技术没有发言权，但我觉得，目前要想提高学生的批判性思维的水准，最重要的是要给学生思想松绑，精神松绑，让他们养成自由说话、敢于表达的勇气。

余党绪：是的。我一直觉得，培养批判性思维，最基本的也是最重要的，就是给学生一个自由讨论的环境，不要用我们习以为常的、自以为是的观念来约束学生。现在的课堂，教师似乎更喜欢施展自己因势利导、循循善诱、因材施教的本事，还冠以"启发式""对话式"等美名。当然，这些理论后面还跟着一大堆合情合理的说辞。但我的看法是，在教师的强势启发与精心诱导下，学生丧失的恰恰是面对文本时的那种自由态度、批判精神与对话能力。有些公开课结束时，表演出彩的老师常常感谢学生的"倾心配合"。这不是一语道破天机吗？原来学生只是个"配合者"。

三、传统文化与思辨性阅读

余党绪：鄢老师，最近《语文学习》杂志刊载了几篇关于《水浒传》教学价值再评估的文章，其中也有我自己对《水浒传》的一些批评，引起了很多反响。鲁迅说，读古人的书，归根到底还是为了做现代人。他还说，要不要保全传统文化，要看它能否保全我们。总之，文化应该为了今人更好地生活。当然，不大会有人明确反对鲁迅的这个说法，但在具体的教学实践中，大家的取向还是存在许多微妙的差别。我更倾向于将传统文化作为一个认知对象，在教学中重在批判性的理解与对话式的思辨，将其与现代公民的养育结合在一起。也有另外一种理解，认为学生还小，继承才是他们的天职和责任，更强调接受，更强调灌输与记忆，教学也多在为传统文化辩护。您怎么看？

鄢烈山：传统文化是个很复杂的概念，它有经史子集这些典籍，也有社会风俗传统。文化传统有儒家，也有道家，还包括墨家、法家，当然也包括历朝历代的各民族文化，这样才有了中华民族的传统文化。笼统地讲继承传统文化，显然是不够精确的。难道商鞅的那一套以刑役民、以刑残民的恐怖政治与愚民政策也要继承？再如，宋朝先是被契丹人入侵，达成了所谓的"澶渊之盟"；到了南宋，北方是女真人统治，汉族政权的生存空间被压缩到最南面。面对这段历史，我们就不能只关注汉民族的文化。比如，当我们说陆游是"爱国诗人"的时候，不要忘记了元好问的存在。元好问所用的典故、地名，都是《诗经》和汉唐诗歌中反复出现的，他的情调也是汉诗的情调。在金人看来，他们才是"中国"和"中原"的正统。相对来说，南宋偏安江南，格局小很多。因此，谈论彼时彼地的传统文化，就不能只局限于南宋的那么一个小朝廷。传统文化这个概念，与"国学"这个概念一样，本身也是很复杂的。

余党绪：所以，我觉得首先还是要认识，要理解，是辨析式的阅读与选择。但现在，确实有很多人，一说到传统文化，就是汉人的文明，就是儒家，就是孔子，就是膜拜，这显然太狭隘了。文化本身是多元的，应该超越民族与学派的局限。当然，从对后世的影响看，儒家、道家、佛家的影响显然是最主要的。

鄢烈山：不管怎样，不能将某一家某一派推为"一尊"，就像汉朝"罢黜百家，独尊儒术"，这是对文化生命力的扼杀。"五四"时代高喊"打倒孔家店"，有些极端，但针对的主要是把它当作唯一的、最高的标准。历史证明，儒家的局限性是显而易见的，把它当国教，拿它来治国，与现代文明多有冲突与悖逆。对此，我们应该有个基本的判断。

余党绪：对传统文化，需要谨慎的、理性的、批判性的态度，而不能忽左忽右，需要的时候奉若神明，不需要的时候弃若敝屣。这种功利性的、实用的庸俗态度，不尊重前人，不敬畏传统，其实也是不尊重我们自己。有人痛感于今天的道德失范与伦理失序，想回到古代去，在儒道佛那里寻找拯救世道人心的灵丹妙药，这显然是不理性的。背诵《弟子规》能重建师道尊严吗？这样的思维方式是很悲哀的，"五四"一代人做过很多努力，就是想改变这种"中体西用"式的思路。可惜，到现在有人依然故我，依然活在五千年的迷梦之中。

鄢烈山：迷信就是不自信。其实，若从知识的角度看，古人哪能与今天的人比？"学富五车"算什么？还不如我们的一个 U 盘。孔子读了多少书？释迦牟尼读了多少书？

余党绪：他们有他们的智慧，当代人也有当代人的眼界。孔子再智慧，也不能理解数字化时代的物理世界。前面鄢老师提到的李贽，那么聪明，那么智慧，那么有胆识，但他就是想不到，一个没有皇权的社会究竟是怎样的。

鄢烈山：传统文化中的那些精华，主要表现在他们对于人性的深切理解和把握，这个深度仍是今天许多人难以达到的。比如人性，佛教讲戒"贪嗔痴"，等于确认了人性有这些恶的因子。人都有权欲物欲，想控制别人，都想占有更多的资源。再如名利、富贵，孔子说："富与贵，是人之所欲也；不以其道得之，不处也。贫与贱，是人之所恶也；不以其道得之，不去也。"孔子充分肯定了人对富贵名利的渴求，在这个基础上再进一步讨论"道"的问题。亚当·斯密有"国富论"，也有"道德情操论"。再如，孔子说"三人行，必有我师焉"，又说了"无友不如己者"。我理解，前一句，是说我们要虚心，取人之长，补己之短。后一句的意思，就是不要跟不如自己的人交朋友，钱穆先生也是这样理解的。有学者非要说"不如己者"不是这个意思，似乎这样理解显得孔子很势利，有损老夫子的形象。其实想一想，这有什么不对呢？交友本来就是有个时间成本和情感成本的，总归要从朋友那里得到一些什么，或者学问，或者启发，或者情感上的慰藉，当然也不排除财务上的帮助。

余党绪：民间也主张门当户对的婚姻，从婚姻的角度看，仔细想想，其实也没什么大错。不过是主张男女双方在政治、经济、文化和性情上比较对等，这样才有对话的空间。想一想，焦大与林妹妹，如果捆绑成了夫妻，一定很难弄。孔夫子其实是个很可爱的老头儿，一个和蔼可亲的老师，没必要把他想得那么呆板。

鄢烈山：对传统文化，毛泽东说要去其糟粕，吸收其"民主性的精华"。什么是民主性精华？比如《尚书》说"皇天无亲，惟德是辅；民心无常，惟惠之怀"，再如孟子的"民为贵，社稷次之，君为轻"，这些与人民利益至上的现代观念有着内在的一致性。这些才是我们应该汲取的营养。

[附教学随笔]

学术争鸣需要善意、理性与逻辑

一、理性而开放的学术态度

经常有人感慨语文界太热闹，声音太杂，争论太多，新名词如过江之鲫，新流派如雨后春笋，叫人眼花缭乱，应接不暇，言语中似有不满和讥讽。更有一众怀旧者，喜欢回忆"我们那时候"，言下之意，现在的老师不潜心学问，不静心教书，写文章多是堆砌名词，哗众取宠，沽名钓誉。

这样的议论时不时见诸报端与屏幕。我猜想，恐怕在"我们那时候"，也有人在感慨"我们那时候"。当然，这也得有一个条件，那就是必须生活在百花齐放、百家争鸣的环境中。否则，连感慨"我们那时候"，恐怕也是有风险的。

除非生活在万马齐喑、动辄得咎的年代，人都是想表达的，而且也应该表达，表达本身就是对社会的贡献。在我看来，对于语文这样的人文学科，有各种各样甚至花样翻新的表达是一件好事。每一个新名词，哪怕命名者就是为了体现自己的与众不同而刻意为之，也一定包含了他个人的创意、灵感和突破拘囿的冲动。不用担心新名词扰乱心志，也不必害怕新流派搞乱思想。在自由的思想与表达市场上，优胜劣汰，大浪淘沙，假冒伪劣终归难以存活。比这种担忧更有价值的事情，是维护一个自由、开放和理性的文化环境，营造一个彼此平等、互相尊重、平心静气的学术氛围。

按照雅斯贝尔斯的说法，在人类文明的"轴心时代"，各个文明都出现了伟大的精神导师——古希腊有苏格拉底、柏拉图、亚里士多德，以色列有犹太教的先知们，古印度有释迦牟尼，中国有孔子、老子……他们提出的思想原则塑造了不同的文化传统，也一直影响着人类的生活。今天我们反复言说的很多话题和命题，其实都可以追溯到这个"轴心时代"。但这并无损于人文学科的价值。人文学科的价值，恰恰就在于对这些古老的话题进行反复的、连续的思考与赋意。伽达默尔说，语言是储存传统的水库。每一代人，每一个人同历史建立联系的最重要方式，就是学习由历史负载下来的语言，对语言的学习和使用使我们同人类的全部过去建立联系。理解语言，就是理解历史。不妨就此做个不太恰切的比方：先祖们挖了个池塘，后来者都是注水人，而那滋润大地、源源不断的水流，就是民族文化。

说到语文教学，我们会反复提及类似"叶老说过"的表达，这只是表明叶老曾经提出了或者表达过这个话题，并不意味着今天的人们就不用再思考了。有人对当下的言论皱眉头，逻辑可能是：叶老都说过了，我们还说什么？殊不知，叶老说，我们也要说。叶老可以启发我们，但不能代替我们的思考与表达。有时候，看起来我们与叶老说的是同一个话题，但实际上，内容与内涵可能差异很大。因为，时代不同了，背景不同了，内容与宗旨也大相径庭了。

还有人喜欢说"这个问题早有定论"，这说法也值得商榷。这世界的精彩，恰恰就在于早有定论的事情很少，尤其在人文领域，除了一些基本的共同假设和人所共知的公理，恪守"定论"往往意味着保守与僵化。

我们应该以喜悦的心态与开放的姿态面对语文的学术表达与争鸣。

当然，在一个公共的思想与知识市场中，参与者都应该有一些基本规则，维护正常的表达与交流秩序，保障与促进学术交流的增量价值。当我们为了一个毫无意义的争吵而精疲力竭，为了应付一个误解而劳费心神的时候，争鸣还能在多大程度上促进知识的增长和事业的进步呢？

因此，在表达与争鸣上达成一些基本共识十分必要。在我看来，我们需要善意、理性与逻辑。

二、学术表达的善意原则

有一年我在延边听了温儒敏先生的一个报告，觉得很好，在征得了温老师的同意后，将讲话整理成《把培养读书兴趣当作语文教学的头等大事》，发在我的微信公众号上。在报告中，温老师着重谈了"海量阅读"的问题。不想文章引起了一位读者尖锐辛辣的批评。他写道："阅读不单纯是个量的问题，简单的量的相加，并不能提高学生的语文素养，一个堂堂的大学教授，竟然说这样无知的话！"骂一个著名教授"无知"，这话很不友好。如果是事实，倒也罢了，问题是，他这话没有来由。学养深厚的温儒敏先生，总不至于不懂得阅读的量与质的关系吧？认真阅读温老师的讲话，不难发现，他既强调了阅读的量，也强调了阅读的质，既强调了泛读，也强调了精读。之所以特别提出"海量阅读"，主要是看到了当前太过精细的"碎尸万段"式的阅读教学，严重局限了学生的阅读视野，损害了学生的阅读兴趣。我在讲话现场，在那个场合和语境下，温老师的话是经得起推敲的。用"无知"来批评温老师，不就是典型的"稻草人谬误"吗？自己理解错了，却将错误归咎于对方，转而声色俱厉地批判人家，如果这不是品质问题，一定是水平问题。我在发布此文的按语中，专门介绍了温老师做报告的背景与总体内容。温老师是在人教社举行的"人教版初、高中语文课标教材座谈会"上讲的，面对的是各省市语文教研员和语文老师。他略去了一些不必要的理论铺垫，省去了一些不必要的背景介绍，在具体的场合，这种省略并不妨碍我们准确地理解他的意思。如果心平气和地阅读，断不会如此震怒。可以想见，好多人一听异己之见，就暴跳如雷，失去了倾听和静心阅读的心境。人生苦短，何必为此动怒？

学术表达，无论是发布成果，还是参与争鸣，都应该有一个底线，那就是善意。什么是善意？表达与交流的目的，是为了真实地理解对方，促进知识的积累与增长。我这里用的是"真实"而非"真诚"，"真诚"是更高的要求，"真实"总该做到吧？交流是为了达成理解，而非为了激起对立，激化对抗，更不是为了让人闭嘴，逼人钻地洞，而这已经是做人的底线了。

著名学者王元化说他最怕读两种文章，一种是"惊听回视的翻案文章"，一种是"意在求胜的商榷文章"。"惊听回视"的文章如果货真价实，倒也振聋发聩；但若虚张声势，则费力也是枉然。显然，"意在求胜"与"惊听回视"的文章，目的不在于知识与思想本身，而在于赢得身价与掌声。这样的文章，往往缺乏善意，意气用事，断章取义，挑三拣四，抓住一点，不及其余，发展到最后，极有可能演化为上纲上线，人格诋毁。恶性较量一旦开始，你来我往，局面可能失控，学术争鸣就可能沦为"打嘴炮"。它的恶劣之处，不仅在于伤了当事人的和气，浪费了当事人的精力，还在于搅浑了一池春水，破坏了正常的、宽容的思想与表达环境。在这样的环境下，出于"囚徒困境"式的戒备，人人自危，我们不得不将人所共知的常识说了再说，将背景强调了又强调，唯恐被人斥为不完备，无逻辑。它耗掉的，不仅是学术争鸣的效率，更是对学术的热情和信仰。

这个世界是多元的，每个人在本质上都是有局限的，片面的。这世界原本就没有什么绝对真理，我们所能做的，就是在具体的问题上寻求相对合理的答案与解释。务求必胜的人，往往失败；惊听回视的人，往往失落。有一个学者，每次发言，他都会以这样的方式开头：我来说点不同的意见。有不同意见，当然无可厚非；表达不同意见，也是个人的自由。但问题是，每每以这样的方式开场，就让人觉得别扭。而且很多情况下，他其实也没什么不同意见——只是"不同意见"成了他的口头禅。于是我觉得，这是一个很没有自信的人，似乎不这样开头，就不能引人注目；不否定别人，就不能凸显自己。什么叫"非对抗性表达"？其实，即便表达不同的意见，也没必要先把自己摆在与人"对抗"的位置上。我相信，善意在多数情况下，换回的也是善意；而不太友善的表达，即便出于无心，也会招致对方的反弹。人之常情，不可不察。

2005 年，郭初阳先生在《教师之友》发表了《愚公移山》的教学案例，引起很多争议。我不同意郭老师对文章的解读，但郭老师的思想、才华以及在课堂上鼓励学生大胆质疑、自由表达的做法还是让我击节赞叹。我在做这个案例研究的时候，阅读了大量与此案例相关的文章。我发现有个别异议者，不就课论课，而是批评郭老师这样处理文本的动机，比如出风头。显然，这就不是学术讨论了，这是典型的"诛心之论"。有些人喜欢揣测别人的动机，而且还喜欢恶意揣测。学术讨论，讨论的是具体问题，动机关你什么事？惰于学术讨论，勤于动机抹黑，此种行径，定非出于善意。

顺便说，我也写过郭初阳老师的课评。几年过去了，我再次翻阅，还是觉得有些话说重了。同样的意思，若用更温和的语言来表达，肯定更有助于彼此的交流。郭老师是谦谦君子，也许不在意；但在我自己，还是内心有愧。

三、理性的谦逊

表达上的善意，首先是一个德行与胸怀的问题。在学术的意义上，胸怀与德行主要体现为对学术的敬畏，对学术同伴的尊重。

要想做到这一点，我们需要"理性的谦逊"。

德国哲学家卡西尔在《人论》中说："人总是倾向于把他生活的小圈子看成是世界的中心，并且把他的特殊的个人生活作为宇宙的标准。但是，人必须放弃这种虚幻的托词，放弃这种小心眼儿的、乡下佬式的思考方式和判断方式。"[1] 读卡西尔的这段话，很容易读出另外一层意思：每个人其实都是乡下佬。因为，人总是生活在自己的圈子里，这不仅仅是一种倾向，更是一种难以摆脱的客观境况。谁能彻底摆脱个人的眼光和标准呢？所以，无论怎样追求公正与合理，都难以完全摆脱自我的虚幻与偏狭。

要是人们能理性地、清醒地认识并且承认自己只是个"乡下佬"，这个世界或许会太平很多。哈耶克在他的著作中反复批判人类自以为是的、不断膨胀的看起来很理性实际上很盲目的信念，结果断送了今天的秩序和未来的福祉。著名的国际批判性思维专家理查德·保罗在他的《批判性思维》一书

---

[1] 卡西尔：《人论》，甘阳译，西苑出版社 2003 年，26 页。

里，前前后后、反反复复、不厌其烦地罗列每个人都会受到的局限，来自宗教的、道德的、家族的、遗传的、文化的、利益的、观念的、情绪的、个性的、地位的……甚至审美偏好的。卢梭说，人生而自由，却无往不在枷锁之中。这句话用来形容人的局限性，也颇为恰当。但问题在于，我们常常忘记了这一点。

想一想，我们这些自以为是、感觉良好甚至自信真理在握的人，本质上只是个井底之蛙。理解了作为个体的局限，谦逊才会是真诚的，审慎才会发自内心，这样的谦逊与审慎才是理性的。

在对盲人摸象这个寓言的理解上，我们总是居高临下嘲弄那几个盲人，似乎自己看到了真的大象。但若换个角度，我们与盲人何尝不是一样？宇宙这么大，世界这么大，社会这么大，人心这么大，谁能保证自己真的看到了宇宙，看到了社会，看到了人心？每个人，只能在特定的时空环境里，在特定的角度与层面上接近真理。谁也不敢说，我摸到的才是真正的大象。如此说来，我们日常依仗的耳聪目明，原来也未必靠得住啊。

人都有轻狂的时候，都有自大的冲动，都有控制的欲望。对权势、利益、名声，都会有某些非分的渴望。这样的冲动与欲念，哪怕只是一闪念，一瞬间，都会妨碍我们对他人的认知和把握。我们应该承认自己的局限，我们无法保证自己时刻都是正确的。这没什么不光彩。承认这一点，并且警惕这一点，这就是理性的谦逊。

学术研究无时无刻不受现实因素的影响，受到包括自我因素在内的各种蒙蔽，哪怕主观上并无恶意，也可能在无意中误解对方，伤害对方。为了减少误解，减少遮蔽，应该让规则来保证我们合理地释放善意。在学术讨论中，有些规则还是要注意的。比如：

◇在具体语境下讨论问题。这样才不会漫无边际，防止节外生枝。

◇真实把握对方的议题与观点。在学术争鸣中，这是给对方的最起码的尊重。

◇恪守边界，就事论事。不要上纲上线，慎于由此及彼。

◇以商榷代替反驳。这个道理不言而喻。

◇慎用夸张性、极端性、情绪性的词语。诸如最、极其、完全等，完工后不妨逐一筛选。

…………

理性的谦逊与自主、自信的表达并不矛盾。恰恰是理性的谦逊，才能保证我们的自主与自信不至于陷入盲目；也只有自主与自信的人，才能做到真诚的谦逊，不至于陷入虚伪做作的谦恭。

四、避免"对抗性表达"

善意是表达与争鸣的伦理基础。善意，体现在语言上，首先要尽可能减少对抗性的语词与表达。

语词的内涵与情感色彩是相对稳定的，比如"康大叔"，出自鲁迅先生的《药》，就是一个贬义词。康大叔欺骗华老栓，说"包好，包好"，这个典故人所共知。若有人写文章夸大其词了，我们批评他，最好不要将人家比作"康大叔"。说几句夸大其词的话与卖人血馒头，毕竟不能相提并论。即便无意贬损人家，但语言释放的敌意与对抗性已成事实。

近几年我一直做批判性思维教学的探索。在实践中我的一个苦恼，就是"批判性思维"这个概念自身带来的障碍。在我们的文化语境下，"批判"两个字会让人产生很多联想。特别是经历了频繁的政治斗争之后，很多人对"批判"一词心有余悸。一提到"批判"，就想到否定，打倒在地，再踏上一只脚，叫你永世不得翻身。"批判性思维"是一个被严重误解的词语。为此，有人主张将 critical thinking 翻译为"审辩式思维"，还有人主张翻译为"明辨思维"，以避免由"批判"带来的消极对抗色彩。不过，作为一个国际性的学术名词，"批判性思维"已经约定俗成，且已流传开来。目前看，也只能"且用且解释"了。可以预见，在未来相当长的一段时间内，"批判"二字所带来的消极影响，依然难以消除。

此外，在一个语言系统中，语词与语词之间的关系，比如对立关系、对举关系，也是约定俗成的。说到"真"，必然会想到"假"，这是对立关系；

说到"现象"，就会想到"本质"，这是对举关系。有时候，语词的对抗性就来自这种或隐或显的关系。

比如"真语文"这个概念。我很敬重"真语文"的理念和探索，但我觉得，无论从行为策略上，还是从学术定位上，"真语文"这个概念都会带来一些障碍，就像"批判性思维"这个词一样。比如，会不会给人一种"门户"的感觉？之所以提出"真语文"，乃是因为"假语文"充斥了我们的课堂。那么，什么才是"真语文"呢？

"真"的反面是"假"，如果不是"真语文"，必然是"假语文"。"真"和"假"之间，没有中间地带，这世界上没有不真不假的第三种语文。那么，问题就来了。谁来制定真与假的标准呢？谁才是真与假的仲裁者呢？当我们说这节课是"真语文"时，是不是意味着与此不同的课就是"假语文"？当我们标榜某个老师的语文课是"真语文"，是不是意味着有别于他的就是"假语文"？

"真语文"以建设性的姿态参与和推动语文教改，这个工作有目共睹。但这个概念本身所具有的"对抗性"，常常会消解其积极的主张与包容的姿态。其实，"真语文"所展示的案例和对案例的解释，在很大程度上切中了语文教学的痼疾和弊端，单从立意看，我们要为"真语文"喝彩。但是，正如我对我自己时刻保持着警惕与怀疑一样，我对"真语文"也一样存在着疑问：这个真假究竟该如何界定？标准在哪里？

语文教育是一件非常复杂的事情，尤其是课堂教学，更是千姿百态。这决定了我们对它的认知与评价必须慎之又慎。每个人都有自己的文化体认，有对文本的自我理解和教学的自我选择，也都有自己的教学个性，很难用一把尺子来评价，更不能用一把尺子来否定。以我有限的见识，我觉得语文有深浅之分，有文野之分，有雅俗之分，有成败之分，甚至有好坏之分，但恰恰不大有真假之分。每一个语文老师，都会在不同的角度与层面，触及语文的核心和本质。我们所能做的，是让我们的语文课不断地接近我们所认为的那个语文。但没有人能说：我才是真语文。

有时候，写作者自身都未必能意识到自我表达中的对抗性。因此，与人为善、审慎律己的谦和态度，立足对话、求同存异的表达思路，温和坦诚、朴实无华的言辞风格，也许有助于畅快与愉快的交流。

五、以逻辑规避思维陷阱

学术对话中有很多思维陷阱，比如"权威效应"，借助名人、权力者、权威、格言、经典著作的光环、官方文件等，来提高自己的身价，提高说服力。仔细想一想，权威的公信力是在历史中形成的，它的"权威性"并不能自动地证明服从者、追随者、崇拜者与践行者的正确性。再如"数据效应""大众效应"，借助数据和大众来抬高自己的声音，这也是值得警惕的。还有诸如回避正题、两难境地、草率归纳、简单归因、灾难论、骑墙论证、挑动大众情绪、稻草人谬误等，这些"陷阱"会让我们变得弱智和混沌。

如何规避学术表达中的陷阱？恐怕最基础的，还是重事实，讲逻辑。回到逻辑，这是规避思维风险的基本策略。

比如"二元思维"。有些概念是矛盾对立的，比如是与非，真与假，非此即彼，此消彼长。但有些概念之间并非对立关系，比如感性与理性、智商与情商、素质与应试、想象力与知识。这些概念只有相关性与相对性，并非矛盾对立的"二元"。二元思维的误导几乎是难以抗拒的。一旦我们将"智商"与"情商"看作对立的"二元"，立刻就会陷入"高智商低情商"的荒谬推断中去。但仔细想一想，智商与情商有什么必然联系呢？彼此能互相决定吗？"此消"一定"彼长"吗？

在语文教育讨论中，有很多这样的"二元"范畴，比如"人文性"与"工具性"。二者是对立的吗？"人文性"一定会消解"工具性"吗？"工具性"一定会消解"人文性"吗？问题在于，当语文学科的"人文性"被削弱了，人们几乎不假思索地将"工具性"当作罪魁祸首；一旦"工具性"膨胀了，人们又顺理成章地祭出"人文性"的大旗来补救。这样的折腾，让我们很潇洒地从一个极端走到另一个极端，从简单肯定到简单否定，自以为是还不自知。

　　规避思维陷阱，主要还是依靠形式逻辑。形式逻辑是人类思维的基本规则。在学术表达与争鸣中，为了保证最低限度的准确与合理，避免滑入虚妄与片面，陷入妄断与诡辩，遵守逻辑规则是一个基本保障。逻辑就像一道篱笆，未必能禁绝虎狼入侵，但至少能提醒你界线在哪里。

　　有些"思维陷阱"一看便知，靠逻辑一拆就穿，比如"权威效应""梳理论据做手脚"；有的错误隐藏很深，稍不留意，便被蒙蔽，比如前述"稻草人逻辑"。因此，有学术兴趣的人，应该用点心思在逻辑训练上。从我自己的写作体验看，还是要从基本的逻辑运用做起，比如概念要内涵清楚，外延分明；判断要谨慎小心，恰如其分，谨防夸大其词；推断要严密，证据务求必要而充分。

　　比如判断与断言。每个人都在自己的位置上，从自己的角度，以自己的方式，根据自己的经验，切入这个时代，切入这个时代的教育。但要使自己的经验获得别人的理解、认可与信任，就要谨慎断言，甚至少断言，否则会引起别人的反感。在批判性思维的教育上，因为我个人对批判性思维十多年倾注的热情，难免带有情感上的偏狭及认知上的局限，在表达上也可能因偏爱而夸大其词，在行动上可能因信奉而激进甚至冒进。以前我做过一个断言："批判性思维是革除语文教育痼疾的良方。"针对这个断言，有老师质疑：批判性思维，是解决语文教育问题的"救世主"吗？

　　这个质疑，让我重新检视我的表达。从字面看，我的题目中确实没有"唯一""最好""极端"这样的字眼。从我的本意看，我也不认为这个"良方"是唯一的，也不敢说它是最好的。我只是相信，它肯定是一剂良方。何谓"良方"？"良方"就是药效好、副作用小的处方。"良方"也未必能立竿见影，药到病除，但既然是"良方"，总能缓解病痛，祛邪扶正，甚至有助于革除痼疾。

　　为什么还会产生这样的误解呢？我想，"革除"是个关键性原因。什么是"革除"？"革除"就是彻底、完全地去除。批判性思维怎可能有如此神效呢？显然，一词不当，导致断言有夸大其词的嫌疑。这个反思让我出了一身冷汗。人真的会被很多东西迷惑和蒙蔽啊。

结语

比教学范式更迫切的，是改善我们自己的思维

近几年，随着"思辨性阅读与表达"相继进入高中和义教阶段的"语文课程标准"，思维、思辨、理性思维、辩证思维、批判性思维等一时成为热词，思维教学的实践者与研究者也越来越多。不过，关于思辨，关于思辨读写，人们的看法似乎并不一致，有些差别还很大，为此而发生的一些讨论和争论也常常是各说各话，难以达成更多共识。

我理解的思辨性阅读，就是借助批判性思维的基本原理、策略与技能开展的阅读，旨在达成真知，或者解决问题。思辨性阅读就是批判性阅读。考虑到批判性思维的接受状况以及这个词语容易造成的误会，人们往往用"思辨性阅读"取代它。诚然，中国文化的思辨传统与苏格拉底开创的批判性思维在理念上是一致的，体现了人类质疑问难、追求合理、探索真理的相同诉求，但也须看到，在具体的分析论证的方法与技能方面，我们还缺乏细致的、系统的研究与实践。若要扎实地推进思辨读写的教学，不仅要汲取中国传统思辨的优良成分，更要虚心地学习已经成为国际教育核心内容的批判性思维。关于这一点，我们只要静下心来研究一下美国的 ACT、SAT，具有国际影响力的 IB 课程、AP 课程、A-Level 课程以及近几年一直引发热议的 PISA 测试，就不难明白这一事实。

批判性思维是一个关于思维与认知的概念，理解这一点，可以消除很多断章取义的误会。再进一步说，它是关于如何判断与建构的思维方式，也涉

及知识的发展与实践的效用。在这个意义上，它与创造性思维是相对的。如果说创造性思维追求的是创新，那么，批判性思维追求的就是"合理"。根据学者的相关研究，从词源上讲，"critical"的意思就是"基于标准的辨别性判断"。^① 在合理的分析论证的基础上，做出合理的评估与判断，这是批判性思维的基本内涵。

作为思维与认知的方式，批判性思维的前提假设，就是个体的局限性与世界的多元性。在这个意义上，苏格拉底是批判性思维最早也是最有影响力的教练，其"知无知"的认知原理以及"苏格拉底式反诘"，构成了批判性思维及其运行的基本原理：理性地对待个体的局限，在多元对话的基础上，达成合理的认知，从而推动人类认知的不断进步。

将这个原理转化到阅读教学中，首先就要承认和尊重每个学生在阅读中的认知差异，尊重学生的多元理解，这是教学的起点；教学的过程，就是师生之间、生生之间基于文本的对话；而教学的目标，就是通过对话，达成"合理化"的共识。当然，这个共识是开放的，因为任何"合理性"都是具体的，相对的，而不可能是抽象的和绝对的。所以，批判性思维不仅是理性的反思，也是理性的开放。

从对待文本的态度看，思辨性阅读是以文本为中心，主张一切断言与结论都应依托于文本的"细读"；从师生与文本的构成关系看，思辨性阅读就是对话式阅读；从阅读的过程与结果看，思辨性阅读是既收敛又开放的阅读。因此，思辨性阅读并不是什么新鲜事物，它一直就在课堂中，就在日常教学中，只是因为我们做得不够自觉，不够明确，因而也就未必合乎思辨的规则与规律，而有效的经验积累也因此而有限。

如何开展思辨性阅读？有老师认为，应该积极着手建设思辨性阅读的教学范式。他们认为，只有建立了具有标准与典范意义的范式，思辨性阅读才能得到有效的普及与推广。否则，所谓的思辨就是假把式，就是制造噱头。我读过几篇类似观点的商榷或质疑文章，其共同逻辑是：如果不能提供一个

---

① 武宏志、张志敏、武晓蓓：《批判性思维初探》，中国社会科学出版社 2015 年，2 页。

公认的教学范式，倡导思辨性阅读就涉嫌炒作。这就给探索者和倡导者制造了一个尴尬的两难境地：一方面，谁也无法——至少不能自认为——提供一个所谓的公认的范式；另一方面，若没这个公认的范式，就意味着你没有发言权。

在我看来，这正是一个批判性思维致力于消除的思维误区：虚假两难，因为思辨性阅读教学的开展，并不取决于范式的有无，而取决于思辨性阅读的教学价值与现实可能性。范式建设当然重要，但任何范式的建设都必须以充分的理论梳理与足够的实践积累为基础。否则，急匆匆、硬生生地建构所谓的教学范式，带来的危害将会更大。在教学改革中，往往一个新的理念刚诞生，新范式就横空出世，四处扩散，甚至遍地开花，这种人为标举的新范式有什么实际的意义呢？结果，人们忙于追赶新范式的时髦，而对新理念本身所隐含的价值内涵、思维方式与知识背景却不屑于用心用力。"范式"是在教学实践中自然形成的，不是人为"推出"的，更不可能是人为"制造"的。急功近利地制造"范式"，也不符合批判性思维的原理与精神：批判性思维不仅追求认知的一般规律，也考虑具体认知的现实合理性。

在我看来，开展思辨性阅读，培养学生的批判性思维品质，未必一定要有个什么范式作为依凭。比范式建设更迫切的，是改善教育者自身的思维方式与思维品质。教师的思维品质改善了，批判性思维的训练也就自然而然地渗透在日常的听说读写活动中了；相反，如果思维品质低下，即使有了一个可以依凭的新范式，批判性思维的培养照样会落空，照样南辕北辙。

思辨性阅读教学的当务之急，是改善教育者的思维方式与思维品质，克服我们思维中的惯性、惰性与谬误。

批判性思维的核心是分析与论证，我们在批判性思维上的欠缺，也主要表现在分析论证的素养上，概括地说：

  不分析论证：缺乏分析论证的意识与习惯。

  不善于分析论证：缺乏分析论证的方法与能力。

  不能合理地分析论证：分析论证中不自知的谬误多。

先看分析。传统认知方式偏向于整体感悟与混沌把握，感性直觉多，理性分析不足。工具层面的分析框架、路径与方法，意识层面的习惯与理念，都存在着很多短板，这又反过来加剧了人们想当然、凭感觉、追权威、奉将令的思维倾向。

已有的、习用的分析工具，有些已显得陈旧与粗糙，亟待改良与完善。人物、情节与环境"三要素"是小说分析的基本框架，但在一些探索性、实验性小说的文本分析中，就未必管用。在这方面，中小学语文教育急需引入新的学术资源，吸纳最新的学术成果，以改良和完善现有的分析与认知工具。一个很有启示的案例，就是关于议论文"三要素"的讨论。议论文"三要素"的框架沿用很久，人们也习以为常，但"三要素"的具体内涵是什么，评估"三要素"的标准是什么，三个要素之间的关系又是怎样，这些问题并未厘清，甚至语焉不详，一线教师也习焉不察，给议论文教学带来了诸多偏差和错误。有感于这个框架的粗糙及谬误，潘新和先生甚至主张废除旧的"三要素"，以价值性、发现性、说服性三个"新要素"取而代之。[①] 当然，推陈出新亦非易事，在这个问题上，孙绍振先生主张在保留"三要素"框架的基础上，进行必要的改造，他主张"用具体分析统率三要素"[②]。无论是废除还是修补，希望改造现有的分析框架与分析工具，使之趋向合理与完善，是共同的目的。在语文学科中，有很多类似的"要素"与框架。它们究竟是否合理，在教学中是否有效，需要不断地追问和探询。

当然，分析工具只能提供一个认知的框架与路径，在阅读中如何运用，还得靠"具体分析"。正是在这个意义上，孙绍振先生提出的"用具体分析统率三要素"的命题，超越了议论文写作的范畴，具有广泛的启发和借鉴意义。批判性思维的灵魂是具体分析，如果不能具体分析，而是硬搬生套，再完备有效的工具也注定无用。比如在叙事类文本的人物分析中，一个常用的分析框架可描述如下：从外貌特征、言行举止、细节反应等入手，分析人物的心理特征与个性内涵，进而分析人物的社会属性与个人品质，最后进行政

---

① 参见：潘新和《试论"议论文三要素"之弊害》，《语文建设》2012年第1期；潘新和《"议论文三要素"的重构》，《语文建设》2012年第11期。

② 孙绍振：《用具体分析统率"三要素"》，《语文建设》2012年第17期。

治、道德和社会评价（见图 12）。

图 12　叙事类文本的人物分析框架

　　这个框架的逻辑假设是，人的外貌言行反映了人的内心世界，进而表现了人的品质与社会属性；通过对人物言行举止的分析，我们就能达成对人物的理解与评价。抽象地看，这个逻辑假设是合理的，总体上符合人们的生活经验和感受，生活中就有"言为心声""相由心生""人要对自己四十岁后的容貌负责""性格决定命运"等说法；同时，也合乎人类的认知规律，我们对人的认知总是由表及里，由浅入深，由模糊到清晰。但问题在于，外貌言行、性格心理、品质属性之间，究竟是怎样的一种关联呢？可以肯定的是，并没有一个恒定不变的关联模式。有人外貌形似李逵，而实际上心细如发；有的人性格怯懦，事到临头却能果敢坚毅；有人言行看似高尚，实则心灵肮脏；有人举止粗野，内心却温柔似水。这就是人的复杂性。但与人性的复杂形成悖论的，却是人类思维的惯性与惰性。我们总是倾向于将复杂的"关联"简单化、公式化、普遍化，各种谬误也在不经意间产生。关于这一点，理查德·保罗几乎在他的所有关于思维教育的著作中，都不厌其烦地、反复地做了几乎算得上繁琐的分析与论证。①

　　我听过一节《促织》的阅读课。老师在分析了成名的性格是"迂讷"之后，意犹未尽，乘兴大发感慨：真是性格决定命运啊。在课后交流中，我稍加提及，执教者便猛然醒悟到其间的错误。这也给了我一个启示：很多问题，我们不是想不通，而是想不到，因为思维的惯性与惰性实在太强大了。将成名的悲剧"命运"归结于其"性格"，这是一个既荒唐又危险的逻辑。成名确实"迂讷"，不仅不善言辞，也不会投机取巧。同样是当差催逼蟋蟀，别的差役借机敲诈勒索大发横财，而他老实巴交，结果"不终岁，薄产累尽"。但这里的"迂"，并不是一般意义上的"不知变通，死板"，更多指的是老实本分，不敢或者不愿干坏事。在那样的政治高压与贪官污吏的勒逼之下，变通的余地究竟能有多大？如果认为成名的悲剧命运是由其性格决定的，岂不是鼓动他见利忘义，不顾廉耻，嫁祸于人？"性格决定命运"这种肤浅的判断，隐藏了多少道德陷阱及风险？成名在经过了一连串生不如死的磨难之后，终于"裘马扬扬"，命运发生了天翻地覆的变化，这也不是由他的本分厚道"决定"的，而是受完全外在于他的一种权力的神秘支配。显然，成名的悲剧是社会悲剧，而非性格悲剧，是邪恶而荒唐的社会让这个老实巴交的人倒了大霉，又走了大运，一切都莫名其妙，一切都不可把握。如果将个人的命运简单而直接地归因于性格，而忽视其他因素的作用，这是非常偏颇且极为有害的。在一个正常的社会，一个"迂讷"的人，有权保持他的迂讷，也有权利追求正常而有尊严的生活；因迂讷而遭受了悲剧的命运，肯定还有其他因素在作祟。在小说中，直接的原因是"官贪吏虐"，更深层次的原因则是"宫中尚促织之戏"，而成名的"性格"在其中发挥的作用，几乎可以忽略不计，就像他这个卑微的人在帝王将相们看来也可以忽略不计一样。

　　再说论证。批判性思维是一种基于反思的论证性思维，做任何断言都得

---

① 理查德·保罗罗列了每个人都会受到的局限，来自宗教的、道德的、家族的、遗传的、文化的、利益的、观念的、情绪的、个性的、地位的……甚至审美偏好的。参见：理查德·保罗、琳达·埃尔德《批判性思维：思维、沟通、写作、应变、解决问题的根本技巧》，乔苒、徐笑春译，新星出版社 2006 年；理查德·保罗、琳达·埃尔德《批判性思维工具》（原书第 3 版），侯玉波等译，机械工业出版社 2013 年。

有前提，有理由，有根据，有逻辑。要论证，就要破除对"不证自明"的迷信，举凡权威、传统、古圣、先贤、理论、格言等，都必须通过具体论证来确证自己的合理性。在文本解读中，分析与论证是密不可分的。通过分析，达成对文本的清晰理解；通过论证，形成合理的判断和断言。面对一篇文章，我们鼓励学生要独立思考，所谓"独立思考"，主要内涵就是具体的分析与论证。

在具体的分析论证中，形式逻辑是必不可少的工具。不过也须注意，批判性思维意义上的论证与形式逻辑所说的论证并不完全等同。在文本分析中，要尊重形式逻辑，但要警惕"泛逻辑化"的倾向，因为文本是主体精神活动的产物，它不仅有逻辑的规则诉求，同时也有表达的社会的、人性的诉求。表达，除了要遵循一般的逻辑规则与规律，还要考虑更多的非思维、非逻辑的因素，比如人性的、文化习俗的、具体情境的因素，这些都不是单靠逻辑规则可以推定的。

我们常说思维即表达，表达即思维，强调的是思维与表达的相通性。但归根到底，思维与表达不在同一个范畴。思维属于主体的心理与精神范畴，是自主与自足的，也是充分自由的，它追求的是分析论证的逻辑性与完备性；而表达，主要属于社会性的交际活动，必然要考虑到交际的对象、目的、环境与背景，追求的是交际目的的实现与效率，更多受限于表达的环境与动机。客观上，思维与表达无法剥离开来，共同作用于人的生存与社会实践，算是殊途同归；从主观认知的角度看，我们还是有必要澄清它们的区别，它们范畴不同，诉求不同，算是理一分殊。因此，以逻辑为唯一的判断标准来阅读文本，势必妨碍我们对文本的合理把握。有人说，《过秦论》是一篇典型的"以赋代论"的论说文，其论断"仁义不施而攻守之势异也"不具备论证性，因而否定其价值。我做过此案例的分析，不是为贾谊做辩护，而是说，当我们做断言的时候，要充分考虑贾谊的身份、地位，他的表达对象、动因、背景以及策略选择。正是这些因素的存在，促使他选择了一种"超逻辑"的说理劝谏方式。我们当然应该反思这种"超逻辑"表达所隐含的错误和危险，因为一旦离开了这个具体的表达环境，就能发现诸多逻辑漏洞，但却不能以

"泛逻辑"的逻辑来否定贾谊的具体表达的合理性及价值。类似的课文以及由此而引发的争议还不少，网络上甚至有人吁请将不合逻辑的古诗文全数从教材中移除，这些言论大都以逻辑规则强行硬套"鲜活的文本"，进而否定文本的具体价值。从特定角度看，这也是削足适履，刻舟求剑。当逻辑教育与批判性思维教育越来越受到重视的时候，防止"泛逻辑化"的泛滥，也应引起足够的关注。

没有真正的分析论证，就谈不上独立思考；没有真正的分析论证，就谈不上真正的文本解读。这一点在阅读测评中尤为重要。以高考常见的史传文测评为例。有一类人物分析的题型多次在多省市命题中出现，姑举其中一个题型（见表5）。表格中的"√"表示给定内容，"?"表示考生要填写的内容。

表5　人物分析题型举例

相关事迹	性格或品德	社会评价
√	?	?
?	√	√
……	……	……

上述考核内容也可以其他形式出现，比如填空、简答等，但基本思路都是要求考生根据给定信息，推断其他项目的内容。比如给定"相关事迹"，要求考生根据传主的"事迹"推断其"性格特征"或"品德"等，再做出相应的社会评价，以此类推。其设计意图，显然是让考生运用图12的分析框架做人物分析。但是，在考场这一特殊环境和考试这一特殊的事件中，让学生对一个历史人物进行真正的分析与论证，还要做出评价，实在是强人所难，匪夷所思。我们知道，只有在全面、细致、综合、有深度的分析论证的基础上，我们才可能对人物做出相对公允的评价，考试与考场显然不能满足这些条件。换个角度想，即便在现实生活中，要给一个人做出评定，也是一件非

常艰难的事情。迫于考试的现实功利性与条件限定性，考生所能做的，也只能是根据在高考训练中所掌握的公式化的分析框架，对人物做出教条主义的贴标签式的分析与判断，这种分析论证基本上是机械的，刺激反应式的。关于这一点，在一些所谓的备考名师的辅导经验中也能见出端倪。他们宣扬的经验是，先确定文本对传主的评价是褒是贬，譬如是乱臣贼子，奸佞小人，还是忠君报国，不二忠臣，只要确认了这个态度，剩下来的事情就很简单，是好人就刚正不阿，清正廉洁，善待同人……是坏蛋就冥顽不化，虚伪狡诈，朋比为奸……这让我想到历史上上演了无数次的闹剧：已经盖棺论定的人物被新君鞭尸，一切关于他的史传都得重新修订。同样的史实，因为新君的金口玉言，便有了截然不同的解释。实在解释不了，也还有最后一个永远立于不败之地的解释：大奸似忠。这不就是典型的"结论先行""观点先行"吗？这个逻辑当然无比地粗糙与荒谬，若单从思维方式的角度看，其荒唐也还是在于结论经不起分析论证。

再回到高考命题。这些题目本身并没错，只是试题的思维含量还不够。高考命题是一件严肃的事，一个专家团队操刀，自然不会在史实与史识上犯低级错误。专家们在命题时也是竭尽所能，任何论断与选择都做了充分的分析论证。但遗憾的是，这些有质量的分析论证都被命题专家给代劳了。考生所要做的，就是按照公式套路来答题。在我看来，对于高考来说，这是不够的，高考更应重视对分析论证等高阶思维能力的检测，关注思维活动的思辨性与批判性。

要培养学生的思辨性阅读能力，提升批判性思维的品质，就要从改善教育者的思维方式开始。